U0274743

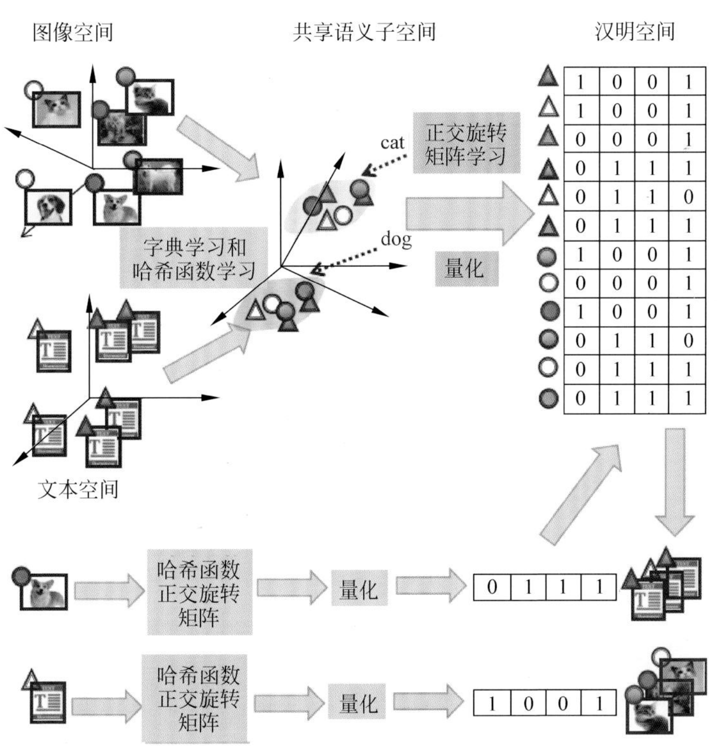
图像空间
共享语义子空间
汉明空间
cat
正交旋转
矩阵学习
dog
字典学习和
哈希函数学习
量化
文本空间
哈希函数
正交旋转
矩阵
量化
0 1 1 1
哈希函数
正交旋转
矩阵
量化
1 0 0 1

图 3.1　算法的框图

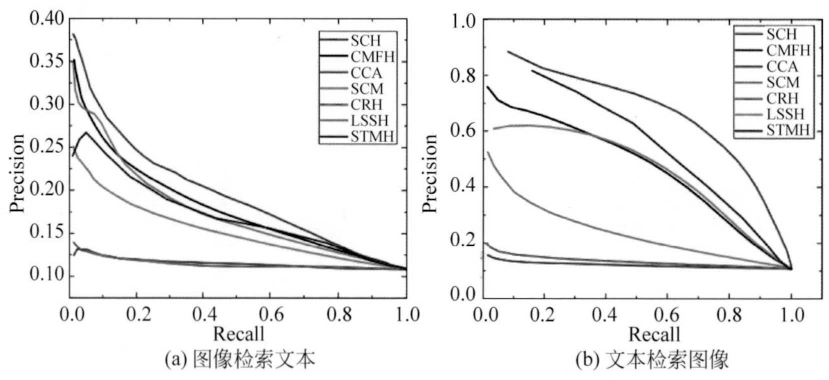

图 4.5　SCH 与对比算法 PR 图(32 比特)

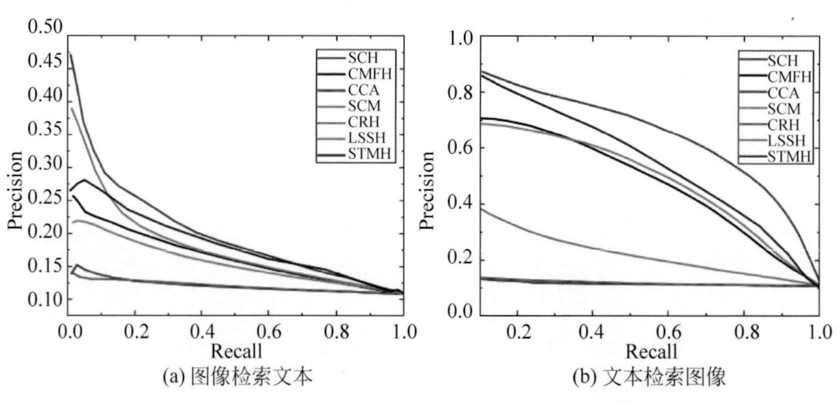

图 4.6　SCH 与对比算法的 PR 图(64 比特)

Query

The **city** has several public parks, the main one being Royal Victoria **Park**, which is a short walk from the centre of the city. It was opened in 1830 by an 11-year-old Princess Victoria, and was the first park to carry her name. The park is overlooked by the Royal Crescent and consists of with a variety of attractions. These include a skateboard ramp, tennis courts, bowling, a putting green and a 12- and 18-hole golf course, a pond, open air concerts, and a popular children's play area. Much of its area is lawn; a notable feature is the way in which a ha-ha segregates it from the Royal Crescent, while giving the impression to a viewer from the Crescent of a greensward uninterrupted across the Park down to Royal Avenue. It has received a "Green Flag award", the national standard for parks and **green spaces** in England and Wales, and is registered by English Heritage as a Park of National Historic Importance. The botanical garden were formed in 1887 and contain one of the finest collections of plants on limestone in the West Country. The replica of a Roman **Temple** was used at the British Empire Exhibition at Wembley in 1924. In 1987 the **gardens** were extended to include the Great Dell, a disused quarry that was formally part of the park, which contains a large collection of conifers. Other parks in Bath include: Alexandra Park, which crowns a hill and overlooks the city; Parade Gardens, along the river front near the Abbey in the centre of the city; Sydney Gardens, known as a pleasure-garden in the 18th century; Henrietta Park; Hedgemead Park; and Alice Park. Jane Austen wrote of Sydney Gardens that "It would be pleasant to be near the Sydney Gardens. We could go into the Labyrinth every day." Alexandra, Alice and Henrietta parks were built into the growing city among the **housing** developments. There is also a linear park following the old Somerset and Dorset Joint Railway line, and, in a green area adjoining the River Avon, Cleveland Pools were built around 1815. It is now the oldest surviving public **outdoor** lido in England, and plans have been submitted for its restoration.

SCH

CMFH

图 4.7　文本检索图像的实例

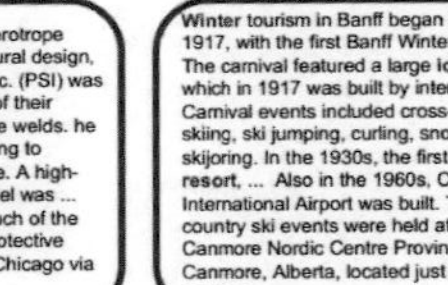

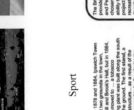

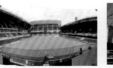

图 4.8　图像检索文本的实例

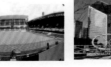

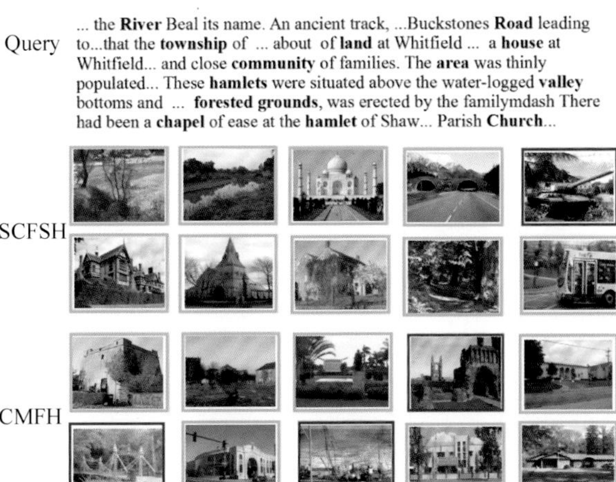
Query
... the River Beal its name. An ancient track, ...Buckstones Road leading to...that the township of ... about of land at Whitfield ... a house at Whitfield... and close community of families. The area was thinly populated... These hamlets were situated above the water-logged valley bottoms and ... forested grounds, was erected by the familymdash There had been a chapel of ease at the hamlet of Shaw... Parish Church...
SCFSH
CMFH

图 5.7　文本检索图片的例子

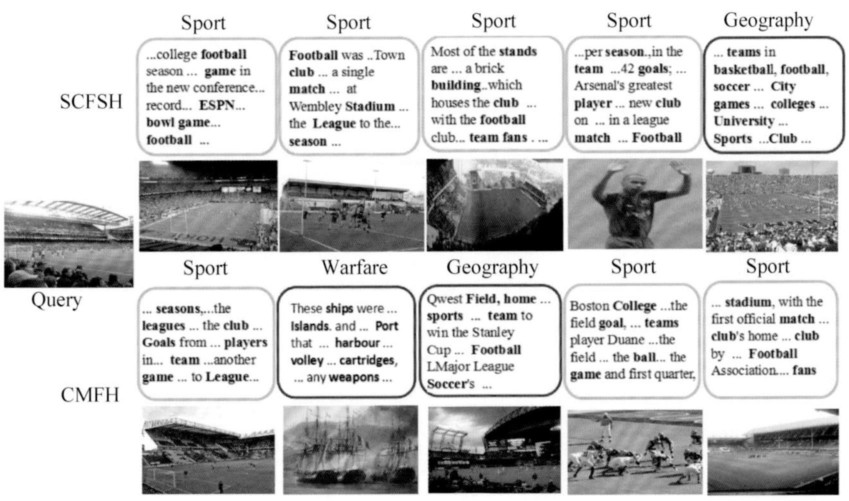
SCFSH
Sport
...college football season ... game in the new conference... record... ESPN... bowl game... football ...
Sport
Football was ..Town club ... a single match ... at Wembley Stadium ... the League to the... season ...
Sport
Most of the stands are ... a brick building..which houses the club ... with the football club... team fans . ...
Sport
...per season.,in the team ...42 goals; ... Arsenal's greatest player ... new club on ... in a league match ... Football
Geography
... teams in basketball, football, soccer ... City games ... colleges ... University ... Sports ...Club ...
Query
CMFH
Sport
... seasons,...the leagues ... the club ... Goals from ... players in... team ...another game ... to League...
Warfare
These ships were ... Islands. and ... Port that ... harbour ... volley ... cartridges, ... any weapons ...
Geography
Qwest Field, home ... sports ... team to win the Stanley Cup ... Football LMajor League Soccer's ...
Sport
Boston College ...the field goal, ... teams player Duane ...the field ... the ball... the game and first quarter,
Sport
... stadium, with the first official match ... club's home ... club by ... Football Association.... fans

图 5.8　图片检索文本的例子

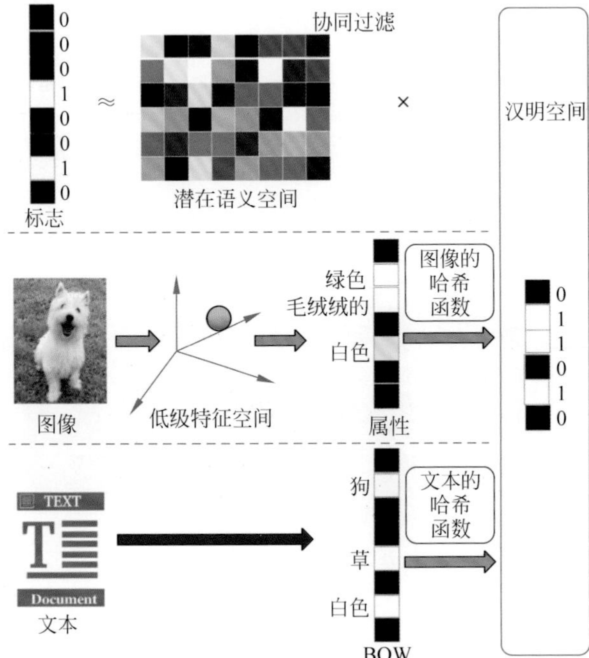

图 6.1　DSAH 算法的思路

图 8.3　文本-查询-图像检索的示例

图 8.4　图像-查询-文本检索的示例

跨媒体
哈希检索技术

姚 涛 著

清華大學出版社
北 京

内 容 简 介

跨媒体检索是计算机视觉领域的一个基础问题。在跨媒体检索中,哈希算法的应用尤为广泛。本书共10章,第1、2章介绍跨媒体检索的基础知识;第3、4章介绍无监督的跨媒体哈希算法(基于映射字典学习的跨媒体哈希检索、基于语义一致性的跨媒体哈希检索);第5～10章介绍有监督的跨媒体哈希算法(基于Coarse-to-Fine语义的跨媒体监督哈希检索、基于语义对齐的跨媒体哈希检索、用于跨模态检索的离散鲁棒监督哈希算法、具有语义一致性的快速离散跨模态哈希算法、用于跨模态检索的在线潜在语义哈希算法、用于大规模跨媒体检索的高效监督图嵌入哈希算法)。

图书在版编目(CIP)数据

跨媒体哈希检索技术 / 姚涛著. -- 北京:清华大学出版社,2025.2.

ISBN 978-7-302-68234-9

Ⅰ. G254.91

中国国家版本馆CIP数据核字第2025DG9376号

责任编辑:苏东方
封面设计:常雪影
责任校对:刘惠林
责任印制:宋 林

出版发行:清华大学出版社

网 址:https://www.tup.com.cn, https://www.wqxuetang.com
地 址:北京清华大学学研大厦A座 **邮 编**:100084
社 总 机:010-83470000 **邮 购**:010-62786544
投稿与读者服务:010-62776969, c-service@tup.tsinghua.edu.cn
质量反馈:010-62772015, zhiliang@tup.tsinghua.edu.cn
课件下载:https://www.tup.com.cn,010-83470236

印 装 者:小森印刷霸州有限公司
经 销:全国新华书店
开 本:170mm×230mm **印张**:11.75 **插页**:3 **字 数**:204千字
版 次:2025年2月第1版 **印 次**:2025年2月第1次印刷
定 价:79.00元

产品编号:104888-01

前言

随着计算机网络的快速发展和便携式设备的普及，网络上的文本、图像、音频和视频等多种模态的数据呈现爆炸式增长的势态，在海量数据中进行跨媒体检索成为新的挑战。一方面，不同媒体数据的表示呈现异构性，如何度量异构数据的相似度成为跨媒体检索的关键性问题。另一方面，互联网上的数据数量大，数据表示维度高，如何实现准确而又高效的检索成为跨媒体检索亟待解决的问题。哈希算法把高维数据映射到低维的汉明空间，为大规模跨媒体快速检索提供了一条有效途径。因此，本书主要围绕基于哈希算法的图文跨媒体检索问题展开研究，主要创新成果如下。

(1) 针对哈希码的每位取值不表示任何含义的问题，本书提出一种基于映射字典学习的无监督跨媒体哈希算法。首先，利用映射字典学习为图像和文本模态学习一个共享语义空间。传统的字典学习方法由于加入稀疏约束项，会导致较高的计算复杂度，本书利用线性映射代替非线性的稀疏编码，降低了计算复杂度；其次，提出一种迭代优化算法，得到目标函数的局部最优解；最后，通过学习正交旋转矩阵最小化量化误差，提升算法的性能。

(2) 针对已有算法在共享子空间学习时忽视样本模态内一致性的问题，提出一种基于语义一致性的跨媒体哈希算法。首先，分别利用协同非负矩阵分解和近邻保持算法保持样本的模态间和模态内的一致性，学习区分性能更好的共享语义子空间；其次，提出一种高效的计算复杂度为 $O(N)$ 的优化算法，使算法具有良好的可扩展性；最后，在两个公开数据集上进行验证，实验结果表明了该算法的有效性。

(3) 当图文数据有标签时，针对大部分算法只利用基于标签信息的样本间相似性学习哈希函数，忽视了样本间相似的多样性，本书提出一种基于 Coarse-to-Fine 语义的监督跨媒体哈希算法。首先，利用标签信息和样本的底层特征构造细粒度相似矩阵；其次，利用细粒度相似矩阵学习区分性更好的哈希函数；最后，在两个公开数据集上进行实验，与参考算法比较，实验结果验证了该算法的有效性。

(4) 针对不同模态与高层语义存在语义鸿沟不平衡的问题，本书提出一种基于语义对齐的离散监督跨媒体哈希算法。首先,利用协同滤波直接建立标签与哈希码的联系,以减少计算量和内存开销;其次,利用图像的属性对齐图文模态的语义信息,学习性能更好的哈希函数;最后,提出一种离散优化算法,直接得到问题的离散解。在两个公开数据集进行验证,实验结果表明该算法的性能优于对比算法。

(5) 对于异构数据点,跨模态哈希算法旨在学习共享汉明空间,其模式是来自一种模态的查询可以检索另一种模态的相关项。尽管跨模态哈希算法取得了重大进展,但仍存在一些问题需要进一步解决。首先,为了利用哈希码中的语义信息,大多数人直接从类标签构造的相似度矩阵中学习哈希码,忽略了类标签在现实世界中可能包含噪声的事实。其次,大多数人忽略了哈希码的离散约束性,这可能会引入较大的量化误差而导致性能不佳。为了解决上述问题,提出了一种离散鲁棒监督哈希(discrete robust supervised hashing,DRSH)算法。具体来说,首先融合来自不同模态的类标签和特征,通过低秩约束学习鲁棒的相似性矩阵,该矩阵可以揭示其结构并捕获其中的噪声;其次,通过在共享汉明空间中保留基于鲁棒相似度矩阵的相似度生成哈希码;最后,由于哈希码的离散约束,优化具有挑战性,提出了一种离散优化算法来解决这个问题。在三个真实数据集上评估 DRSH 算法,结果证明了 DRSH 相对于几种现有哈希算法的优越性。

(6) 尽管监督跨模态哈希算法依赖成对相似性矩阵来指导哈希码的学习过程,取得了良好的性能,但也存在以下一些问题。第一,成对相似性矩阵通常导致高时间复杂度和内存成本,使得它们无法适应大规模数据集。第二,成对相似性矩阵可能导致语义信息的丢失,因而缺乏具有区分性的哈希码。第三,大多数方法在优化过程中放松了哈希码的离散约束,这通常导致积累了较大的量化误差,从而产生劣质的哈希码。第四,大多数离散哈希算法是逐位学习哈希码,在训练阶段产生了时间成本。为了解决上述问题,本书提出了一种名为快速离散跨模态哈希的算法。具体而言,它首先利用类别标签和成对相似性矩阵来学习一个共享的汉明空间,从而更好地保持语义一致性。其次,提出了一个非对称哈希码学习模型,以避免具有挑战性的对称矩阵分解问题。最后,设计了一种有效且高效的离散优化方案,可以直接生成离散哈希码,并将由成对相似性矩阵引起的计算复杂度和内存成本从 $O(n^2)$ 降到 $O(n)$,其中 n 表示训练集的大小。在三个公开的数据集上进行的广泛实验突出了 FDCH 相对于几种跨模态哈希算法的优越性,并证明了其有效性和高效性。

(7) 大多数现有的跨媒体哈希算法以基于批处理的模式学习哈希函数。然而,在实际应用中,数据点往往以流的方式出现,这使得基于批量的哈希算法失去了效率。因此,本书利用在线潜在语义哈希算法来解决这个问题。它仅利用新到达的多媒体数据点来有效地重新训练哈希函数,同时保留旧数据点中的语义相关性。具体来说,为了学习判别性哈希码,使离散标签被映射到连续的潜在语义空间,在该空间中可以更准确地测量数据点中的相对语义距离。针对在流数据点上有效学习哈希函数的挑战性任务提出了一种在线优化方案,并且计算复杂度和内存成本远小于每轮训练数据集的大小。在许多现实世界的数据集上进行广泛的实验,充分体现了所提出方法的有效性和效率。

(8) 近年来,在基于谱图的哈希场景中,已经取得了一些成就,包括单模态哈希算法和跨媒体哈希算法。但仍然有一些问题需要进一步研究,包括:①图嵌入的一个显著缺点是由图拉普拉斯矩阵引起的昂贵的内存和计算成本;②大多数先驱工作在训练过程中未能充分利用可用的类标签,这通常导致它们的检索性能不尽如人意。为了克服这些缺点,提出了高效监督图嵌入哈希算法,它可以同时高效地学习哈希函数和离散二进制码。具体而言就是:ESGEH 利用基于类标签的语义嵌入和图嵌入来生成共享的语义子空间,并且还将类标签纳入其中,以最小化量化误差,以更好地逼近生成的二进制码。为了减少计算资源,提出了一种中间项分解方法,避免了显式计算图拉普拉斯矩阵。最后,推导出了一个迭代的离散优化算法来解决上述问题,每个子问题都可以得到一个闭式解。在 4 个公共数据集进行的大量实验结果表明,所提出的方法在准确性和效率方面优于现有的几种跨媒体哈希算法。

姚 涛

2025 年 1 月

目录

第1章

绪　论

本章介绍本书的研究背景和意义、跨媒体哈希技术研究现状、跨媒体检索常用的数据集、跨媒体检索常用的评价标准、本书的主要工作和组织结构。

1.1　研究背景与意义

随着大数据时代的到来，网络上不仅数据的模态越来越多、结构越来越复杂，而且数据量也在飞速增长。据不完全统计，Facebook 上存储着数千亿张用户上传的照片，而且数据量每时每刻都在增长；新浪微博每日产生的微博数量超过 1 亿条；YouTube 每分钟有超过 100 小时的视频上传量；国内最大的社交 App——微信，月活跃用户超过 5 亿人，朋友圈每天上传照片超过 10 亿张，视频播放量超过 20 亿次，每天的通话量达到了 2.8 亿分钟(540 年)。此外，每个网络用户可以随时随地上传各种模态的数据，因此互联网上每日都会产生大量的数据，同时处在各节点的监控视频也无时无刻不在产生大量的视频数据。总而言之，网络上存在的数据量之大是难以想象的。

2012 年 3 月 22 日，时任美国总统奥巴马宣布美国政府投入 2 亿美元启动“大数据研究和发展计划”(big data research and development initiative)。这是 1993 年美国宣布“信息高速公路”重大规划后的又一次重大科技发展的战略部署。美国政府认为，大数据是“未来的新石油”，因此将大数据的相关研究工作上升到国家意志。中国移动研究院的一份简报中称，2011 年人类创造的数据达到 180 亿吉字节(GB)，而且每年还在以高于 60%的速度增长。这些数据都是社会的重要财富，蕴藏着巨大的社会价值和经济价值。大数据(big data)是继物联网、云计算、社交媒体等又一个热门科技概念[2-4]，关于大数据的研究得到了国内外经济界、学术界和政府部门等的密切关注。以美国为首的世界发达国家都已经制定和启动了关于大数据的研究规划，投入巨额资金支持大数据的研究工作。在我国，《国民经济和社会发展第十三个五年规划纲要》提出了“实施国家大数据战略，把大数据作为基础性战略资源，全面实施促进大数据发展行动”的大数据研究指导方针。

检索技术是计算机视觉领域的一个基础技术。文本检索是通过输入文本，主要是关键词，在互联网众多的文本资源中检索出与用户检索文本相关的资源，并按相关度排序返回相关文本的链接。传统的非文本检索，例如，图像检索，它利用关键词以类似文本检索的方式查找标注过的图像，实际上是利用关键词查找图像的标注，还是属于文本检索的范畴，检索的准确率在很大程度上依赖人工标注的质量。但是，由于不同的人对相同对象（图像、音频和视频等非文本信息）的认知不同，造成了有些描述语言的不准确。因此，利用简单的文本检索图像标注的方法，一般并不能取得令人满意的结果。另外，图像的标注过程会浪费大量的人力物力，导致标注成本过高。随着信息技术的发展，基于内容的图像检索技术（content-based image retrieval，CBIR）应运而生。基于内容的图像检索技术弥补了基于关键词检索的不足，它通过机器学习的方法进行检索，达到了令人满意的效果。在基于内容的图像检索技术中，查询时不再是关键词，而是利用图像作为输入，其原理是通过提取图像内容的描述信息，例如，图像的 GIST（global image signature）特征、颜色直方图特征等，进而计算图像库中的图像和查询图像的距离（即相似度），检索出与查询图像相似的图像。目前，百度、谷歌和必应等搜索引擎都已经推出“图搜图”的搜索方式。

随着计算机网络技术和信息技术的发展，网络上出现了越来越多的不同模态的数据。如图 1.1 所示，是从网络上搜集的关于哈士奇（husky）的一个例子，哈士奇可以用文字描述，也可以用图片、音频和视频等非文本描述。此外，在网络时代，人们通过社交网络上传或发布信息时，为了更加生动、更加形象地描述事件或物品，通常会使用多种模态的数据。例如，人们在微博发布照片时，一般会同时上传一段文字描述照片的内容或用一些标签标注图像的内容；利用微信朋友圈分享时，也往往是图文并茂的；购物网站，如淘宝、京东等，在描述产品信息时通常不仅利用文字，还会使用图片和视频，这样可以使人们更快、更准确地获取商品的信息。

特别是当社会有热点事件发生时，人们通常会利用便携设备通过网络发布事件以及他们的观点，上传各种模态的数据。用户在检索热点事件时，也希望返回与热点事件相关的各种模态的数据，以帮助用户获取有用的信

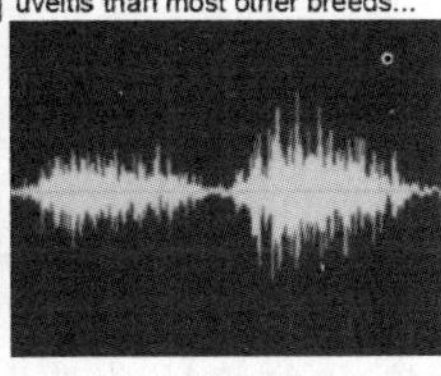

图 1.1　分别用图像、文本、视频和音频四种模态描述 husky

息。例如，发生在 2014 年 3 月 1 日的昆明火车站暴恐案，利用百度搜索引擎得到的检索结果如图 1.2 所示。从图中可以看出，搜索引擎返回了各种模态的数据，包括文本、图像和视频等，以提升用户体验。但是，这些非文本数据

图 1.2　昆明火车站暴恐案百度搜索结果

都是经过标记的数据,检索时利用文本搜索这些数据的标签,与基于内容的检索不同,还是属于传统的文本检索范畴。而且大部分已有基于内容的检索方法是单一模态数据的应用,这些方法无法直接应用到多个模态的数据。因此,基于内容的跨媒体检索成为一种新的需求。1976 年,麦格克效应[12]就揭示了人脑对外界信息的认知需要跨越和综合不同感官的信息,呈现跨媒体的特性,跨媒体检索技术应运而生。这里的"跨"是跨越的意思,即跨越媒体类型检索。

不同模态的数据是可能存在语义关联的,以图像和文本为载体的维基百科为例,图 1.3 的图片和文本来自维基百科。虽然图像和文本的模态不同,但它们之间可能存在语义关联。图中用黑色实线连接的是从维基百科上直接下载的样本对,它们之间存在着很强的语义关系;用黑色虚线表示不

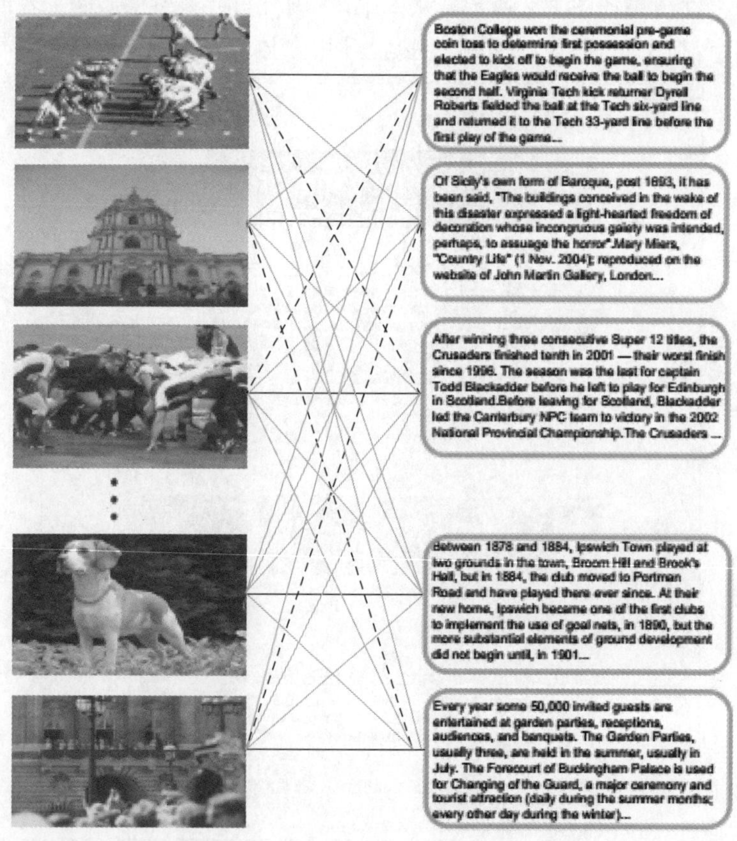

图 1.3 不同样本之间的语义关系图

同模态样本间语义概念是相同的，它们存在着语义关联；而灰色虚线表示不同模态样本的语义概念不同，它们之间没有语义关联。

如何挖掘不同类型数据之间的内在联系，进而对不同模态的数据进行度量，成为跨媒体检索的核心问题之一。跨媒体检索实现的是用户提交一种媒体对象作为查询，检索不同媒体类型对象，并按照与查询对象的相关程度进行排序，返回与查询存在较强语义关系的数据。以文本和图像两种模态为例（当然，也可以是其他模态或多于两种模态的应用），如图 1.4 所示，它是一个跨媒体检索的例子，跨媒体检索主要关注以下两个任务：

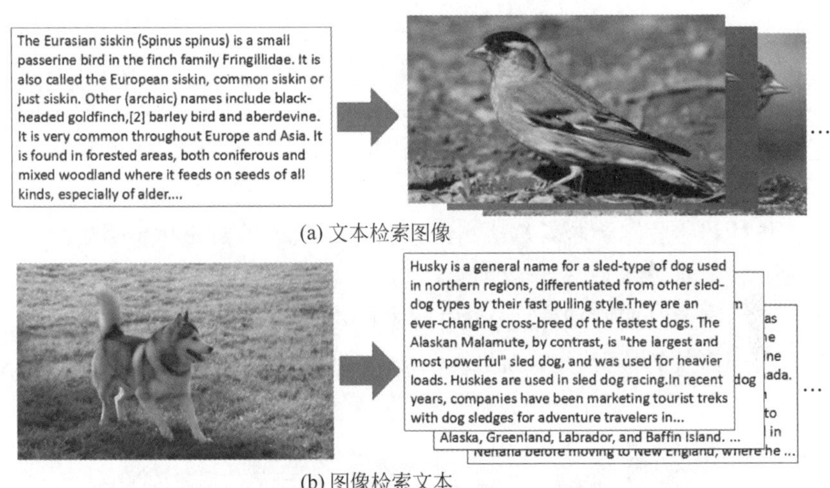

(a) 文本检索图像

(b) 图像检索文本

图 1.4 跨媒体检索的实例

（1）以文本作为查询数据返回与文本存在语义关联图像数据，其中图像的内容通常为文本的相关描述。

（2）以图像为查询数据返回与图像存在语义关联的文本描述。

随着网络上数据量的迅猛增长，用户如何在海量数据中准确而又高效地检索到需要的信息，成为大数据研究的一个热点问题。在大数据时代，数据的规模非常大，因此传统的最近邻检索方法已经远远不能满足人们实时检索的需求。最近邻查找是检索的核心问题之一，对跨媒体检索而言亦是如此。但与单模态的最近邻检索不同，在跨媒体检索中，不同模态数据的表示一般不仅维度不同，而且每维携带的特征信息也不同，所以造成不同模态的数据难以直接进行相似度的计算。例如，文本利用 500 维的词包（bag of words，BOW）特征向量表示，图像用 384 维的 GIST 特征向量表示。因此对跨媒体检索而言,除了要实现大规模数据检索外,如何度量不同模态数据的相似度也是一个挑战。

近似最近邻检索是一个解决大规模检索的有效途径,其中最有效的方法之一是哈希算法。哈希算法通过机器学习算法或随机的算法把数据映射到汉明空间(Hamming space),把样本表示成二值码,不仅可以减少数据的存储开销,而且可以大大减少计算的复杂度,提高检索速度,因此受到越来越多的关注。例如,一幅 2MB 的 JPEG 图像,如果用 5000 维的 BOW 模型表示,假设每维用浮点类型数据表示,即每维占用 4 字节的存储空间,则需要 5000×4=20 000 字节的存储空间,而映射到 32 比特的二值空间,只需要用 4 字节就可以表示一幅图像,大大节省了内存。而且在检索阶段,计算查询样本与被检索数据集中的样本之间的距离时,在汉明空间只需要简单的二值运算即可,如异或操作,大大提高了检索的效率。近年来,哈希算法已经成为大数据研究的一个热点。

跨媒体检索技术和哈希算法相结合为海量数据的跨媒体检索提供了一条有效途径。跨媒体哈希算法的目标是通过学习算法把不同模态的数据映射到一个共享的汉明空间,在这个空间不同模态的数据可以进行相似度的度量和实现高效的检索。典型的跨媒体哈希的近似最近邻检索的基本框架如图 1.5 所示(以图像和文本为例)。

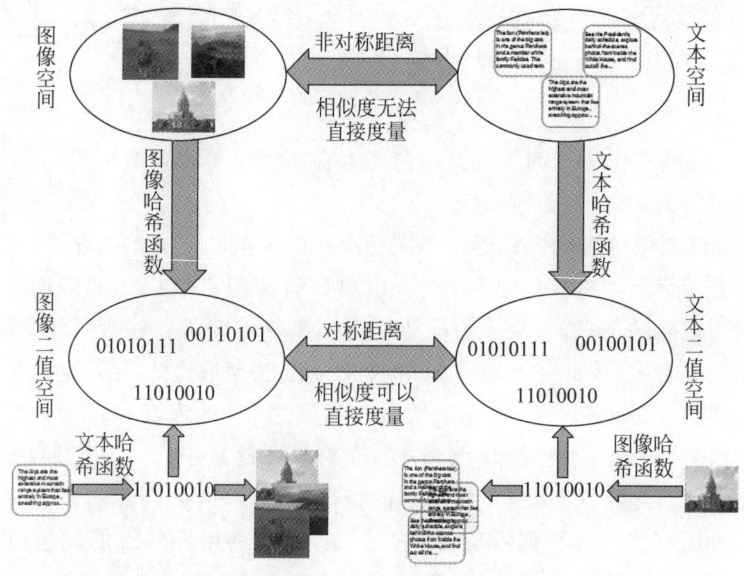

图 1.5 跨媒体哈希的近似最近邻检索的基本框架

1.2 国内外相关工作研究进展

随着大数据时代的到来，在海量的多媒体数据中实时查询信息成为一个亟待解决的问题。然而，在实际应用中，为了提高底层特征的区分能力，通常人工构造的特征维数非常高(甚至达到上万维)，因此导致最近邻检索的计算复杂度过高，而且需要的内存开销也很大。传统的最近邻检索已经不能满足海量数据实时检索的需求，因此研究人员又提出了"近似最近邻检索"的方法，所谓近似最近邻检索，即检索到的样本是查询的近似最近邻，而不是精确的最近邻，牺牲了有限的准确率，大大提高了检索效率，以获得远低于 $O(N)$ 的检索时间复杂度，这在大规模检索中显得尤为重要。近似最近邻检索的相关工作主要包括两种方案：基于树的索引方法和哈希算法。在跨媒体检索中，哈希算法的应用尤为广泛，并取得了令人满意的结果。

1.2.1 基于树的索引方法

传统的基于树的近似最近邻检索方法利用树的节点不断缩小检索备选样本集，在树状结构中，每通过一个父节点，备选样本就可以减少一半，大大降低了检索的计算复杂度。K-D 树方法是经典的基于树的检索方法，其他的工作还包括 M-tree、R-树、Slim-tree 等。

经典的基于 K-D 树的方法原理是不断地由父节点向下查询它的子节点，每经历一个父节点就可以从备选样本中筛选出一半的样本，直到最终的叶节点(检索到的样本)。但是，基于 K-D 树的方法需要保存所有数据的信息，以便于查询检索到的叶节点，这样会增加系统的存储开销，特别是当数据集较大时，会占用大量的存储空间。在查询过程中，K-D 树检索的时间复杂度为 $O(\log(N))$，远小于传统的最近邻检索的 $O(N)$。在低维状况下，基于 K-D 树的检索方法取得了不错的效果，但是随着特征维数的增加，检索的时间复杂度会快速增长，最坏的情况时间下可以达到 $dN^{\left(1-\frac{1}{d}\right)}$。然而在计算机视觉领域，为了使样本的表示具有良好的可区分性，一般生成的特征可以达到成千上万维，因此这类方法在实际应用中会遇到困难。如何在保证检索时间复杂度的同时，降低系统的内存开销成为一个新的挑战。

1.2.2 哈希算法

2007 年，哈希学习算法由 Salakhutdinov 和 Hinton 引入机器学习领域，并迅速成为机器学习领域的一个研究热点问题，广泛应用于信息检索、行人再识别、目标跟踪、显著性分析、图像分类和人脸识别等领域。

哈希算法把高维数据映射到低维的汉明空间，利用二值码表示样本，二值码占用的存储空间小，在线检索过程中只需要通过简单的异或运算便可得到样本间的相似度，所以哈希算法因其高效和节省内存的优势被广泛关注。哈希算法一般可以分为单模态哈希、多模态融合哈希和跨媒体哈希三种。

1. 单模态哈希算法

单模态哈希是应用于单一模态数据的哈希算法（如图像），它的思想是把样本由高维特征空间映射到低维的汉明空间，在汉明空间保持样本的相似关系，即在特征空间距离较近的样本在汉明空间依然距离较近，在特征空间距离较远的样本在汉明空间依然较远。单模态哈希算法根据算法是否与数据集相关可以分为独立于数据的哈希算法和数据相关哈希算法两种。

(1) 独立于数据的哈希算法。

在独立于数据的哈希算法中，最先提出的是局部敏感哈希（local sensitive hashing，LSH），它的基本思想是通过哈希函数（随机线性映射）把原始空间中的高维数据映射到低维的汉明空间，在汉明空间保持样本间的相似性。如果两个数据点 x_1 和 x_2 在原始高维空间中相似（距离较近），则映射到同一个哈希桶的概率较大；如果两个数据在原始高维空间不相似（距离较远），则映射到同一个哈希桶的概率较小，即：

如果 $d(x_1,x_2)<d_1$，则 $\Pr(h(p)=h(q))\geqslant p_1$

如果 $d(x_1,x_2)>d_2$，则 $\Pr(h(p)=h(q))\leqslant p_2$

其中，$\Pr(\cdot)$表示概率，$p_1>p_2$。局部敏感哈希的示意图如图 1.6 所示。

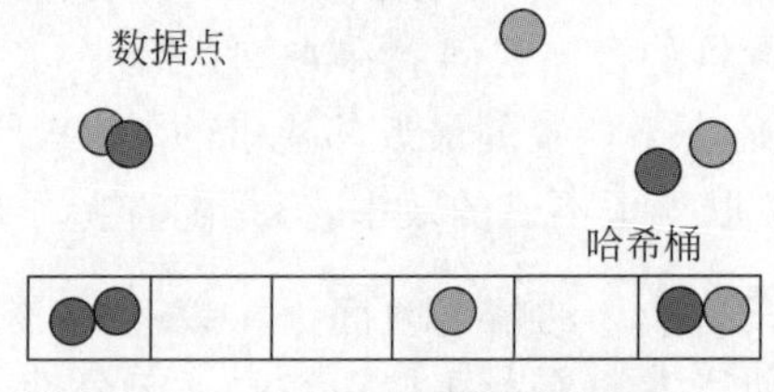

图 1.6 局部敏感哈希示意图

然而，在高维特征空间中，样本之间的相似性是非线性的，线性函数很难捕捉样本之间的内在联系。基于核方法的局部敏感哈希（kernelized local sensitive hashing，KLSH）提出利用非线性的核方法捕捉样本之间的内在联系，提升了算法的性能，还有基于其他准则的 LSH 哈希算法，都取得了良好的检索性能。但是,这类利用随机映射作为哈希函数的算法往往需要很长的哈希码(一般大于1000)或多个哈希表才能取得较好的实验结果。然而随着哈希码长度的增加,会降低相似样本映射到同一个桶的概率,必然导致召回率的迅速降低,而且较长的哈希码会增加存储空间和计算复杂度,这些都限制了独立于数据的哈希算法的应用。

(2) 数据相关的哈希算法。

数据相关的哈希算法利用已经得到的数据训练哈希函数,代替独立于数据方法中的随机映射。相对于独立于数据的哈希算法,数据相关的哈希算法可以获得更为紧凑的表示,只需较小的码长就可以获得令人满意的结果(例如,16比特、32比特、64比特),因此受到越来越多研究人员的关注。数据相关哈希一般可以分为无监督哈希算法、监督哈希算法和半监督哈希算法三种。

无监督哈希算法:在训练过程中不需要任何样本的标签(标注)信息,只利用样本的特征学习哈希函数。谱哈希(spectral hashing,SH)通过放松哈希函数的二值约束,利用谱图分析和拉普拉斯特征函数学习哈希函数。稀疏哈希(sparse hashing)方法利用稀疏编码的方法,为样本学习一个稀疏的低维表示,并且在这个空间中保持样本在原始空间的相似结构,取得令人满意的结果。但在某些情况下,可以比较容易地获取标签信息(或数据集带有标签信息),因为标签含有高层语义信息,利用标签信息学习哈希函数可以提升算法的性能。

监督哈希算法:在训练过程中利用所有样本的标签(标注)信息学习哈希函数。核监督哈希(supervised hashing with kernels,KSH)利用核方法学习哈希函数,并且使样本在汉明空间的相似度逼近样本在原始特征空间的相似度。监督离散哈希(supervised discrete hashing,SDH)可直接通过样本的标签学习哈希码,并提出了一种按位顺序求解的离散优化方法,直接得到哈希码的离散解[54]。然而在某些情况下,获取所有数据的标签信息是不太现实的,会浪费大量的人力物力,因此会制约监督哈希算法的应用。

半监督哈希算法:只有一小部分样本携带标签信息,在训练过程中不仅利用无标签样本的特征信息学习哈希函数,还利用带标签样本携带的标签信息得到性能更好的哈希函数。文献[53]提出了一种半监督哈希(semi-supervised hashing,SSH)算法,它首先利用样本的标签信息构造正、负样本对,通过最大化负样本对的距离和最小化正样本对的距离学习哈希函数,但是只利用少量带标签的样本最大化准确率容易导致过拟合,所以又提出利用所有样本构造正则项。

此外，在哈希算法中，由于样本被表示成二值码，所以通常存在量化操作，而量化会带来量化误差，通常量化误差越小越能保持数据的相似结构，因此算法期望量化误差越小越好。但是，大部分哈希算法没有考虑量化误差的影响，这会导致学习的哈希函数性能下降。迭代量化哈希(iterative quantization,ITQ)方法，利用主成分分析(principal component analysis,PCA)降维后，提出通过最小化量化误差，学习一个旋转矩阵，得到性能更好的哈希函数。监督离散哈希：为了消除哈希函数的量化过程造成算法性能降低，提出了一种离散优化算法，直接可以得到问题的离散最优解。文献[55]提出了一种基于图像分割的监督二值编码(graph cuts for supervised binary coding,GCSBC)算法，与传统的方法不同，它通过最小化能量函数(其包含区域项和边界项)得到最小分割，从而直接得到二值码。

随着网络技术和信息技术的飞速发展，一个网页可以包含多种模态的数据，且这些数据之间存在语义关联。而单模态的哈希算法不能直接用于多模态数据，如何把多模态数据纳入一个统一的学习框架成为新的挑战。

2. 多模态融合哈希算法

多模态融合哈希算法利用不同特征之间的互补性，学习一个比只利用单一视角学习更好的汉明空间，在这个空间中，样本在各个模态的相似性都得到保持，提高了算法的检索性能。例如，同时利用尺度不变特征变换(scale-invariant feature transform,SIFT)、GIST 和颜色特征等，学习一个更好的汉明空间来提高检索的准确率。

文献[63]提出一种多特征哈希(multiple feature hashing,MFH)算法实现大规模复制视频的检索，算法同时考虑了尺度和精确度的问题。视频比较复杂，利用单一特征很难获得好的性能，因此算法提出保持各特征的相似性提升算法性能，并利用哈希算法的高效性实现大规模检索。文献[64]从多信息源互补的角度出发提出一种基于 boosting 的哈希算法(composite hashing with multiple information sources,CHMIS)，通过最大化准确率学习各个信息源的哈希码的权重，获得更好的哈希码提升算法的性能。基于互补哈希的近似最近邻检索(complementary hashing for approximate nearest neighbor search,CHANNS)算法针对当需要较高的召回率时查询的桶的个数会快速增长的问题，提出了利用多个哈希表间的互补特性提升算法性能。

3. 跨媒体哈希算法

跨模态哈希的目标是为各个模态学习一个共享的汉明空间，在这个空间中可以实现异构数据的相似度计算，进而实现跨媒体检索。在过去的几年中，研究者提出了多种跨媒体哈希检索算法。

典型相关分析(canonical correlation analysis，CCA)哈希算法，其主要思想是使不同模态数据在线性投影(哈希函数)后的皮尔森相关系数最大，从而实现不同模态数据间的跨模态检索。但异构数据的分布是非线性的，仅通过线性投影无法挖掘数据之间的关系，研究者又提出了核化典型相关性分析方法。文献[71]提出了一种基于多视图分析(generalized multi-view analysis，GMA)的算法，它本质上是一种监督的 CCA 算法，是利用数据类别信息的典型相关性分析扩展算法，算法不仅可以在关联建模中利用类别信息，还可通过核函数来处理数据的非线性分布的问题。这类算法在数据规模较小时，通常可以取得较好的性能，但随着数据量的增大，训练时间会快速增加，因此不适合大规模的数据应用。文献[70]提出了一种基于 boosting 算法的框架，并通过最小化每一比特误差顺序学习哈希函数。线性跨模态哈希(linear cross-modal hashing，LCMH)算法是一种利用 k 个聚类中心表示数据的方法，它在训练时间上得到较大改善，并在共享空间中保持样本的相似性。文献[75]提出了一种基于最大化语义相关(semantic correlation maximization，SCM)的监督跨模态哈希算法，它首先利用标签构建样本的相似矩阵，然后使样本哈希码间的相似度逼近相似矩阵，使得样本模态间的相似性得到保持，实现跨媒体检索。基于相似敏感哈希的跨模态度量学习算法(cross-modality metric learning using similarity sensitive hashing，CMSSH)通过最小化不同模态相似样本之间的汉明距离，最大化不同模态的不相似样本间的汉明距离学习哈希函数。多潜在二值嵌入(multi latent binary embedding，MLBE)哈希算法利用一个概率生成模型学习哈希函数，得到了令人满意的成果，但过大的运算量限制了它在大规模数据集上的应用。协同矩阵分解哈希(collective matrix factorization hashing，CMFH)利用协同矩阵分解保持样本模态间的相似性，为样本对学习一个一致的表示，从而把模态间的损失降低到最小[73]。潜在语义稀疏哈希(latent semantic sparse hashing，LSSH)为了缩小图像和文本之间的语义鸿沟，分别利用稀疏表示和矩阵分解学习图像的一些显著结构并为文本学习一个潜在的语义子空间，从而保持样本的模态间相似性。文献[81]提出了一种利用稀疏分解的方法学习一个共享子空间，并在共享子空间保持模态间的相似性。基于结构保持的跨媒体哈希算法(unsupervised cross-media hashing with structure preservation,UCMHSP)提出构造不同模态相似样本矩阵和不相似样本矩阵,通过最小化不同模态相似样本的距离,同时使不同模态不相似样本的距离尽量远。语义主题多模态哈希(semantic topic multi-modal hashing,STMH)提出分别为文本和图像学习语义主题和潜在语义概念,保持样本的离散特性。极简跨模态哈希(frustratingly easy cross-modal hashing,FECMH)提出首先利用单模态哈希的方法为一个模态的数据学习哈希码,并利用线性回归的方法把另一模态的数据映射到学习的哈希码,在算法的计算复杂度方面得到了很大的提升。量化相关哈希(quantized correlation hashing,QCH)提出把量化损失和模态间相似性保持放到一个框架。基于协同量化的跨模态近似搜索(collaborative quantization for cross-modal similarity search,CQCMSS)提出一种基于量化的跨媒体哈希算法,利用矩阵分解为两个模态的数据学习一个共享子空间,并同时在此空间对两个模态的数据进行量化。

随着深度学习在计算机视觉和语音识别等领域取得突破性进展,例如,深信度网(deep belief nets,DBN)、自编码(auto encoder)、深层玻尔兹曼机(deep Boltzmann machine,DBM)、递归神经网络(recursive neural network,RNN)和卷积神经网络(convolutional neural network,CNN)等,研究者也提出了一些与之相关的单模态哈希。深度跨媒体哈希学习算法的基本思路是首先利用一种深度模型分别为各模态数据学习特征的表示,然后将各自学习得到的特征表达在深度学习模型的最高层进行组合或学习,最后得到不同模态数据特征表达的映射函数(哈希函数)。然而,深度神经网络存在难以理解和分析、参数设置和调参费时费力等缺点,而且深度神经网络是一个结构难以分析的"黑盒子",这些都制约了深度神经网络在跨媒体哈希算法中的应用。

在检索领域中面临的挑战可以归结为七个"千年问题":语义鸿沟、机器学习、人机交互、多媒体水印、数据挖掘、性能评估以及基于互联网的多媒体标注与检索[97]。随着计算机网络的快速发展和移动终端设备的普及,跨媒体检索已经成为一个研究热点。笔者认为今后几年需要关注的几方面如下。

(1) 用户参与系统的学习。用户的反馈对系统的构建起着重要作用,提高人们对系统的满意度对跨媒体检索系统的推广会起到决定作用,同时会提高跨媒体的语义理解和检索的精度。

(2) 如何在移动设备上实现个性化检索,通过手机用户偏好和情景信息感知用户意图，提高跨媒体检索性能和提升用户体验。目前，个性化检索技术已成为下一代搜索引擎提供服务的突破所在。

(3) 移动终端的计算能力问题。由于移动终端的计算能力有限，所以能否为不同媒体建立快速、有效的索引，提供统一的跨越媒体表示，将是制约移动互联网环境下跨媒体检索的瓶颈。

近年来，虽然跨媒体哈希算法取得了一些成果，但研究还处在一个初级阶段，很多问题还有待进一步研究。

1.3 基于哈希的跨媒体检索存在的关键问题

由于哈希算法节省存储空间和计算的高效性，为大规模跨媒体检索提供了一条有效的途径。但是由于哈希码的离散性，使得高维数据信息损失较大，导致算法的准确率不高。而且由于不同模态数据的异构性，导致算法很难捕捉到数据间的相似关系，因此跨媒体检索仍然是一个挑战。

1. 异构鸿沟

在跨媒体检索中，不同模态的数据的特征表示不同，导致异构数据的相似性无法通过特征直接度量，如何挖掘异构数据的内在联系，并为各模态数据学习一个共享子空间成为一个关键问题。

2. 语义鸿沟

语义鸿沟是检索领域的七个“千年问题”之一，计算机通过底层特征对样本进行语义层次的理解，通常与人类在语义层次上的理解存在不一致性。

对于跨媒体检索而言，不同模态的数据与高层语义之间都存在语义鸿沟，缩小语义鸿沟可以提升算法的检索性能。而且不同模态与高层语义之间的鸿沟通常是不同的，例如，文本与高层语义间的鸿沟要比图像与高层语义间的鸿沟小。

3. 哈希码的离散性

通常的跨媒体检索模型的目标函数使得信息损失最小，算法可以得到最优结果。而在哈希算法中，由于哈希码的离散性，往往会造成目标函数是一个非凸问题，目标函数无法直接求解。大部分已有工作在求解时会放松二值约束，求得连续的次优解，然后再量化得到哈希码。除了第一步的学习可能造成信息损失外，第二步量化的信息损失对性能的影响也很大，有时候甚至可能超过第一步造成的信息损失[1]。因此，通常算法得到的最终学习结果并不能保证二进制码是最优的。然而很多哈希模型并没有考虑量化过程中造成的信息损失。

离散哈希码的每位−1或1(哈希码一般有两种表示,即−1、1或0、1)通常不含有特定的信息,这与传统特征不同,因此会造成哈希码的不可解释性,这会限制算法的应用。

4. 排序

因为哈希码是离散的,在计算两个样本间的距离时可以利用计算机进行高效的二值运算。但是对于长度为 c 的哈希码,任意两个哈希码间的距离为 $0,1,\cdots,c$(共 $c+1$ 个值)中的某一个值,因此区分能力有限,会造成大量样本与查询样本的汉明距离相同,不能进一步对相似度进行排序,如何对具有相同汉明距离的样本进行排序成为一个挑战。

5. 训练样本变化

已有的大部分哈希方法针对训练数据集是固定不变的,并在训练数据集上学习哈希函数。但网络上的数据是不断变化的,新数据不断到来,训练数据集不断增大。新数据包含新的信息,利用新数据更新哈希函数可以提高检索的性能。但是,如果直接利用训练集进行训练会导致计算量加大,如何利用新数据和增量学习高效地更新哈希函数成为一个关键问题。

由于问题4和问题5已经在单模态哈希中得到了较好的解决,因此本书主要针对前3个问题从多方面进行研究,特别是基于哈希算法的大规模跨媒体检索技术。首先,在跨媒体哈希算法中,由于存在异构鸿沟,造成不同模态样本间的相似性无法直接度量。通常,可以通过为不同模态数据学习一个同维度的共享子空间,在此空间实现不同模态数据的相似性度量。因此,共享子空间的学习是处理异构鸿沟的一种重要方法。其次,语义鸿沟是基于内容检索的一个关键问题,在跨媒体检索中,如何处理不同模态的语义鸿沟关系到最终的检索性能。最后,哈希算法数据映射到二值空间,大大节省了内存并提高了检索效率,但受量化操作的影响,导致了信息损失。因此,减小量化误差是哈希算法需要解决的关键问题。

1.4 跨媒体检索常用数据集与检索性能评价标准

1.4.1 跨媒体检索常用数据集

在跨媒体检索中,为了评价算法的有效性和高效性,常用的公开数据集主要包括 WiKi 和 NUS-WIDE。其中,WiKi 数据集是一个单标签数据集,而 NUS-WIDE 数据集是一个多标签大规模数据集。

WiKi 数据集包含 2866 个来自维基百科的文档，每个文档包含一张图片及其对应的文本描述，可分为 10 类。数据集中每张图片用 128 维的 BOW 特征向量表示，每段文本用 10 维的潜在狄利克雷分布（latent Dirichlet allocation，LDA）特征向量表示。在本书的实验中，随机选择 75%的文档构成训练集，剩余的 25%文档构成测试集。

NUS-WIDE 数据集包含 269 648 张来自 Flickr 的图片，每张图片与它对应的标注词构成图像-文本对，每张图片平均有 6 个标注词。这些样本对被分为 81 个类，其中图片用 500 维的 BOW 向量表示，而文本用 1000 维的 BOW 向量表示。

1.4.2 跨媒体检索常用评价标准

在跨媒体检索中，为了评价算法的有效性，常用的检索性能评价标准主要包括平均准确率（mean average precision，mAP）和准确率-召回率曲线（precision-recall，PR），它们的定义如下。

1. 平均准确率

平均准确率是一种广泛应用的评价检索系统性能的指标，特别是在哈希检索领域[88]。准确率只考虑返回样本中正确的样本数量，而没有考虑正确样本的顺序，其定义如下：

$$\text{准确率(precision)}=\frac{\text{检索到的正确样本的数量}}{\text{返回样本的总数}} \tag{1-1}$$

但是，对一个检索系统而言，返回的样本有先后顺序，而且越相似的样本排序越靠前越好。因此，研究者们提出了 AP(average precision)的概念，定义为

$$\mathrm{AP}=\frac{1}{L}\sum_{i=1}^{r}\mathrm{prec}(i)\times\delta(i) \tag{1-2}$$

其中，r 为返回的样本数量，L 为返回的正确样本的数量，$\mathrm{prec}(i)$为利用前 i 个样本计算的准确率，$\delta(i)$为指示函数，当返回的第 i 个样本为正确样本时 $\delta(i)=1$，否则 $\delta(i)=0$。而 mAP 为所有测试样本 AP 的平均。在实验中，本书用 mAP@k 表示用返回的前 k 个样本计算 mAP。通过 mAP 的定义可知，mAP 的值越大说明系统的检索性能越好。

2. 准确率-召回率曲线图

平均准确率能反映出不同返回样本数量时算法的性能，但不能反映出

全局检索性能。为了进一步得到一个能够反映全局性能的指标，研究者提出了准确率-召回率(PR)曲线图，PR 曲线反映了不同正确样本召回率对应的准确率，召回率的定义如下：

$$\text{召回率(Recall)} = \frac{\text{检索到的正确样本的数量}}{\text{所有正确样本的总数}} \tag{1-3}$$

准确率和召回率是有关联的，当然，理想状态下是两者都越高检索性能越好。但是，通常召回率越低，准确率越高，反之亦然。一般情况，准确率-召回率曲线图是通过设置一组不同的召回率，并计算出不同召回率下对应的精确率来绘制的。

1.5 本书安排

第 1 章，全书的绪论，主要介绍跨媒体哈希算法的研究背景和意义，阐述了跨媒体哈希的国内外研究现状、哈希算法的基本原理、跨媒体哈希及典型方法和对已有的工作进行简单介绍，进而总结了本书的研究内容和创新点，最后给出了本书的组织结构。

第 2 章详细论述了本书的相关工作，包括在基于映射字典学习的跨媒体哈希检索中运用的字典学习，在基于语义一致性的跨媒体哈希检索中运用的协同非负矩阵分解，在基于 Coarse-to-Fine 语义的跨媒体监督哈希检索利用细粒度语义，把图像的语义属性引入基于语义对齐的跨媒体哈希检索。

第 3 章研究哈希码的每位的取值(例如，−1 或 1)不含有特定信息的问题，本章提出一种基于映射字典学习的跨媒体哈希算法。其核心思想是利用映射字典学习，为样本学习含有语义信息的字典，通过字典使哈希码含有语义信息。但是传统的字典学习方法，计算复杂度高，本章提出利用映射字典学习的方法，在保证性能的前提下，降低了计算的复杂度。然后，本章提出了一种迭代优化算法，得到了问题的局部最优解。最后，为了进一步提升算法的性能，本章提出利用正交旋转矩阵最小化量化误差，实验结果证明了该算法优于对比算法。

第 4 章具体研究在没有标签信息的情况下，如何利用样本的特征学习一个区分性好的共享潜在语义子空间的问题，提出了一种基于语义一致性的跨媒体哈希算法。针对已有算法在学习共享子空间时只关注保持样本的模态间一致性，而忽视了保持样本的模态内一致性的问题，提出利用协同非负矩阵分解和 K 近邻保持算法在共享子空间同时保持样本模态间与模态内的一致性。然后，本章提出一种高效的迭代优化算法，使算法的复杂度为 $O(N)$。最后通过实验证明该算法在保证算法效率的前提下，得到了优于比较算法的性能。

第 5 章研究在有标签的情况下，如何利用标签学习区分性更好的哈希码问题。已有的监督跨媒体哈希算法通常直接利用标签构建相似度矩阵，利用相似度矩阵与汉明距离的关系学习哈希码。然而直接利用标签得到样本间相似度比较粗糙，因此本章提出了一种基于 Coarse-to-Fine 的跨媒体哈希检索算法。该算法提出不仅利用标签信息，而且利用特征信息构建样本间的细粒度相似度矩阵，使样本间的相似度的表示更加精细，从而学习区分性更好的哈希码。最后，通过在两个公开数据集上的实验结果证明了该算法的有效性。

第 6 章针对不同模态与高层语义的语义鸿沟不对称的问题，提出了一种基于语义对齐的监督跨媒体哈希检索算法。首先，利用图像的属性与文本模态对齐语义信息，平衡不同模态与高层语义的鸿沟。其次，为了降低算法的计算复杂度和节省内存，提出利用基于矩阵分解的协同滤波方法学习一个潜在语义矩阵直接构建哈希码与标签之间的内在联系。最后，提出了一种离散优化算法直接得到离散解，提升了算法的性能。在两个公开数据集上的实验结果表明该算法优于比较算法，证明了算法的有效性。

第 7 章针对大多数算法忽视了类标签在真实的世界中可能包含噪声的问题，提出了一种离散鲁棒监督哈希算法。首先，融合来自不同模态的类标签和特征，通过低秩约束学习鲁棒的相似性矩阵，该矩阵可以揭示其结构并捕获其中的噪声。其次，通过在共享汉明空间中保留基于鲁棒相似度矩阵的相似度来生成哈希码。由于哈希码的离散约束，优化具有挑战性。最后，提出了一种离散优化算法来解决这个问题。在三个真实数据集上评估该算法，结果证明了该算法相对于几种现有哈希算法的优越性。

第 8 章针对大多数算法忽视了成对相似度矩阵导致的语义信息丢失和高时间复杂度问题，提出了一种快速离散跨模态哈希算法。首先，利用类别标签和成对相似性矩阵来学习一个共享的汉明空间，从而更好地保持语义一致性。其次，提出了一个非对称哈希码学习模型，以避免对称矩阵分解的挑战性问题。最后，设计了一种有效且高效的离散优化方案，可以直接生成离散哈希码，并将由成对相似性矩阵引起的计算复杂度和内存成本从 $O(n^2)$降到 $O(n)$，其中 n 表示训练集的大小。在三个真实世界数据集上进行的广泛实验突出了该算法相对于几种跨模态哈希算法的优越性，并证明了其有效性和高效性。

第 9 章针对大多数基于批处理的哈希算法中的数据点以流的方式出现导致的低效率问题,提出了一种在线潜在语义哈希算法。为了学习判别性哈希码,离散标签被映射到连续的潜在语义空间,在该空间中可以更准确地测量数据点中的相对语义距离。然后,针对在流数据点上有效学习哈希函数的挑战性任务提出了一种在线优化方案,并且计算复杂度和内存成本远小于每轮训练数据集的大小。在许多现实世界的数据集上进行广泛的实验,显示了所提出方法的有效性和效率。

第 10 章针对大多数基于图嵌入的哈希算法中由于图拉普拉斯矩阵引起的高昂费用和忽视了可用的类标签的问题,提出了一种高效监督图嵌入哈希算法,它可以同时高效地学习哈希函数和离散二进制码。该算法利用基于类标签的语义嵌入和图嵌入来生成共享的语义子空间,并且还将类标签纳入其中,以最小化量化误差,以更好地逼近生成的二进制码。为了减少计算资源,提出了一种中间项分解方法,避免了显式计算图拉普拉斯矩阵。最后,推导出了一个迭代的离散优化算法来解决上述问题,每个子问题都可以得到一个闭式解。对四个公共数据集进行的大量实验结果表明,所提出的方法在准确性和效率方面优于现有的几种跨媒体哈希算法。

第2章

相关工作

2.1 字典学习

1996 年,Olshausen 等在 *Nature* 上发表了一篇关于自然图像稀疏编码的开创性论文,提出了利用 L_1 范数约束系数的稀疏性学习字典,字典的每个原子形态与视觉皮层中 V1 区简单细胞的感受野类似。该研究成果奠定了稀疏编码的神经生理学基础,从此字典学习引起了研究者的广泛关注。

近年来,字典学习已经在图像处理和计算机视觉领域取得了巨大的成功。传统的字典学习分为两类:综合字典学习和分析字典学习。基于此,本章先介绍两种字典学习的基本理论,再阐述映射字典学习算法。

2.1.1 综合字典学习

综合字典学习在计算机视觉各个领域的应用中取得了令人满意的成果,综合字典学习的目标函数一般定义为

$$\min_{D,A}\|\boldsymbol{X}-\boldsymbol{D}\boldsymbol{A}\|_F^2+\lambda\|\boldsymbol{A}\|_p \tag{2-1}$$

其中,$\boldsymbol{X}\in\boldsymbol{R}^{d\times N}$ 表示数据,$\boldsymbol{D}\in\boldsymbol{R}^{d\times k}$ 表示字典(字典 $\boldsymbol{D}$ 的每列 $\boldsymbol{D}(:,i)$ 称为字典的一个原子),$\boldsymbol{A}\in\boldsymbol{R}^{k\times N}$ 表示系数矩阵,λ 为权重参数,$\|\cdot\|_F$ 表示 Frobenius 范数,一般情况下取 $p=1$,即 L_1 范数,通过 L_1 范数约束系数的稀疏性。同时,式(2-1)还表明数据 $\boldsymbol{X}$ 可以由字典和稀疏的系数矩阵 $\boldsymbol{A}$ 重构。综合字典学习的示意图如图 2.1 所示,图中用灰度代表数据的大小(黑色代表 0,白色代表 1)。

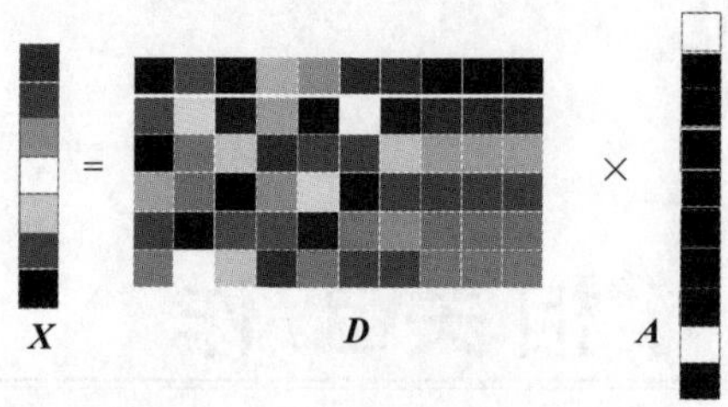

图 2.1　综合字典学习示意图

2.1.2　分析字典学习

与综合字典学习相比，分析字典学习的研究正处在起步阶段。分析字典学习的目标函数一般定义为

$$\boldsymbol{A}=\min_{\Omega}\|\boldsymbol{\Omega X}\|_{p} \tag{2-2}$$

其中，$\boldsymbol{A}$ 为样本 $\boldsymbol{X}$ 的稀疏表示，$\boldsymbol{\Omega}$ 为学习的字典，一般 $p=1$，即 L_1 范数，与综合字典学习类似，通过 L_1 范数约束稀疏性。

分析字典学习的示意图如图 2.2 所示，与图 2.1 类似，用灰度代表数据的大小（黑色代表 0，白色代表 1）。

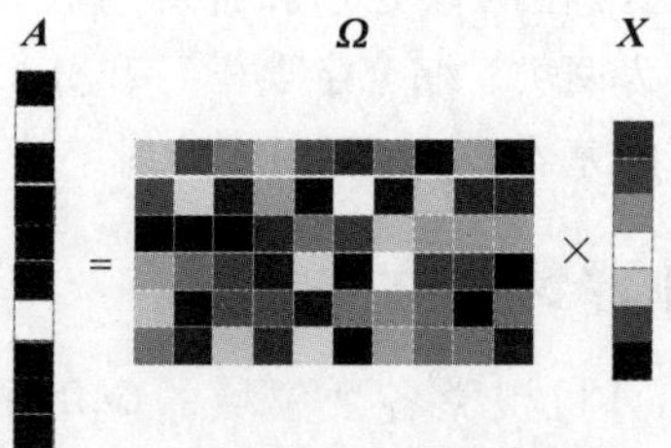

图 2.2　分析字典学习示意图

2.1.3　映射字典学习

无论是综合字典学习还是分析字典学习，因为在字典学习的过程中加入了 l_0 或 l_1 稀疏约束项，一般会导致过大的计算量，不适合大规模数据的应用。文献[106]把综合字典学习和分析字典学习纳入同一个学习框架，提出了一种基于映射字典学习的分类方法。该方法利用线性映射代替非线性的稀疏编码，在取得了令人满意的结果的同时，大大降低了计算的复杂度（复杂度降到 $O(N)$）。受此启发，本章利用线性映射的方法来进行字典学

习，以减少计算复杂度，同时把学习的线性映射作为哈希函数。映射字典学习的目标函数定义为

$$\min_{D,P}\|\boldsymbol{X}-\boldsymbol{DPX}\|_F^2+Re(\boldsymbol{P})\quad \text{s. t. } \|\boldsymbol{D}(:,i)\|_F^2\leqslant 1 \tag{2-3}$$

其中，$Re(\cdot)$表示正则项，这里的 $\boldsymbol{P}$ 可以看作重构矩阵。

2.2　协同非负矩阵分解

本节首先介绍非负矩阵分解（nonnegative matrix factorization，NMF）算法。给定一个非负矩阵 $M=\{m_1,m_2,\cdots,m_N\}\in\boldsymbol{R}_+^{d\times N}$，NMF 的目标是学习两个非负矩阵 $\boldsymbol{U}\in\boldsymbol{R}_+^{d\times k}$，$\boldsymbol{V}\in\boldsymbol{R}_+^{k\times N}$，满足：

$$\min_{\boldsymbol{U},\boldsymbol{V}}\|\boldsymbol{M}-\boldsymbol{UV}\|_F^2 \tag{2-4}$$

显而易见，式(2-4)是非凸优化问题，Lee 等提出利用迭代优化的方法得到一个局部最优解[113]，迭代公式为

$$\boldsymbol{U}_{i,j}=\boldsymbol{U}_{i,j}\frac{(\boldsymbol{XV}^{\mathrm{T}})_{i,j}}{(\boldsymbol{UVV}^{\mathrm{T}})_{i,j}} \tag{2-5}$$

$$\boldsymbol{V}_{i,j}=\boldsymbol{U}_{i,j}\frac{(\boldsymbol{U}^{\mathrm{T}}\boldsymbol{X})_{i,j}}{(\boldsymbol{U}^{\mathrm{T}}\boldsymbol{UV})_{i,j}} \tag{2-6}$$

协同矩阵分解的思想是同时对多个数据矩阵进行分解，并且在分解的过程中学习存在不同数据矩阵中的共享潜在信息。目标函数一般可以定义为

$$\ell=\arg\min_{\boldsymbol{U}^{(i)},\boldsymbol{V}}\sum_{i=1}^{m}\lambda_i\|\boldsymbol{X}^{(i)}-\boldsymbol{U}^{(i)}\boldsymbol{V}\|_F^2 \tag{2-7}$$

其中，m 表示有 m 个矩阵，λ_i 表示第 i 个矩阵分解的权重，$\boldsymbol{X}^i$ 表示第 i 个矩阵，$\boldsymbol{U}^i$ 是含有第 i 个矩阵的一些潜在信息的矩阵，$\boldsymbol{V}$ 即为共享的潜在变量。协同矩阵分解能使不同矩阵在分解过程中共享一些潜在的信息($\boldsymbol{V}$)，又能兼顾各个矩阵在分解过程中得到反映各自特性的一些相关表达($\boldsymbol{U}^{(i)}$)。

而协同非负矩阵分解的思想是利用非负矩阵分解和协同矩阵分解的优良特性，学习不同数据矩阵的一些共享潜在信息，一般目标函数定义为

$$\begin{cases} l=\arg\min\limits_{\boldsymbol{U}^{(i)},\boldsymbol{V}}\sum\limits_{i=1}^{m}\lambda_i\|\boldsymbol{X}^{(i)}-\boldsymbol{U}^{(i)}\boldsymbol{V}\|_F^2 \\ \text{s. t.}\quad \boldsymbol{U}^{(i)}\geqslant 0,\boldsymbol{V}\geqslant 0 \end{cases} \tag{2-8}$$

2.3 细粒度语义

只利用标签或特征信息很难描述样本间的相似性,如何把这两者融入一个学习框架,得到性能更好的哈希函数,是本章要解决的一个关键问题。

样本间的相似度呈现出多样性,例如,虽然猫、狗和老虎都是四条腿的哺乳动物类,但是猫与老虎的相似程度要大于猫和狗的相似程度;甚至都是同属于猫类,不同类别的猫之间的相似程度都不同。因此,可以采用比类别信息更为细粒度的分层模型来度量不同样本间的相似度,如图 2.3 所示。通过层次的不断细分,可以得到样本间的细粒度相似结构。

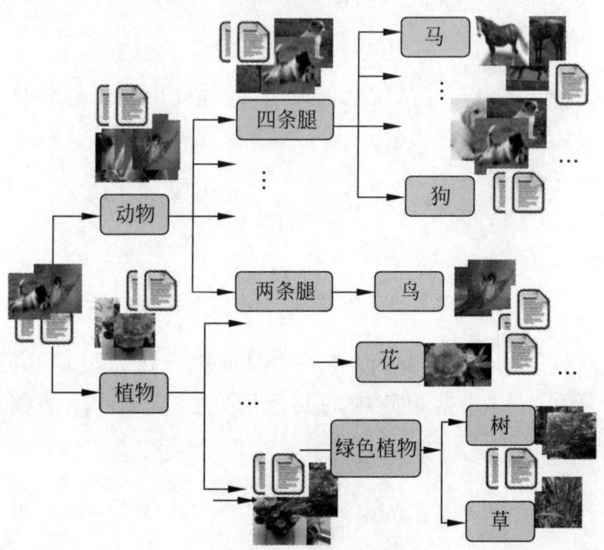

图 2.3 细粒度语义信息

细粒度相似性表达已经在许多学科都有了应用,例如,动作识别、自然语言处理和分类等。但是,现有的跨媒体哈希算法只是利用标签构建粗糙的语义相似矩阵,没有关注样本相似度的多样性问题,因此本章提出一种基于 Coarse-to-Fine 语义的监督哈希(supervised coarse-to-fine semantic hashing,SCFSH)方法,同时利用样本的标签和特征构建相似矩阵,从而得到细粒度相似度矩阵,以提升算法的性能。一种有效描述样本间的细粒度相似度的方法是分层结构,即通过不同层次子类的划分得到样本间细粒度相似度。具体而言,对于不同类样本,首先计算每类样本的中心,通过任意两类的中心间的距离计算两类样本的细粒度相似度；对于同类样本，通过无监督的聚类算法划分为更细的子类，根据不同子类中心之间的距离，计算样本间的细粒度相似度。SCFSH 同时利用标签和样本的特征信息得到细粒度的相似度矩阵，提升了算法的性能。

2.4 语义属性

大部分基于内容的图像检索方法一般使用图像的底层特征表示图像的内容，例如，颜色特征、纹理特征和局部特征等，再通过计算这些底层特征间的距离表示图像间的相似度。但是，图像的这些底层特征是通过无监督的方式提取的，不含有语义信息。因此，底层特征与高层语义之间存在"语义鸿沟"，即计算机理解的图像视觉上的相似与人类理解的在高层语义上的相似是存在差异的。视觉上很不相似的两个样本有可能含有相同的高层语义概念，视觉上很相似的两个样本有可能含有不同的高层语义概念。

为了缩小图像模态的语义鸿沟，Ferrari 和 Zisserman 把"属性"引入计算机视觉领域[118]，"属性"作为图像的底层特征和高层语义之间的一种中间表示，为它们之间架设起一座桥梁。"属性"是一种语义丰富的中间层表示，它具有缩小语义鸿沟的作用，因此成为计算机视觉领域的一个研究热点，并成功地应用到目标识别、图像分割、分类和检索等多个领域。

图像的属性可以是描述图像中包含物体的相关信息，包括形状、颜色、材料、局部信息（这些信息一般含有语义信息）等，也可以是描述类别的信息。属性对图像的描述比单纯的类别描述更灵活、更细致，因此具有良好的扩展性。一方面，通过属性可以跨类别表示，即不同类别的样本可以共享相同的属性。例如，通过一些样本训练了"翼"属性，飞机有翼，鸟也有翼，它们之间可以通过其他属性区分，如材料属性，即飞机的材料为金属，而鸟不是金属。属性含有语义信息，因此可以使样本的表示更丰富、更灵活，使人更容易理解。另一方面，利用图像的属性还可以降维，属性的数量决定了图像表示的维数，因此可以训练区分度强的属性降低图像表示的维度，从而降低学习算法的计算复杂度。

属性作为图像模态的一种中间层表示，可以有效缩小语义鸿沟，受文献[124]的启发，本章提出利用图像的语义属性与文本模态的表示对齐语义信息，提升算法的性能。具体而言，利用在 ImageNet Challenge 上训练的 1000 类分类得分作为语义属性，并定义为 $A \in R^{1000 \times n}$，而没有利用分类的最终结果作为语义属性的表示，显示了 DSAH 算法的扩展能力。

2.5 本章小结

本章介绍了在图像处理和计算机视觉领域中的相关工作。主要内容包括字典学习、协同非负矩阵分解、细粒度语义和语义属性。字典学习方面介绍了综合字典学习和分析字典学习的基本理论和方法，以及映射字典学习的分类方法。协同非负矩阵分解方面介绍了 NMF 算法及其协同分解的思想。细粒度语义部分探讨了如何描述样本间的相似性，提出了构建细粒度相似度矩阵的方法。语义属性部分介绍了属性在图像模态中的作用，并提出了对齐语义信息的方法。这些方法为图像处理和计算机视觉领域的问题提供了新的思路和解决途径。

第3章

基于映射字典学习的跨媒体哈希检索

本章主要针对哈希码的每位取值无含义的问题，提出一种基于映射字典学习的哈希(projective dictionary learning hashing,PDLH)方法。为了降低训练过程的计算复杂度，PDLH 利用线性映射代替字典学习中的非线性映射，使算法的复杂度由 $O(N^3)$降到 $O(N)$。本章首先通过引言介绍算法的研究背景和动机，然后详细论述提出的算法，最后通过在两个公开数据集上的实验结果验证了本章提出算法的有效性和高效性。

3.1 引言

随着计算机网络和信息技术的发展，网络上出现越来越多的模态数据，如何在海量数据中检索不同模态的数据成为一个新的挑战。哈希算法把高维数据映射到低维的汉明空间，大大降低了存储空间和计算复杂度，为海量数据的快速检索提供了一条有效的途径。

跨媒体哈希算法的目标是为不同模态的数据学习一组哈希函数，把异构高维数据映射到一个低维共享的汉明空间。当用户提交查询样本后，通过哈希函数把查询样本映射到汉明空间，再计算查询样本与数据库里不同模态样本的汉明距离，最后根据汉明距离排序并返回排序靠前的样本。

针对跨媒体数据库是否含有标签信息，哈希函数的学习方法是不同的。对于用户而言，很多情况下，数据是直接从网上下载的，它们通常没有标签信息。利用无标签的数据学习哈希函数的方法称为无监督哈希算法，本章主要研究如何利用无标签的样本对为异构数据设计哈希函数。

无监督跨媒体检索算法通常利用保持数据的模态内或模态间相似性为各模态学习哈希函数。在过去的几年中，研究者已经提出了一些无监督跨媒体哈希算法。例如，典型相关分析哈希算法，把 CCA 引入跨媒体哈希算法，提出最大化模态间的相关性，为各模态学习一组哈希函数；跨媒体哈希提出保持不同模态样本的模态间和模态内的相似性，挖掘不同模态数据间的关联，并利用线性回归的方法学习哈希函数；协同矩阵分解哈希利用协同矩阵分解保持模态间的相似性，为不同模态学习一个潜在的语义空间，并且为样本对学习一致的表示；基于聚类联合矩阵分解哈希提出了首先对各个模态进行聚类运算，再利用矩阵分解同时保持模态内、模态间和基于聚类的相似性，学习一个共享的潜在空间。以上方法虽然取得了令人满意的结果，但是学习的哈希码值不表示任何特定信息，可能会降低哈希码的质量。潜在语义稀疏哈希为了缩小图像和文本之间的语义鸿沟，利用稀疏表示学习图像模态的显著结构，利用矩阵分解为文本模态学习一个潜在的语义空间，并保持模态间的相似性。文献[81]提出利用稀疏表示分别为图像和文本模态学习一个子空间，再通过学习一个线性映射把数据映射到一个共享空间，并保持样本模态间的相似性。这类方法利用稀疏表示使哈希码包含语义信息，提升了算法的性能。但是这类算法通常存在以下问题，限制了算法的应用。

(1) 在字典学习算法中，因为稀疏约束项的存在，算法的复杂度高。

(2) 这些哈希算法与大部分哈希算法不同，没有为各模态学习哈希函数。通常测试样本需要先解决一个 Lasso 问题，得到样本的稀疏表示，然后通过量化得到样本的哈希码，而不能像大多数哈希算法那样直接利用哈希函数得到。

(3) 因为得到的系数矩阵是稀疏的，导致哈希码分布不均匀。

针对以上问题，本章提出一种基于映射字典学习的跨媒体哈希检索算法。在字典学习过程中，利用线性映射代替非线性映射，不仅降低了时间复杂度、平衡了哈希码的分布，而且在字典学习过程中得到了哈希函数。同时针对大多数已有哈希算法没有考虑量化损失对算法性能的影响的问题，受迭代量化哈希算法的启发，通过最小化量化误差，学习一个正交旋转矩阵，进一步提升了算法的性能。

基于映射字典学习的跨媒体哈希算法的步骤如下：首先，利用映射字典学习一个共享语义子空间，在子空间保持样本模态间的相似性；其次，提出一种高效的迭代优化算法得到一个局部最优解(哈希函数)，但是可以证明此解并不是唯一解，因此不一定是问题的全局最优解；最后，本章提出学习一个正交旋转矩阵，在不改变解的最优性的同时最小化量化误差，得到性能更好的哈希函数。在两个公开数据集 WiKi 和 NUS-WIDE 上的实验结果证明了该算法优于其他比较方法。

3.2　基于映射字典学习的跨媒体哈希检索算法

本节主要论述算法的思想、优化算法和正交旋转矩阵学习，并从理论上分析了算法的复杂度。

以图像和文本两个模态为例实现跨媒体检索，基于映射字典学习的跨媒体哈希算法的流程图如图 3.1 所示。图中，利用样本左上方不同的形状的图标表示不同的模态，圆形图标代表图像，三角形图标代表文本，并且用不同颜色的图标表示不同类别的样本，用不同的填充颜色区分同类的不同样本。

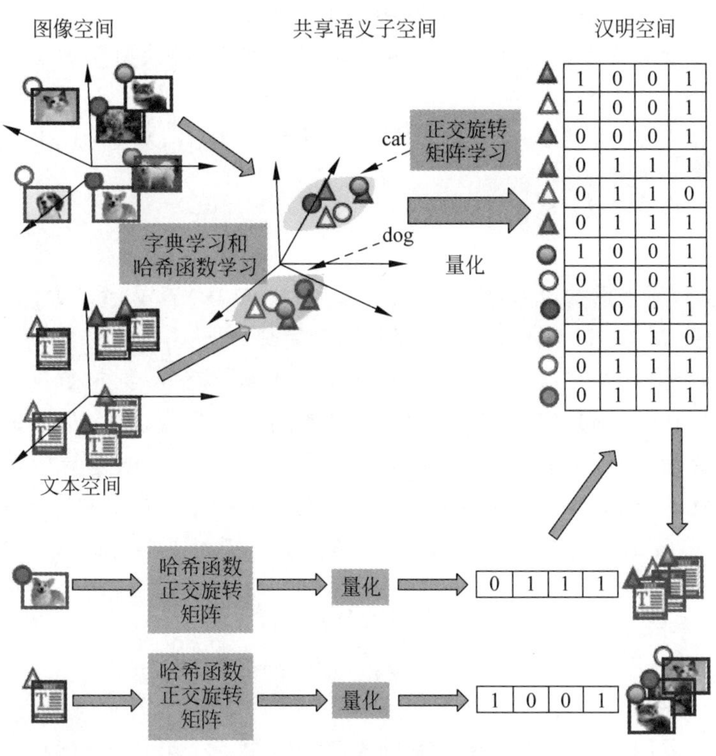

图 3.1　算法的框图

3.2.1 符号说明与问题定义

在描述 PDLH 算法之前，先介绍本章用到的符号。为了描述方便，本章只考虑两种模态：图像和文本，当然算法可以很容易扩展到多于两个模态的情况。用 $\boldsymbol{X}^{\mathcal{I}}=\{x_1^{\mathcal{I}},x_2^{\mathcal{I}},\cdots,x_N^{\mathcal{I}}\}$、$\boldsymbol{X}^{\mathcal{T}}=\{x_1^{\mathcal{T}},x_2^{\mathcal{T}},\cdots,x_N^{\mathcal{T}}\}$ 分别表示图像和文本模态的特征描述，其中，$\boldsymbol{X}^{\mathcal{I}}\in\boldsymbol{R}^{d_{\mathcal{I}}\times N}$，$\boldsymbol{X}^{\mathcal{T}}\in\boldsymbol{R}^{d_{\mathcal{T}}\times N}$，$d_{\mathcal{I}}$、$d_{\mathcal{T}}$ 分别表示图像和文本模态的特征空间的维数，N 表示训练样本对的数量。$\{x_i^{\mathcal{I}},x_i^{\mathcal{T}}\}$ 表示第 i 个由图像、文本模态描述构成的样本对。用 $\boldsymbol{A}_{\mathcal{I}}\in\boldsymbol{R}^{c\times N}$、$\boldsymbol{A}_{\mathcal{T}}\in\boldsymbol{R}^{c\times N}$ 分别表示图像和文本模态的系数矩阵，$\boldsymbol{D}_{\mathcal{I}}\in\boldsymbol{R}^{d_{\mathcal{I}}\times c}$、$\boldsymbol{D}_{\mathcal{T}}\in\boldsymbol{R}^{d_{\mathcal{T}}\times c}$ 分别表示图像和文本模态的字典，$\boldsymbol{W}_{\mathcal{I}}\in\boldsymbol{R}^{c\times d_{\mathcal{I}}}$、$\boldsymbol{W}_{\mathcal{T}}\in\boldsymbol{R}^{c\times d_{\mathcal{T}}}$ 分别表示图像和文本模态的哈希函数(也即上面所提到的重构矩阵)，$B^{\mathcal{I}}\in\{0,1\}^{c\times N}$、$B^{\mathcal{T}}\in\{0,1\}^{c\times N}$ 分别表示图像和文本模态的哈希码，其中，c 表示哈希码的长度。

把图像和文本两个模态纳入一个学习框架中，则映射字典学习算法的目标函数定义为

$$\begin{cases}\min\limits_{\boldsymbol{D}_{\mathcal{I}},\boldsymbol{D}_{\mathcal{T}},\boldsymbol{W}_{\mathcal{I}},\boldsymbol{W}_{\mathcal{T}}}(1-\lambda)\|\boldsymbol{X}^{\mathcal{I}}-\boldsymbol{D}_{\mathcal{I}}\boldsymbol{W}_{\mathcal{I}}\boldsymbol{X}^{\mathcal{I}}\|_F^2+\lambda\|\boldsymbol{X}^{\mathcal{T}}-\boldsymbol{D}_{\mathcal{T}}\boldsymbol{W}_{\mathcal{T}}\boldsymbol{X}^{\mathcal{T}}\|_F^2+\beta\mathrm{Re}(\boldsymbol{W}_{\mathcal{I}},\boldsymbol{W}_{\mathcal{T}})\\ \text{s. t.}\quad\|\boldsymbol{D}_{\mathcal{I}}(:,i)\|_F^2\leqslant 1,\|\boldsymbol{D}_{\mathcal{T}}(:,i)\|_F^2\leqslant 1\end{cases}\tag{3-1}$$

其中，前两项是重构误差，β、λ 为权重参数，$\boldsymbol{D}_{\mathcal{I}}(:,i)$表示字典 $\boldsymbol{D}_{\mathcal{I}}$ 的第 i 个字典原子，$\boldsymbol{D}_{\mathcal{T}}(:,i)$表示字典 $\boldsymbol{D}_{\mathcal{T}}$ 的第 i 个字典原子。

跨媒体检索的目标是学习一个低维的共享子空间，异构数据之间的相似度可以在此空间直接度量。样本对虽然用不同模态表示，但它们包含相同的语义信息，因此在学习的共享语义子空间中，它们的差异应该尽量减小。因此，本章提出的基于映射字典学习跨媒体哈希目标函数定义如下：

$$\begin{cases}\min\limits_{\boldsymbol{D}_{\mathcal{I}},\boldsymbol{D}_{\mathcal{T}},\boldsymbol{W}_{\mathcal{I}},\boldsymbol{W}_{\mathcal{T}}}(1-\lambda)\|\boldsymbol{X}^{\mathcal{I}}-\boldsymbol{D}_{\mathcal{I}}\boldsymbol{W}_{\mathcal{I}}\boldsymbol{X}^{\mathcal{I}}\|_F^2+\lambda\|\boldsymbol{X}^{\mathcal{T}}-\boldsymbol{D}_{\mathcal{T}}\boldsymbol{W}_{\mathcal{T}}\boldsymbol{X}^{\mathcal{T}}\|_F^2+\\ \mu\|\boldsymbol{W}_{\mathcal{I}}\boldsymbol{X}^{\mathcal{I}}-\boldsymbol{W}_{\mathcal{T}}\boldsymbol{X}^{\mathcal{T}}\|_F^2+\beta\mathrm{Re}(\boldsymbol{W}_{\mathcal{I}},\boldsymbol{W}_{\mathcal{T}})\\ \text{s. t.}\quad\|\boldsymbol{D}_{\mathcal{I}}(:,i)\|_F^2\leqslant 1,\|\boldsymbol{D}_{\mathcal{T}}(:,i)\|_F^2\leqslant 1\end{cases}\tag{3-2}$$

其中，μ 为权重参数。

本章利用映射字典学习算法为各模态学习一个低维子空间，不同模态的数据在这个空间保持了原始异构数据的相似性。

3.2.2　优化算法

为了更容易求解式(3-2)，为两个模态分别引入一个中间变量 $\boldsymbol{A}_{\mathcal{T}}$ 和 $\boldsymbol{A}_{\mathcal{I}}$，目标函数可写为

$$\begin{cases}\min\limits_{\substack{\boldsymbol{D}_{\mathcal{I}},\boldsymbol{W}_{\mathcal{I}},\boldsymbol{A}_{\mathcal{I}},\\ \boldsymbol{D}_{\mathcal{T}},\boldsymbol{W}_{\mathcal{T}},\boldsymbol{A}_{\mathcal{T}},}} (1-\lambda)\|\boldsymbol{X}^{\mathcal{I}}-\boldsymbol{D}_{\mathcal{I}}\boldsymbol{A}_{\mathcal{I}}\|_F^2+\lambda\|\boldsymbol{X}^{\mathcal{T}}-\boldsymbol{D}_{\mathcal{T}}\boldsymbol{A}_{\mathcal{T}}\|_F^2+\mu\|\boldsymbol{A}_{\mathcal{I}}-\boldsymbol{A}_{\mathcal{T}}\|_F^2+ \\ \alpha(\|\boldsymbol{A}_{\mathcal{I}}-\boldsymbol{W}_{\mathcal{I}}\boldsymbol{X}^{\mathcal{I}}\|_F^2+\|\boldsymbol{A}_{\mathcal{T}}-\boldsymbol{W}_{\mathcal{T}}\boldsymbol{X}^{\mathcal{T}}\|_F^2)+\beta\mathrm{Re}(\boldsymbol{W}_{\mathcal{T}},\boldsymbol{W}_{\mathcal{I}}) \\ \text{s. t.}\quad \|\boldsymbol{D}_{\mathcal{I}}(:,i)\|_F^2\leqslant 1, \|\boldsymbol{D}_{\mathcal{T}}(:,i)\|_F^2\leqslant 1\end{cases} \tag{3-3}$$

其中，α 为权重参数。

式(3-3)包含 6 个变量，是一个非凸优化问题。幸运的是，当固定其他变量求解一个变量时，问题就变为凸的，所以可以利用迭代的方法求解。

(1) 固定其他变量求解 $\boldsymbol{A}_{\mathcal{I}}$，则式(3-3)可写为

$$\begin{aligned}\ell(\boldsymbol{A}_{\mathcal{I}})=&(1-\lambda)\|\boldsymbol{X}^{\mathcal{I}}-\boldsymbol{D}_{\mathcal{I}}\boldsymbol{A}_{\mathcal{I}}\|_F^2+\mu\|\boldsymbol{A}_{\mathcal{I}}-\boldsymbol{A}_{\mathcal{T}}\|_F^2+\\ &\alpha\|\boldsymbol{A}_{\mathcal{I}}-\boldsymbol{W}_{\mathcal{I}}\boldsymbol{X}^{\mathcal{I}}\|_F^2+\mathrm{const}\end{aligned} \tag{3-4}$$

令 $\dfrac{\mathrm{d}\ell(\boldsymbol{A}_{\mathcal{I}})}{\mathrm{d}\boldsymbol{A}_{\mathcal{I}}}=0$，则可以得到闭合解：

$$\boldsymbol{A}_{\mathcal{I}}=\left(\boldsymbol{D}_{\mathcal{I}}^{\mathrm{T}}\boldsymbol{D}_{\mathcal{I}}+\frac{(\alpha+\mu)}{(1-\lambda)}\boldsymbol{I}\right)^{-1}\left(\frac{\alpha}{(1-\lambda)}\boldsymbol{W}_{\mathcal{I}}\boldsymbol{X}^{\mathcal{I}}+\frac{\mu}{(1-\lambda)}\boldsymbol{A}_{\mathcal{T}}+\boldsymbol{D}_{\mathcal{I}}^{\mathrm{T}}\boldsymbol{X}^{\mathcal{I}}\right) \tag{3-5}$$

其中，$\boldsymbol{I}$ 表示单位矩阵。

同理：

$$\boldsymbol{A}_{\mathcal{T}}=\left(\boldsymbol{D}_{\mathcal{T}}^{\mathrm{T}}\boldsymbol{D}_{\mathcal{T}}+\frac{(\alpha+\mu)}{\lambda}\boldsymbol{I}\right)^{-1}\left(\frac{\alpha}{\lambda}\boldsymbol{W}_{\mathcal{T}}\boldsymbol{X}^{\mathcal{T}}+\frac{\mu}{\lambda}\boldsymbol{A}_{\mathcal{I}}+\boldsymbol{D}_{\mathcal{T}}^{\mathrm{T}}\boldsymbol{X}^{\mathcal{T}}\right) \tag{3-6}$$

(2) 固定其他变量求解 $W_{\mathcal{I}}$，则式(3-3)可写为

$$\min_{\boldsymbol{W}_{\mathcal{I}}}\|\boldsymbol{A}_{\mathcal{I}}-\boldsymbol{W}_{\mathcal{I}}\boldsymbol{X}^{\mathcal{I}}\|_F^2+\frac{\beta}{\alpha}\mathrm{Re}(\boldsymbol{W}_{\mathcal{I}})+\mathrm{const} \tag{3-7}$$

展开式(3-7)并对 $\boldsymbol{W}_{\mathcal{I}}$ 求导，令其导数为零，可以得到闭合解：

$$\boldsymbol{W}_{\mathcal{I}}=\boldsymbol{A}_{\mathcal{I}}(\boldsymbol{X}^{\mathcal{I}})^{\mathrm{T}}\left(\boldsymbol{X}^{\mathcal{I}}(\boldsymbol{X}^{\mathcal{I}})^{\mathrm{T}}+\frac{\beta}{\alpha}I\right)^{-1} \tag{3-8}$$

同理：

$$\boldsymbol{W}_{\mathcal{T}}=\boldsymbol{A}_{\mathcal{T}}(\boldsymbol{X}^{\mathcal{T}})^{\mathrm{T}}\left(\boldsymbol{X}^{\mathcal{T}}(\boldsymbol{X}^{\mathcal{T}})^{\mathrm{T}}+\frac{\beta}{\alpha}I\right)^{-1} \tag{3-9}$$

(3) 固定其他变量求解 $D_{\mathcal{I}}$,则式(3-3)可写为

$$\min_{D_{\mathcal{I}}}\|\boldsymbol{X}^{\mathcal{I}}-\boldsymbol{D}_{\mathcal{I}}\boldsymbol{A}_{\mathcal{I}}\|_F^2+\text{const},\quad \text{s.t.}\ \|\boldsymbol{D}_{\mathcal{I}}(:,i)\|_F^2\leqslant 1 \tag{3-10}$$

式(3-10)的问题可以用文献[106]提出的交替相乘(alternating direction method of multipliers, ADMM)算法解决,同理,$D_{\mathcal{T}}$ 也可以用相同方法求解。

上述过程不断迭代,直到目标函数收敛为止。

3.2.3 正交旋转矩阵

在得到哈希函数 $\boldsymbol{W}_{\mathcal{I}}$ 和 $\boldsymbol{W}_{\mathcal{T}}$ 后,测试样本的哈希码可以通过哈希函数直接得到:

$$b_j^*=\text{sgn}(\boldsymbol{W}_*x_j^*-\overline{\boldsymbol{W}_*\boldsymbol{X}^*}) \tag{3-11}$$

其中,$*$ 为占位符,可以是 $\mathcal{I}$ 或 $\mathcal{T}$。sgn(·)表示符号函数,$\overline{\boldsymbol{W}_*\boldsymbol{X}^*}$ 表示映射到子空间的样本均值。在这里减去均值是为了保证哈希码−1 和 1 分布均匀。

式(3-11)表示对于 $\boldsymbol{W}_*$ 的任意一列 $\boldsymbol{W}_*(i,:)$,如果满足 $\boldsymbol{W}_*(i,:)x_j^*-\overline{\boldsymbol{W}_*\boldsymbol{X}^*}>0$,则 $b_j^*(i)=1$,否则 $b_j^*(i)=-1$。然而,式(3-11)的量化运算会带来量化损失,而损失的大小会直接影响算法的性能,量化损失通常越小越好。但是,大部分已有的哈希算法直接利用式(3-11)得到哈希码,而没有考虑量化损失对哈希函数性能的影响[73,74,81]。文献[61]提出了通过最小化量化误差学习一个旋转矩阵,得到性能更好的哈希函数,提升了算法的性能。受此启发,本章得到哈希函数 $\boldsymbol{W}_{\mathcal{I}}$、$\boldsymbol{W}_{\mathcal{T}}$ 后,通过最小化量化误差,学习一个正交变换矩阵,得到性能更好的哈希函数。量化产生的损失定义为

$$\sum_*\|\boldsymbol{B}^*-\boldsymbol{R}\boldsymbol{V}_*\|_F^2\quad \text{s.t.}\ \boldsymbol{R}^{\mathrm{T}}\boldsymbol{R}=I_c \tag{3-12}$$

其中,$\boldsymbol{V}_*=\boldsymbol{W}_*\boldsymbol{X}^*-\overline{\boldsymbol{W}_*\boldsymbol{X}^*}$,$\boldsymbol{B}^*=\text{sgn}(\boldsymbol{V}_*)$。式(3-12)可以利用迭代的方法求解。

固定 $\boldsymbol{R}$,求 $\boldsymbol{B}^*$:

$$\boldsymbol{B}^*=\text{sgn}(\boldsymbol{R}\boldsymbol{V}_*) \tag{3-13}$$

固定 $\boldsymbol{B}^*$,求 $\boldsymbol{R}$:

$$\min_{\boldsymbol{R}^{\mathrm{T}}\boldsymbol{R}=\boldsymbol{I}_c}\sum_*\|\boldsymbol{B}^*-\boldsymbol{R}\boldsymbol{V}_*\|_F^2 \tag{3-14}$$

式(3-14)是典型的正交普鲁克问题(orthogonal procrustes problem),

可以由奇异值分解的方法解决。下面证明 $\boldsymbol{RW}_*$ 不仅可以最小化量化误差，而且同时是目标函数的局部最优解，即正交不变定理。

定理 1：设 $\boldsymbol{R}$ 是 $c\times c$ 的可逆正交变换矩阵，满足 $\boldsymbol{R}^{\mathrm{T}}\boldsymbol{R}=\boldsymbol{I}_c$。如果 $\boldsymbol{W}_{\mathcal{I}}$、$\boldsymbol{W}_{\mathcal{T}}$、$\boldsymbol{D}_{\mathcal{I}}$、$\boldsymbol{D}_{\mathcal{T}}$、$\boldsymbol{A}_{\mathcal{I}}$、$\boldsymbol{A}_{\mathcal{T}}$ 是式(3-3)的局部最优解，则 $\boldsymbol{RW}_{\mathcal{I}}$、$\boldsymbol{RW}_{\mathcal{T}}$、$\boldsymbol{RD}_{\mathcal{I}}$、$\boldsymbol{RD}_{\mathcal{T}}$、$\boldsymbol{RA}_{\mathcal{I}}$、$\boldsymbol{RA}_{\mathcal{T}}$ 也是式(3-3)的优化解。

$$\|\boldsymbol{X}^{\mathcal{I}}-\boldsymbol{D}_{\mathcal{I}}\boldsymbol{R}^{\mathrm{T}}\boldsymbol{R}\boldsymbol{A}_{\mathcal{I}}\|_F^2=\|\boldsymbol{X}^{\mathcal{I}}-\boldsymbol{D}_{\mathcal{I}}\boldsymbol{A}_{\mathcal{I}}\|_F^2$$

$$\|\boldsymbol{X}^{\mathcal{T}}-\boldsymbol{D}_{\mathcal{T}}\boldsymbol{R}^{\mathrm{T}}\boldsymbol{R}\boldsymbol{A}_{\mathcal{T}}\|_F^2=\|\boldsymbol{X}^{\mathcal{T}}-\boldsymbol{D}_{\mathcal{T}}\boldsymbol{A}_{\mathcal{T}}\|_F^2$$

$$\begin{aligned}\|\boldsymbol{RA}_{\mathcal{I}}-\boldsymbol{RW}_{\mathcal{I}}\boldsymbol{X}^{\mathcal{I}}\|_F^2&=\boldsymbol{A}_{\mathcal{I}}^{\mathrm{T}}\boldsymbol{R}^{\mathrm{T}}\boldsymbol{R}\boldsymbol{A}_{\mathcal{I}}-\boldsymbol{A}_{\mathcal{I}}^{\mathrm{T}}\boldsymbol{R}^{\mathrm{T}}\boldsymbol{R}\boldsymbol{W}_{\mathcal{I}}\boldsymbol{X}^{\mathcal{I}}-(\boldsymbol{X}^{\mathcal{I}})^{\mathrm{T}}\boldsymbol{W}_{\mathcal{I}}^{\mathrm{T}}\boldsymbol{R}^{\mathrm{T}}\boldsymbol{R}\boldsymbol{A}_{\mathcal{I}}+\\&\quad(\boldsymbol{X}^{\mathcal{I}})^{\mathrm{T}}\boldsymbol{W}_{\mathcal{I}}^{\mathrm{T}}\boldsymbol{R}^{\mathrm{T}}\boldsymbol{R}\boldsymbol{W}_{\mathcal{I}}\boldsymbol{X}^{\mathcal{I}}=\|\boldsymbol{A}_{\mathcal{I}}-\boldsymbol{W}_{\mathcal{I}}\boldsymbol{X}^{\mathcal{I}}\|_F^2\end{aligned}$$

同理：

$$\|\boldsymbol{RA}_{\mathcal{T}}-\boldsymbol{RW}_{\mathcal{T}}\boldsymbol{X}^{\mathcal{T}}\|_F^2=\|\boldsymbol{A}_{\mathcal{T}}-\boldsymbol{W}_{\mathcal{T}}\boldsymbol{X}^{\mathcal{T}}\|_F^2$$

$$\|\boldsymbol{RA}_{\mathcal{I}}-\boldsymbol{RA}_{\mathcal{T}}\|_F^2=\|\boldsymbol{A}_{\mathcal{I}}-\boldsymbol{A}_{\mathcal{T}}\|_F^2$$

定理 1 证明了式(3-3)的局部最优解并不是唯一的，存在正交变换矩阵 $\boldsymbol{R}$，使 $\boldsymbol{RW}_*$ 是式(3-3)的一个局部最优解，因此直接优化式(3-3)得到的解并不一定是问题的全局最优解。本章通过最小化量化损失学习一个正交变换矩阵 $\boldsymbol{R}$，使得 $\boldsymbol{RW}_*$ 既是式(3-3)的局部最优解，又满足量化损失最小。因此，本章算法通过学习的正交旋转矩阵进一步提升了算法的性能。算法的流程详见算法 3.1。

算法 3.1 基于映射字典学习的跨媒体哈希算法

基于映射字典学习的跨媒体哈希算法

输入：两个模态的特征 $\{\boldsymbol{X}^{\mathcal{I}},\boldsymbol{X}^{\mathcal{T}}\}$，哈希码长 c。

初始化字典 $\boldsymbol{D}_{\mathcal{I}}$、$\boldsymbol{D}_{\mathcal{T}}$、哈希函数 $\boldsymbol{W}_{\mathcal{I}}$ 和 $\boldsymbol{W}_{\mathcal{T}}$、稀疏系数 $\boldsymbol{A}_{\mathcal{T}}$ 和 $\boldsymbol{A}_{\mathcal{I}}$。

while O-$\mathrm{O_{old}}$>threshold **do**

1：固定其他变量，利用式(3-5)更新变量 $\boldsymbol{A}_{\mathcal{I}}$。

2：固定其他变量，利用式(3-6)更新变量 $\boldsymbol{A}_{\mathcal{T}}$。

3：固定其他变量，利用式(3-8)更新变量 $\boldsymbol{W}_{\mathcal{I}}$。

4：固定其他变量，利用式(3-9)更新变量 $\boldsymbol{W}_{\mathcal{T}}$。

5：固定其他变量，利用 ADMM 算法更新变量 $\boldsymbol{D}_{\mathcal{I}}$。

6：固定其他变量，利用 ADMM 算法更新变量 $\boldsymbol{D}_{\mathcal{T}}$。

---

end while

通过最小化式(3-14)学习一个正交旋转矩阵 $\boldsymbol{R}$ 最小化量化误差。

利用 $\boldsymbol{RP}_i$ 得到所有样本的哈希码。

计算查询样本与异构样本的汉明距离，并按汉明距离的大小排序，返回排列在前面的样本。

输出：算法的 mAP

3.2.4 算法的复杂度分析

目标函数的求解过程是迭代优化的过程，不断迭代更新 $\boldsymbol{A}_{\mathcal{I}}$、$\boldsymbol{A}_{\mathcal{T}}$、$\boldsymbol{W}_{\mathcal{I}}$、$\boldsymbol{W}_{\mathcal{T}}$、$\boldsymbol{D}_{\mathcal{I}}$、$\boldsymbol{D}_{\mathcal{T}}$，直到算法收敛，因此训练的计算复杂度主要产生在迭代更新过程。在这里，首先分析一下更新每个变量的计算复杂度。在更新变量 $\boldsymbol{A}_{\mathcal{I}}$、$\boldsymbol{A}_{\mathcal{T}}$ 的表达式中，第一项($((1-\lambda)\boldsymbol{D}_{\mathcal{I}}^{\mathrm{T}}\boldsymbol{D}_{\mathcal{I}}+(\alpha+\mu)\boldsymbol{I})^{-1}$、$(\lambda\boldsymbol{D}_{\mathcal{T}}^{\mathrm{T}}\boldsymbol{D}_{\mathcal{T}}+(\alpha+\mu)\boldsymbol{I})^{-1}$(矩阵大小为 $c\times c$)的计算复杂度分别为 $O(c^2d_{\mathcal{I}}+c^3)$、$O(c^2d_{\mathcal{T}}+c^3)$；第二项的计算复杂度分别为 $O(cd_{\mathcal{I}}N)$、$O(cd_{\mathcal{T}}N)$。因此更新变量 $\boldsymbol{A}_{\mathcal{I}}$ 的计算复杂度为 $O(c^2d_{\mathcal{I}}+c^3+cd_{\mathcal{I}}N+c^2N)$，更新 $\boldsymbol{A}_{\mathcal{T}}$ 的计算复杂度为 $O(c^2d_{\mathcal{T}}+c^3+cd_{\mathcal{T}}N+c^2N)$。对于变量 $\boldsymbol{W}_{\mathcal{I}}$、$\boldsymbol{W}_{\mathcal{T}}$，通过观察发现它们分别包含常数项 $(X^{\mathcal{I}}X^{\mathcal{I}\mathrm{T}}+\beta I)^{-1}$ 和 $(X^{\mathcal{T}}X^{\mathcal{T}\mathrm{T}}+\beta I)^{-1}$，计算它们的时间复杂度分别为 $O(d_{\mathcal{I}}^2N+d_{\mathcal{I}}^3)$、$O(d_{\mathcal{T}}^2N+d_{\mathcal{T}}^3)$。但是它们只需要在迭代前计算一次并存储，在迭代过程中只需读取即可，从而降低计算复杂度。因此迭代 $\boldsymbol{W}_{\mathcal{I}}$、$\boldsymbol{W}_{\mathcal{T}}$ 的计算复杂度分别为 $O(cd_{\mathcal{I}}N+cd_{\mathcal{I}}^2)$、$O(cd_{\mathcal{T}}N+cd_{\mathcal{T}}^2)$。利用 ADMM 算法更新 $\boldsymbol{D}_{\mathcal{I}}$、$\boldsymbol{D}_{\mathcal{T}}$ 的计算复杂度分别为 $O(d_{\mathcal{I}}N+c^3+c^2d_{\mathcal{I}}+cd_{\mathcal{I}}^2)$、$O(d_{\mathcal{T}}N+c^3+c^2d_{\mathcal{T}}+cd_{\mathcal{T}}^2)$。

正交旋转矩阵的求解也是利用迭代算法。其中，更新 $\boldsymbol{R}$ 首先要计算 $\boldsymbol{B}^*\boldsymbol{V}_*^{\mathrm{T}}$ 的 SVD 分解 $\boldsymbol{B}^*\boldsymbol{V}_*=\boldsymbol{S\Omega}\hat{\boldsymbol{S}}^{\mathrm{T}}$，而 $\boldsymbol{R}=\hat{\boldsymbol{S}}^{\mathrm{T}}\boldsymbol{S}$，所以总的计算复杂度为 $O(c^2N+c^3)$。而更新 $\boldsymbol{B}^*$ 的时间复杂度为 $O(c^2N)$。

在大数据时代，实际应用中 N 的值通常很大，一般情况下，N 远远大于 c、$d_{\mathcal{I}}$ 和 $d_{\mathcal{T}}$ 的值。因此，整个迭代训练过程的计算复杂度为 $O(N)$，即与训练数据集的大小是线性关系。因此本章提出的利用映射字典学习代替传统的字典学习方法，在保证算法有效性的同时提升了算法训练过程的计算复杂度(由传统字典学习的 $O(N^3)$降低到 $O(N)$)。因此训练过程的计算复杂度低，保证了算法的可扩展性。

对于测试过程，因为本章生成了哈希函数，测试样本的哈希码可以直接通过哈希函数得到，所以两个模态的计算复杂度分别为 $O(cd_{\mathcal{I}})$ 和 $O(cd_{\mathcal{T}})$。而检索过程为求哈希码的距离，可以通过高效的异或运算实现。因此，检索过程的计算复杂度也很低。

3.3　实验结果及分析

在实验中，本章主要在两个公开数据集 WiKi[98] 和 NUS-WIDE[99] 上，利用图像检索文本和利用文本检索图像两种检索方式验证算法的有效性。

3.3.1　实验设置

为了验证 PDLH 算法的有效性，PDLH 与现有算法在两个公开数据集上的实验结果进行对比，现有算法包括以下 6 种。

(1) CCA：是一种经典的跨媒体哈希检索算法，它通过最大化两个模态的相互关联性学习哈希函数[61]。

(2) CVH：把谱哈希扩展到了跨媒体哈希算法，使相似样本的哈希码距离小，反之亦然，并通过最小化权重汉明距离学习哈希函数。

(3) SCM：是一种监督跨媒体哈希算法，它利用语义标签学习性能更好的哈希函数，其思想是首先利用样本的标签构造样本的相似矩阵；然后利用样本的哈希码间的相似度逼近由样本标签计算的相似度学习哈希函数。

(4) LSSH：引入稀疏编码和矩阵分解为图像和文本分别学习一个潜在的语义子空间，并通过学习一个线性映射矩阵学习一个共享语义子空间[74]。

(5) CMFH：把协同矩阵分解的思想引入跨媒体检索领域，并且为各模态构成的样本对学习一个一致的表示。

(6) STMH：通过聚类为文本学习多个语义主题，并通过鲁棒分解为图像学习语义概念，再把它们映射到一个语义空间，最后，通过判定样本是否包含某个语义概念得到哈希码。

其中，文献[75]使用了两种优化算法：正交优化算法和序列优化算法，本章分别用 SCM-O 和 SCM-S 表示。SCM 算法利用标签建立相似矩阵，所以是监督的跨模态哈希算法。除了 SCM 算法，其他方法为无监督算法(CVH 算法中令权重矩阵为单位阵，因此在这里为无监督算法)。为了验证本章提出的利用映射字典学习子空间的方法的有效性，本章利用 PDLH--表示去除旋转矩阵的实验结果。

在实验中,因为 STMH 算法的代码没有公开,所以由内部实现,而其余对比算法的代码都由笔者提供。所有代码的参数都经过调试,并且是最好的实验结果。在实验中,本章以标签作为判定标准,即两个样本的标签至少含有一个相同的类,才判定这两个样本为同一类。

PDLH 有四个参数,参数 λ 是一个平衡参数,控制两个模态的权重,在实验中发现这个参数鲁棒性较强,本算法设置 $\lambda=0.5$,表明两个模态同等重要。参数 α 控制重构系数矩阵产生的损失的权重,此参数也具有一定的鲁棒性,根据经验设置 $\alpha=0.3$。参数 μ 是模态间相似性保持的权重,在跨模态检索中的作用较大,因此应该取较大的值,根据经验本章设置 $\mu=2$。参数 β 是正则化项的权重,因此应该取较小的值,本章根据经验设置 $\beta=0.02$。

为了验证迭代优化算法的有效性,本章在 WiKi 和 NUS-WIDE 数据集上进行了实验(哈希码长为 32 比特),实验结果如图 3.2 和 3.3 所示。可以发现,本章提出的优化算法在少于 20 次迭代后便收敛,收敛速度很快,证明了本章提出的优化算法的有效性。

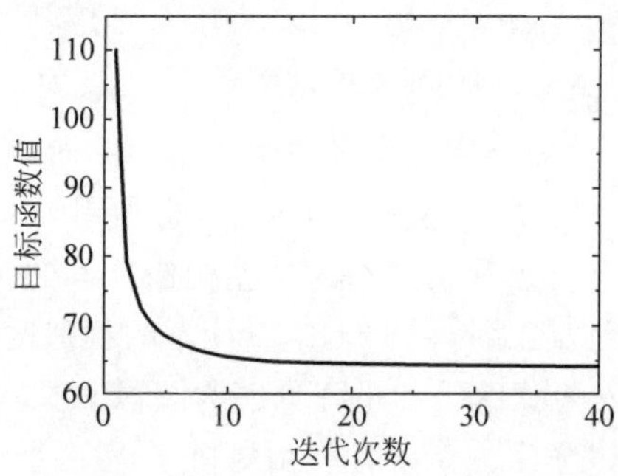

图 3.2 PDLH 优化算法在 WiKi 数据集上的收敛性分析

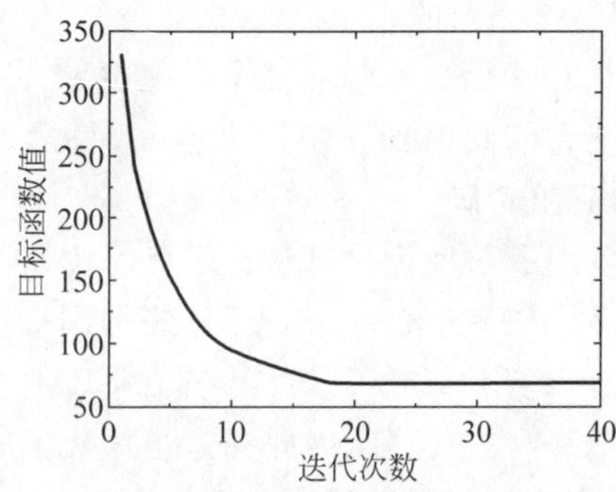

图 3.3 PDLH 优化算法在 NUS-WIDE 数据集上的收敛性分析

3.3.2　在 WiKi 数据集上的实验结果及分析

由于 WiKi 数据集较小，所以 PDLH 算法利用所有训练集的样本训练哈希函数。在实验中，本章测试了 PDLH 与对比算法在不同哈希码长的算法性能，其中 mAP 的实验结果如表 3.1 和表 3.2 所示，它们分别为图像检索文本和文本检索图像任务的实验结果。通过表 3.1 和表 3.2 可以发现：

（1）PDLH、CMFH 和 SCM-S 算法的性能较好，PDLH 在大多数码长取得了最好的实验结果，只在少数码长低于 SCM-S 或 CMFH 的性能。

（2）在所有码长情况下，PDLH 的结果都优于 PDLH--的结果，这证明了正交旋转矩阵通过最小化量化误差提升了算法的性能。

（3）即使在去除旋转矩阵的情况下，本章提出的算法也取得了良好的性能，这说明利用映射字典学习不仅降低了算法的时间复杂度，而且通过字典学习，使哈希码含有语义信息，增强了哈希码的区分能力，因此得到了令人满意的实验结果。

表 3.1　在 WiKi 数据集上图像检索文本的实验结果(mAP@200)

任务	对比算法	哈希码长			
		16 比特	24 比特	32 比特	64 比特
图像检索文本	CCA[61]	0.2047	0.1815	0.1634	0.1694
	CVH[72]	0.2038	0.1951	0.1682	0.1674
	SCM-O[75]	0.1907	0.1718	0.1673	0.1704
	SCM-S[75]	0.2129	**0.2353**	0.2337	0.2377
	CMFH[73]	0.2185	0.2300	0.2377	**0.2420**
	LSSH[74]	0.1895	0.2084	0.2232	0.2094
	STMH[79]	0.1907	0.1926	0.2201	0.2321
	PDLH--	0.2188	0.2175	0.2385	0.2316
	PDLH	**0.2196**	0.2301	**0.2499**	0.2384

表 3.2 在 WiKi 数据集上文本检索图像的实验结果(mAP@200)

任务	对比算法	哈希码长			
		8 比特	16 比特	24 比特	32 比特
文本检索图像	CCA[61]	0.2036	0.1663	0.1527	0.1595
	CVH[72]	0.1997	0.1833	0.1703	0.1613
	SCM-O[75]	0.1889	0.1669	0.1610	0.1661
	SCM-S[75]	0.2037	**0.2411**	0.2419	**0.2507**
	CMFH[73]	0.2216	0.2333	0.2352	0.2390
	LSSH[74]	0.1841	0.2127	0.2308	0.2157
	STMH[79]	0.1896	0.2130	0.2260	0.2240
	PDLH--	0.2217	0.2162	0.2364	0.2325
	PDLH	**0.2225**	0.2276	**0.2423**	0.2430

SCM-S 对比算法在实验中取得了较好的性能，但是 SCM-S 是一种监督哈希算法，需要利用所有样本的标签信息构造样本间的相似度矩阵，以获得性能更好的哈希函数，而标签含有高层语义信息，因此可以提升算法的检索性能。然而，在实际应用中获得所有样本的标签，要耗费大量的人力物力，而本章提出的 PDLH 算法是一种无监督算法，在训练过程不需要标签信息，与 SCM-S 算法对比，本章提出的算法更具有应用价值。

为了进一步证明本章提出算法的有效性，图 3.4 和图 3.5 分别绘制了码长为 16 比特和 32 比特时，PDLH 算法和各个对比算法在两个跨媒体检索任务上的 PR 曲线图。通过图 3.4 和图 3.5 可以看出，PDLH 和 SCM-S 算法取得了较好的性能。但是 PDLH 在召回率较低时性能更好一些，这点在实际应用中非常重要，因为用户更关注排列在前的返回样本。

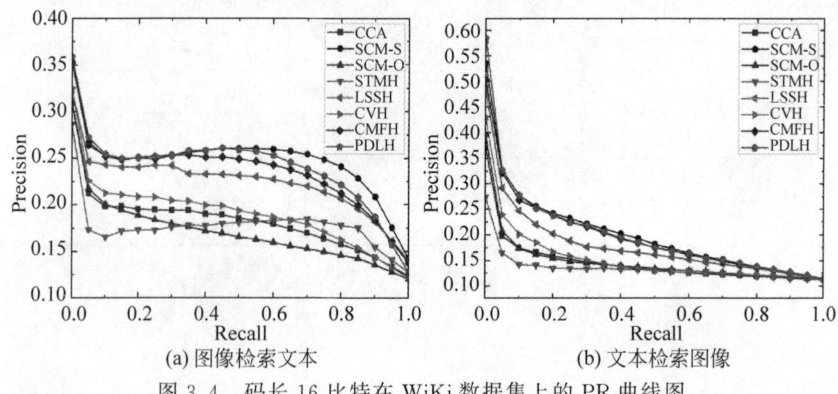

(a) 图像检索文本 (b) 文本检索图像

图 3.4 码长 16 比特在 WiKi 数据集上的 PR 曲线图

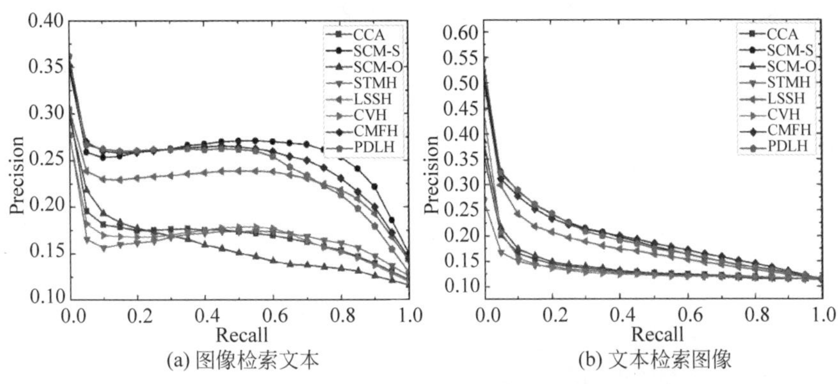

(a) 图像检索文本　　(b) 文本检索图像

图 3.5　码长 32 比特在 WiKi 数据集上的 PR 曲线图

3.3.3　在 NUS-WIDE 数据集上的实验结果及分析

NUS-WIDE 数据集中有些类的样本数量很少，为了保证每类有足够多的训练样本，选取数量最多的 10 个类，共 186 577 个样本对。参照文献[73]的实验设置，从这些数据中随机选择 99%的文本-图像对构成训练集，剩余的 1%构成测试集。

由于 NUS-WIDE 的训练集较大，而 LSSH 和 SCM-O 需要大量的训练时间。为了降低时间复杂度，参照文献[73]的设置，从训练集中随机选出 5000 个样本对构成训练集。mAP 的实验结果如表 3.3 和表 3.4 所示，通过表 3.3 和表 3.4 可以看出，在图像检索文本任务中，PDLH 在各码长都得到了较好的实验结果，而且性能明显优于其他算法。而在文本检索图像任务中 PDLH 和监督算法 SCM-S 都取得了明显优于其他算法的结果，在没有利用旋转矩阵减小量化误差的情况下，本章算法 PDLH 优于包括 SCM-S 算法在内的其他算法，取得了最好结果。实验结果再次证明了基于映射字典学习的算法既降低了复杂度，又提升了子空间的区分能力，同时也验证了使哈希码含有语义信息提升了算法的性能(在大部分情况下，性能超过监督算法 SCM-S，其余情况下，性能逼近监督算法 SCM-S)。

表 3.3 在 NUS-WIDE 数据集上图像检索文本的实验结果(mAP@200)

任务	对比算法	哈希码长			
		16 比特	24 比特	32 比特	64 比特
图像检索文本	CCA[61]	0.3445	0.3413	0.3465	0.3424
	CVH[72]	0.3395	0.3435	0.3440	0.3357
	SCM-O[75]	0.3687	0.3580	0.3567	0.3501
	SCM-S[75]	0.4098	0.4443	0.4413	0.4482
	CMFH[73]	0.3374	0.3586	0.3778	0.3803
	LSSH[74]	0.3465	0.3716	0.3770	0.4073
	STMH[79]	0.3723	0.3922	0.4067	0.4156
	PDLH--	0.4010	0.4423	0.4478	0.4505
	PDLH	**0.4137**	**0.4456**	**0.4530**	**0.4714**

表 3.4 在 NUS-WIDE 数据集上文本检索图像的实验结果(mAP@200)

任务	对比算法	哈希码长			
		8 比特	16 比特	24 比特	32 比特
文本检索图像	CCA[61]	0.3722	0.3620	0.3731	0.3562
	CVH[72]	0.3676	0.3706	0.3620	0.3481
	SCM-O[75]	0.4205	0.4023	0.3866	0.3977
	SCM-S[75]	**0.4828**	0.5012	0.5067	**0.5222**
	CMFH[73]	0.3843	0.3984	0.4093	0.4120
	LSSH[74]	0.3686	0.3736	0.3841	0.4184
	STMH[79]	0.3979	0.4114	0.4235	0.4322
	PDLH--	0.4362	0.5003	0.5078	0.5128
	PDLH	0.4530	**0.5034**	**0.5135**	0.5172

为了进一步验证在不同召回率下算法的性能,本章绘制在码长为 16 比特和 32 比特时各个算法在两个任务上的 PR 曲线图,实验结果如图 3.6 和图 3.7 所示。可以发现,与 mAP 的结果类似,PDLH 算法和监督算法 SCM-S 的性能在 NUS-WIDE 上明显优于现有其他的无监督算法。而与监督算法 SCM-S 相比,PDLH 在召回率较低时性能较好,这与在 WiKi 数据集上的结果类似。本章提出的 PDLH 算法虽然是一种无监督的哈希算法,但是在某些情况下取得了优于监督算法 SCM-S 的性能,证明了本章提出算法的有效性。

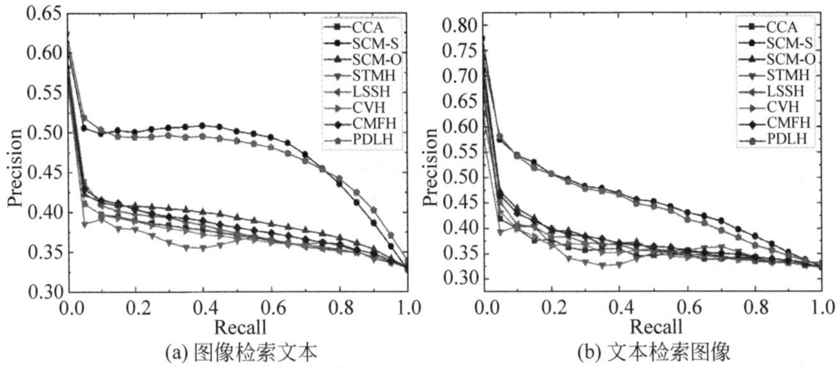

(a) 图像检索文本　　(b) 文本检索图像

图 3.6　码长 16 比特在 NUS-WIDE 数据集上的 PR 曲线图

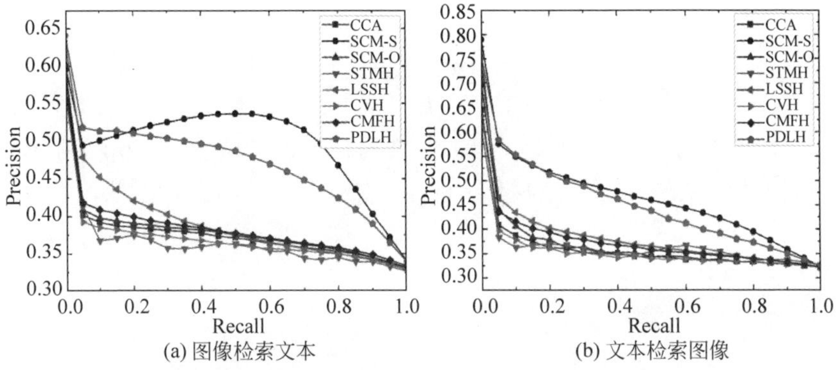

(a) 图像检索文本　　(b) 文本检索图像

图 3.7　码长 32 比特在 NUS-WIDE 数据集上的 PR 曲线图

为了进一步验证本章提出的 PDLH 算法的可扩展性，本章设定哈希码码长为 16 比特，并利用不同大小的训练集进行实验，PDLH 与 CMFH 的训练时间和 mAP 的对比实验结果如表 3.5 所示（时间的单位为秒）。通过表 3.5 发现，随着训练集样本数量的增加，PDLH 算法的 mAP 性能不断提升，这是因为随着训练样本数量的增加，可利用的样本间内在关联信息越丰富，因此可以学习更好的哈希函数。通过表 3.5 还发现训练时间随着训练样本的增加而增长，基本呈线性关系，这也同时从实验上验证了本章之前的算法复杂度分析。

表 3.5 PDLH 不同数量训练样本的训练时间(s)和 mAP 结果比较

训练集大小	10 000	20 000	50 000	100 000	150 000
训练时间(s)	30.25	58.75	150.77	325.90	504.59
文本检索图像	0.4839	0.5466	0.5643	0.5719	0.6028
图像检索文本	0.4603	0.4973	0.5520	0.5584	0.5603

3.4 本章小结

针对哈希码语义无关而导致性能下降的问题，本章提出了一种基于映射字典学习的跨媒体哈希检索算法。字典学习在各技术领域已经得到了广泛应用，但是由于稀疏约束项的存在，会导致算法的计算复杂度过高，而限制了算法的应用。本章提出的 PDLH 算法在字典学习过程中利用线性映射代替非线性映射的方法降低了算法复杂度，提升了算法的扩展能力。在学习过程中生成了哈希函数，所有样本的哈希码都可以由哈希函数产生，而已有的字典学习哈希算法通常需要解决一个 Lasso 问题得到样本的哈希码。由于字典含有语义信息，因此学习的哈希码含有语义信息，提升了算法的可解释性。最后在两个公开数据集上的实验结果证明了算法的有效性。

第4章

基于语义一致性的跨媒体哈希检索

本章提出一种基于语义一致性的哈希(semantic consistency hashing，SCH)算法实现跨媒体检索，通过协同非负矩阵分解为异构数据学习一个共享潜在语义子空间，在此空间保持样本的模态内和模态间的一致性，然后提出了一种高效而且有效的迭代优化算法，使训练的时间复杂度为$O(N)$。

本章首先通过引言介绍算法的研究背景和动机。然后论述了本章提出的语义一致性的跨媒体哈希算法。最后，在两个公开数据集上，与已有算法进行比较的结果证明了算法的有效性和高效性。

4.1 引言

在计算机视觉领域，为了提高特征的区分能力，通常将样本(例如，图像、文本和语音等)表示为高维向量，而且网络上的媒体的数量越来越多，导致计算量非常巨大，使很多学习任务无法进行，导致“维数灾难”。通过流形理论可知，虽然多媒体数据的表示维数很高，但是通常处在一个低维的流行(高维数据中存在着大量的冗余信息)。因此在进行学习任务之前，通常需要对高维数据进行降维，降维的基本原理是把高维数据通过线性或非线性映射嵌入一个低维的子空间，挖掘出存在高维数据的内在的低维结构，即：在高维空间中距离近的数据在低维子空间中的距离亦很近，反之亦然。主成分分析、线性判别分析、独立分量分析(independent component analysis，ICA)、奇异值分解和矢量量化(vector quantization，VQ)等，都是常用的降维算法。这些方法虽然能实现降维，但是降维后的元素没有非负的限制。虽然从数学的角度来讲，元素的值可以是正值也可以负值，但是在现实世界中负值通常是没有意义的，而且是无法解释的，这会限制算法在实际中的应用。

因此，研究非负矩阵分解具有现实意义。D. D. Lee 和 H. S. Seung 于 1999 年在 *Nature* 上发表了一篇关于非负矩阵分解（non-negative matrix factorization，NMF）的论文，并受到了研究者的广泛关注。非负矩阵分解的目的是为由高维数据组成的数据矩阵学习两个低秩矩阵，在低维空间保持高维数据的潜在特性。数据的非负性使矩阵分解具有更好的可解释性，而且非负性通常会带来一定的稀疏性，样本表示的稀疏性能在一定程度上抑制噪声。此外，纯加性和稀疏性与人类大脑的认知相符合。因此，非负矩阵分解已广泛应用于信息检索、人脸识别、图像处理、信息安全、视频跟踪和目标识别等领域。

对于无监督跨媒体哈希算法来说，如何利用样本的特征学习一个好的共享子空间非常重要，这直接影响到算法的性能。典型相关分析哈希算法通过最大化不同模态间数据的相关性和线性映射直接把异构数据映射到一个抽象子空间。然而，此类算法忽视了模态内一致性的保持，而跨媒体哈希算法通过保持样本的模态间与模态内的一致性把异构数据直接映射到一个抽象的子空间，取得了令人满意的结果[85]。但是异构数据之间的关联非常复杂（语义鸿沟大），而这些算法没有利用异构数据中含有的共享信息学习含有潜在语义信息的特征，因此会降低哈希函数的质量。协同矩阵分解哈希算法利用协同矩阵分解保持模态间的一致性挖掘异构数据中的共享信息，为异构数据学习一个潜在语义子空间。潜在语义稀疏哈希算法利用稀疏表示和矩阵分解分别为图像模态和文本模态学习了含有潜在的语义信息的特征，并利用线性映射学习一个共享语义子空间保持样本模态间的一致性[74]。这些基于矩阵分解的跨媒体哈希算法，利用异构样本中的共享信息学习了统一的特征表示，提升了算法的性能。然而，这些算法只关注了样本模态间一致性保持，而忽视了模态内一致性保持。而且在跨模态检索中，已经证明了模态内一致性保持的重要性，把样本的模态内和模态间一致性保持纳入一个统一的框架可以提高模型的检索性能[112]。然而，增加模态内一致性保持项，通常会导致算法的计算复杂度增加，因此会限制算法的应用。

本章针对跨媒体哈希算法中共享子空间的学习问题，提出了一种基于语义一致性的跨媒体哈希算法。该算法提出在学习的语义子空间应同时保持样本的模态间和模态内的一致性。在此基础上提出一种高效的迭代优化算法，使算法的训练过程的时间复杂度降低为 $O(N)$，即与训练集的尺寸呈线性关系，提高了算法的扩展能力。SCH 算法的思路与已有算法的思路比较示意图如图 3.1 所示。

4.2 基于语义一致性的跨媒体哈希检索算法

本节主要介绍本章提出的语义一致哈希算法的思路、最小化目标函数的优化算法以及算法的复杂度分析。

4.2.1 符号说明与问题定义

为了便于叙述，本章只考虑图像和文本两个模态，算法可以很容易地扩展到其他模态或多于两个模态的情况。

本章提出算法的主要思想是通过协同非负矩阵分解为各模态学习一个共享潜在语义子空间，在此潜在语义子空间保持样本的模态间和模态内的一致性。下面从这两方面分别进行论述。

(1) 模态间一致性保持。

对于样本对来讲(例如，文本—图像样本对)，因为它们具有相同的语义概念(或者说是类别)，因此希望它们在共享潜在语义子空间的距离越小越好。本章提出的算法利用非负矩阵分解为各模态学习一个共享潜在语义子空间，因此模态间一致性保持的目标函数可以写为

$$\begin{cases}\ell_{\text{inter}} = \underset{\boldsymbol{U}^{\mathcal{I}},\boldsymbol{U}^{\mathcal{T}},\boldsymbol{V}_{\mathcal{I}},\boldsymbol{V}_{\mathcal{T}}}{\arg\min}\ \lambda_{\mathcal{I}}\|\boldsymbol{X}^{\mathcal{I}}-\boldsymbol{U}^{\mathcal{I}}\boldsymbol{V}_{\mathcal{I}}\|_F^2+\lambda_{\mathcal{T}}\|\boldsymbol{X}^{\mathcal{T}}-\boldsymbol{U}^{\mathcal{T}}\boldsymbol{V}_{\mathcal{T}}\|_F^2+\alpha\|\boldsymbol{V}_{\mathcal{I}}-\boldsymbol{V}_{\mathcal{T}}\|_F^2 \\ \text{s. t.}\quad \boldsymbol{U}^{\mathcal{I}}\geqslant 0,\boldsymbol{U}^{\mathcal{T}}\geqslant 0,\boldsymbol{V}_{\mathcal{I}}\geqslant 0,\boldsymbol{V}_{\mathcal{T}}\geqslant 0\end{cases} \tag{4-1}$$

其中，$\boldsymbol{U}^{\mathcal{I}}\in\boldsymbol{R}_+^{d_{\mathcal{I}}\times c}$、$\boldsymbol{U}^{\mathcal{T}}\in\boldsymbol{R}_+^{d_{\mathcal{T}}\times c}$、$\boldsymbol{V}_{\mathcal{I}}\in\boldsymbol{R}_+^{c\times N}$，$\boldsymbol{V}_{\mathcal{T}}\in\boldsymbol{R}_+^{c\times N}$，$\boldsymbol{R}_+$ 为非负实数集。$\boldsymbol{V}_{\mathcal{I}}$、$\boldsymbol{V}_{\mathcal{T}}$ 分别为图像和文本两个模态学习的共享潜在语义子空间，c 为共享潜在语义子空间的维数，也即学习的哈希码的码长。式(4-1)的第一、二项为两个模态数据分别进行非负矩阵分解学习一个共享子空间而产生的损失，第三项为在共享语义子空间中产生的模态间损失。式(4-1)包含 $\lambda_{\mathcal{I}}$、$\lambda_{\mathcal{T}}$ 和 α 三个参数，其中，$\lambda_{\mathcal{I}}$ 和 $\lambda_{\mathcal{T}}$ 控制两个模态的权重，而 α 为模态间损失的权重。

模态间的损失项越小越好，理想的情况是所有样本对产生的模态间损失为 0，即：

$$V_{\mathcal{I}}=V_{\mathcal{T}}$$

此时，式(4-1)可以写为

$$\begin{cases}\ell_{\text{inter}}=\underset{\boldsymbol{U}^{\mathcal{I}},\boldsymbol{U}^{\mathcal{T}},\boldsymbol{V}_{\mathcal{I}},\boldsymbol{V}_{\mathcal{T}}}{\arg\min}\ \lambda_{\mathcal{I}}\|\boldsymbol{X}^{\mathcal{I}}-\boldsymbol{U}^{\mathcal{I}}\boldsymbol{V}\|_F^2+\lambda_{\mathcal{T}}\|\boldsymbol{X}^{\mathcal{T}}-\boldsymbol{U}^{\mathcal{T}}\boldsymbol{V}\|_F^2 \\ \text{s. t.}\quad \boldsymbol{U}^{\mathcal{I}}\geqslant 0,\boldsymbol{U}^{\mathcal{T}}\geqslant 0,\boldsymbol{V}\geqslant 0\end{cases} \tag{4-2}$$

即协同矩阵分解的形式。式(4-2)表明算法利用协同矩阵分解挖掘图像和文本模态共享的潜在语义信息，为样本对学习一个一致的描述，保持样本的模态间一致性。

文献[73]提出了一种基于协同矩阵分解的跨媒体哈希检索算法，取得了令人满意的结果。但是它没有利用非负矩阵分解的优良性能，而且通过分析式(4-2)可知，最小化式(4-2)的解并不是唯一的。假设 $\boldsymbol{U}^{\mathcal{I}}$、$\boldsymbol{U}^{\mathcal{T}}$、$\boldsymbol{V}$ 是式(4-2)的一组最优解，可以证明存在可逆矩阵 $\boldsymbol{Q}$，解 $\boldsymbol{U}^{\mathcal{I}}\boldsymbol{Q}^{-1}$、$\boldsymbol{U}^{\mathcal{T}}\boldsymbol{Q}^{-1}$、$\boldsymbol{Q}\boldsymbol{V}$ 依然是式(4-2)的一组最优解。因此为了得到问题的最优解，还需要增加约束条件，恰好本章提出增加模态内损失项。

(2) 模态内一致性保持。

基于矩阵分解的跨媒体哈希算法已经证明了通过矩阵分解可以有效地挖掘存在不同模态样本中的潜在共享信息。然而，大部分方法通过保持样本模态间的一致性学习共享语义子空间，忽视了样本模态内一致性的保持。但是，有学者的一些工作证明了样本模态内一致性保持的重要性。受此启发，本章在利用协同矩阵分解学习的共享潜在语义子空间时加入模态内一致性保持项。具体而言，通过保持样本的 K 近邻，得到性能更好的潜在语义子空间。样本模态内一致性保持项的定义为

$$\ell_{\text{intra}}=\frac{1}{2}\sum_{*}\mu_{*}\sum_{j,k}s_{j,k}^{*}\|\boldsymbol{v}_j-\boldsymbol{v}_k\|_F^2 \tag{4-3}$$

其中，$*$ 为占位符，表示 $\mathcal{I}$ 或 $\mathcal{T}$；μ 为权重参数；$s_{j,k}^{*}$ 为样本 x_j^{*} 与 x_k^{*} 的一致度，它定义为

$$s_{j,k}^{*}=\begin{cases}e^{\frac{\|x_j^{*}-x_k^{*}\|}{\sigma^2}}, & 若\ x_j^{*}\in \text{KNN}(x_k^{*}) \\ 0, & 否则\end{cases} \tag{4-4}$$

其中，$\text{KNN}(x_k^{*})$表示样本 x_k^{*} 的 K 近邻，$s_{j,k}^{*}=0$，σ 为尺度参数，在实验中需要调试，在本章的实验中设置 $\sigma=1$。该式表明在每个模态的原始空间中距离近的样本应该在共享潜在语义子空间中距离也要近，通过这个约束条

件保持样本的模态内一致性,得到性能更好的子空间。

式(4-4)用矩阵形式表示,可以写为

$$\frac{1}{2}\sum_{\varphi,\kappa}\sigma_{\varphi,\kappa}^{*}\|\boldsymbol{v}_{\varphi}-\boldsymbol{v}_{\kappa}\|_{\Phi}^{2}=\frac{1}{2}\sum_{\varphi,\kappa}\boldsymbol{v}_{\varphi}\Delta_{\varphi\varphi}^{*}\boldsymbol{v}_{\varphi}^{\mathrm{T}}-\sum_{\varphi,\kappa}\boldsymbol{v}_{\varphi}\boldsymbol{v}_{\kappa}^{\mathrm{T}}\sigma_{\varphi,\kappa}^{*}$$
$$=\tau\rho(\boldsymbol{\varsigma}\Delta^{*}\boldsymbol{\varsigma}^{\mathrm{T}})-\tau\rho(\boldsymbol{\varsigma}\sum{}^{*}\boldsymbol{\varsigma}^{\mathrm{T}})$$
$$=\tau\rho(\boldsymbol{\varsigma}\Lambda^{*}\boldsymbol{\varsigma}^{\mathrm{T}}) \tag{4-5}$$

(3) 哈希函数学习损失。

为了简单起见,本章介绍通过线性映射把两个模态的数据映射到共享潜在语义子空间,图像模态和文本模态的线性映射函数定义为

$$f^{*}(x_{j}^{*})=W_{*}x_{j}^{*} \tag{4-6}$$

其中,W_{*} 表示映射函数,也即哈希函数。

所以,映射函数学习的损失定义为

$$\ell_{\mathrm{lmm}}=\frac{1}{2}\sum_{*}\beta_{*}\|\boldsymbol{V}-\boldsymbol{W}_{*}\boldsymbol{X}^{*}\|_{F}^{2}+\eta\sum_{*}\|\boldsymbol{W}_{*}\|_{F}^{2} \tag{4-7}$$

(4) 目标函数。

把以上的三项损失相加即为本章的目标函数,定义为

$$\begin{cases}\ell=\underset{\boldsymbol{U}^{*},\boldsymbol{V},\boldsymbol{W}_{*}}{\arg\min}(\ell_{\mathrm{inter}}+\ell_{\mathrm{intra}}+\ell_{\mathrm{lmm}})\\ \quad=\underset{\boldsymbol{U}^{*},\boldsymbol{V},\boldsymbol{W}_{*}}{\arg\min}\sum_{*}\lambda_{*}\|\boldsymbol{X}^{*}-\boldsymbol{U}^{*}\boldsymbol{V}\|_{F}^{2}+\sum_{*}\mu_{*}\operatorname{tr}(\boldsymbol{V}\boldsymbol{L}^{*}\boldsymbol{V}^{\mathrm{T}})+\\ \quad\quad\frac{1}{2}\sum_{*}\beta_{*}\|\boldsymbol{V}-\boldsymbol{W}_{*}\boldsymbol{X}^{*}\|_{F}^{2}+\eta\sum_{*}\|\boldsymbol{W}_{*}\|_{F}^{2}\\ \text{s. t.}\quad \boldsymbol{U}^{*}\geqslant 0,\boldsymbol{V}\geqslant 0\end{cases} \tag{4-8}$$

通过式(4-8)可知,本章算法在共享潜在语义子空间中不仅保持了模态间的一致性,而且保持了模态内的一致性。因此,本章提出的算法在学习共享语义子空间时利用了更丰富的样本信息,得到了区分性更好的共享子空间,提高了算法的性能。但是增加模态内的一致性保持项,通常会导致较大的计算量,本章提出一种高效的优化算法,使算法的计算复杂度为 $O(N)$,这使得算法具有较好的扩展能力,可以应用于大规模数据集。因此,算法具有很高的应用价值。

在得到各个模态的映射函数(也即哈希函数)W_{I} 和 W_{T} 后,测试样本的哈希码可以通过式(4-9)直接得到:

$$b_j^* = \mathrm{sgn}(\boldsymbol{W}_* x_j^* - \overline{\boldsymbol{W}_* \boldsymbol{X}^*}) \tag{4-9}$$

其中，$*$为占位符，代表 $\mathcal{I}$ 或 $\mathcal{T}$。sgn(·)表示符号函数，$\overline{\boldsymbol{W}_* \boldsymbol{X}^*}$表示映射到子空间的样本均值，去均值的目的是保证哈希码-1和1出现的概率均衡。

4.2.2 优化算法

本节提出了一种高效的优化算法解决式(4-8)的问题。式(4-8)存在五个变量$\boldsymbol{U}^{\mathcal{I}}$、$\boldsymbol{U}^{\mathcal{T}}$、$\boldsymbol{V}$、$\boldsymbol{W}_{\mathcal{I}}$和$\boldsymbol{W}_{\mathcal{T}}$，问题是非凸的。因此，寻找一个全局最优解不太现实，本章通过迭代的方法求得一个局部最优解。

(1) 固定其他变量求解$\boldsymbol{W}_{\mathcal{I}}$。

$$\boldsymbol{W}_{\mathcal{I}} = \boldsymbol{V}(\boldsymbol{X}^{\mathcal{I}})^{\mathrm{T}}(\boldsymbol{X}^{\mathcal{I}}(\boldsymbol{X}^{\mathcal{I}})^{\mathrm{T}} + \eta/\beta_1 I)^{-1} \tag{4-10}$$

同理：

$$\boldsymbol{W}_{\mathcal{T}} = \boldsymbol{V}(\boldsymbol{X}^{\mathcal{T}})^{\mathrm{T}}(\boldsymbol{X}^{\mathcal{T}}(\boldsymbol{X}^{\mathcal{T}})^{\mathrm{T}} + \eta/\beta_2 I)^{-1} \tag{4-11}$$

(2) 当固定$\boldsymbol{W}_{\mathcal{I}}$和$\boldsymbol{W}_{\mathcal{T}}$，式(4-9)可以利用拉格朗日乘子法求解。目标函数可写为

$$\begin{aligned}\varsigma(\boldsymbol{U}^*, \boldsymbol{V}) = \arg\min_{\boldsymbol{U}^*, \boldsymbol{V}, \boldsymbol{W}_*} \sum_* [\lambda_* \|\boldsymbol{X}^* - \boldsymbol{U}^* \boldsymbol{V}\|_F^2 + \\ \sum_* \mu_* \mathrm{tr}(\boldsymbol{V}\boldsymbol{L}^* \boldsymbol{V}^{\mathrm{T}}) + \frac{1}{2}\sum_* \beta_* \|\boldsymbol{V} - \boldsymbol{W}_* \boldsymbol{X}^*\|_F^2 + \\ \eta \sum_* \|\boldsymbol{W}_*\|_F^2 - \mathrm{tr}(\gamma^* \boldsymbol{U}^*) - \mathrm{tr}(\alpha \boldsymbol{V})]\end{aligned} \tag{4-12}$$

其中，$\gamma^* \in \boldsymbol{R}^{d_* \times p}$，$\alpha \in \boldsymbol{R}^{c \times N}$。

式(4-12)可以对$\boldsymbol{U}^{*\mathrm{T}}$和$\boldsymbol{V}^{\mathrm{T}}$求导分别为0。

$$\begin{aligned}\frac{\P\varsigma}{\P\boldsymbol{U}^{*\mathrm{T}}} &= \lambda_*(-\boldsymbol{X}^* \boldsymbol{V}^{\mathrm{T}} + \boldsymbol{U}^* \boldsymbol{V}\boldsymbol{V}^{\mathrm{T}}) - \gamma^* = 0 \\ \frac{\P\varsigma}{\P\boldsymbol{V}^{\mathrm{T}}} &= \lambda_*(-\boldsymbol{U}^{*\mathrm{T}}\boldsymbol{X}^* + \boldsymbol{U}^{*\mathrm{T}}\boldsymbol{U}^* \boldsymbol{V}) + \mu_* \boldsymbol{V}\boldsymbol{L}^* + \\ &\quad \beta_*(\boldsymbol{V} - W_* \boldsymbol{X}^*) - \alpha = 0\end{aligned} \tag{4-13}$$

则$\boldsymbol{U}^{*\mathrm{T}}$和$\boldsymbol{V}^{\mathrm{T}}$分别为

$$\boldsymbol{U}_{j,k}^* = \boldsymbol{U}_{j,k}^* \frac{(\boldsymbol{X}^* \boldsymbol{V}^{\mathrm{T}})_{j,k}}{(\boldsymbol{U}^* \boldsymbol{V}\boldsymbol{V}^{\mathrm{T}})_{j,k}} \tag{4-14}$$

$$V_{j,k}=V_{j,k}\sum_{*}\frac{(\lambda_{*}U^{*\mathrm{T}}X^{*}+\mu_{*}VS^{*}+\beta_{*}W_{*}X^{*})_{j,k}}{(\lambda_{*}U^{*\mathrm{T}}U^{*}V+\mu_{*}VD^{*}+\beta_{*}V)_{j,k}} \tag{4-15}$$

优化算法不断迭代更新以上变量,直到算法收敛为止。在实验中,发现算法收敛的速度很快,一般只需要 10～20 次迭代算法即可收敛。

SCH 算法的流程详见算法 4.1。

算法 4.1 基于语义一致性的跨媒体哈希算法

基于语义一致性的跨媒体哈希算法

输入: 两个模态的特征$\{X^{\mathcal{I}},X^{\mathcal{T}}\}$,哈希码长 c。

计算相似度矩阵 S^{*} 和拉普拉斯矩阵 L^{*} 。

初始化 U^{*}、哈希函数 W_{*} 和共享语义子空间 V。

While O-O$_{\text{old}}$>threshold **do**

1: 固定其他变量,利用式(4-10)更新变量 $W_{\mathcal{I}}$。

2: 固定其他变量,利用式(4-11)更新变量 $W_{\mathcal{T}}$。

3: 固定其他变量,利用式(4-14)更新变量 $U^{\mathcal{I}}$。

4: 固定其他变量,利用式(4-14)更新变量 $U^{\mathcal{T}}$。

5: 固定其他变量,利用式(4-15)更新变量 V。

end while

利用式(4-9)得到所有样本的哈希码;

计算查询样本与异构样本的汉明距离,并按汉明距离的大小排序,

返回排列在前面的样本。

输出: 算法的 mAP

4.2.3 算法的复杂度分析

首先,分析本章提出的算法训练过程的计算复杂度,计算复杂度主要由更新变量的计算复杂度决定。更新变量的复杂度与各模态的维数 d_{*}、哈希码的长度 c、K 近邻中 K 的数值和训练集的大小 N 相关。通过观察可以发现 S^{*} 是稀疏的(每行的非零元素个数为 K),这点很重要,可以大大降低计算的复杂度。因此,计算 VS^{*} 的计算复杂度为 $O(KcN)$。类似的 D^{*} 为对角阵,因此 VD^{*} 的计算复杂度为 $O(cN)$。因此,更新 U^{*}、V 和 W_{*} 的计算复杂度分别为: $O(d_{*}cN+c^{2}N+d_{*}c^{2}+d_{*}c)$、$O(2d_{*}cN+c^{2}N+c^{2}d_{*}+$

$cN+KcN$)和$O(cd_*N+d_*N+d_*^3)$。在大数据时代,通常d_*和c的值都远小于数据量的值N,因此训练计算复杂度为$O(N)$,即算法训练过程的计算复杂度与训练集的尺寸呈线性关系,因此,算法具有较强的扩展性。

对于在线检索过程,利用学习的哈希函数把数据映射到汉明空间,把一个查询样本映射到汉明空间的时间复杂度为$O(cd_*)$。因此在线检索过程的时间复杂度也很低,保证了算法的高效性。

4.3 实验结果及分析

4.3.1 实验设置

本章在 WiKi 和 NUS-WIDE 两个公开数据集上进行实验,并与已有算法比较,以验证 SCH 算法的有效性。本章利用 mAP(mean average precision)和 PR(precision recall)曲线作为评价标准。

为了验证本章提出算法的有效性,SCH 与已有的跨媒体哈希算法进行对比,包括 CCA、CRH、CMFH、SCM、LSSH 和 STMH。

在实验过程,设置参数$\lambda_{\mathcal{I}}=0.5$、$\lambda_{\mathcal{T}}=0.5$、$\mu_{\mathcal{I}}=0.0015$、$\mu_{\mathcal{T}}=0.0015$、$\beta_{\mathcal{I}}=1$、$\beta_{\mathcal{T}}=1$和$\eta=0.05$,SCH 算法的实验结果都由以上参数得到。为了测试参数的敏感性,本章利用交叉验证的方法(固定其他参数,变化一个参数)做了一系列的实验。

首先,测试模态内保持 KNN 算法中K值对算法性能的影响,实验中分别设置$K=[10,20,30,50,80,100]$,并且哈希码长从 16 比特变化到 128 比特,算法在 WiKi 数据集两个检索任务上的 mAP 结果如图 4.1 所示。通过图 4.1 可以发现,随着K值的增大,算法的性能呈现增长的趋势,但是当$K>30$后算法性能的增长不明显。原因可能是K值越大,各个训练样本需要保持的近邻越多,包含的近邻信息越丰富,因此 mAP 呈增长趋势,但是当K值较大后,可能造成信息的冗余,因此增长不明显。由算法训练过程的计算复杂度分析可知,算法的复杂度与K值相关,因此在实际应该用中可以根据需求选择不同的K值(当对准确率要求较高时,选择较大的K值;当对训练时间要求较高时,选择较小的K值)。

在 NUS-WIDE 数据集上,实验中分别设置$K=[30,50,100,200,400]$,并且哈希码长从 16 比特变化到 128 比特,算法在两个检索任务上的 mAP 结果如图 4.2 所示。通过图 4.2 可以发现,与 WiKi 数据集上的结果类似,

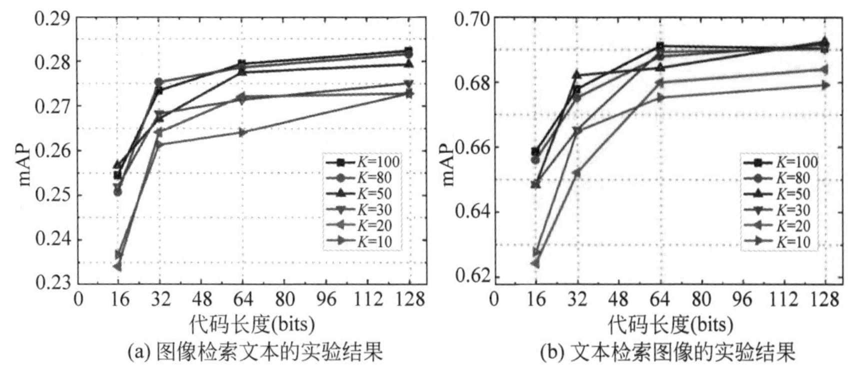

(a) 图像检索文本的实验结果　(b) 文本检索图像的实验结果

图 4.1　WiKi 数据集上的 mAP 实验结果

随着 K 值的增大，算法的性能呈现增长的趋势，但是当 $K>200$ 后算法性能的增长不明显，可能的原因与 WiKi 数据的实验结果类似，$K>200$ 后可能造成信息的冗余，因此增长不明显。

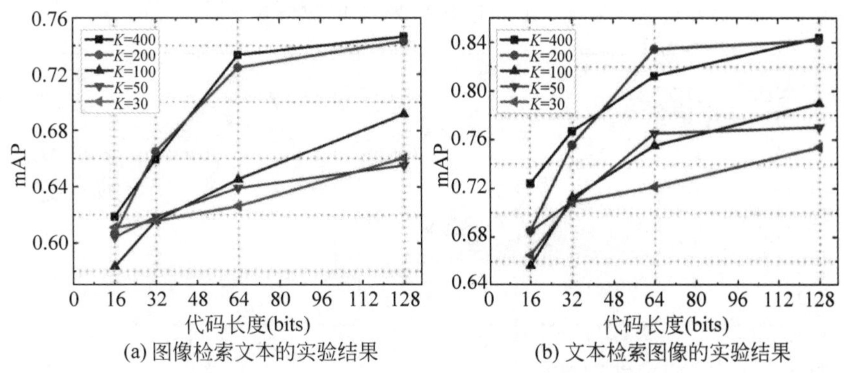

(a) 图像检索文本的实验结果　(b) 文本检索图像的实验结果

图 4.2　不同条件下 WiKi 数据集上的 mAP 实验结果

其次，测试权重参数 $\beta_\mathcal{I}$ 和 $\beta_\mathcal{T}$(实验中设置 $\beta_\mathcal{I}=\beta_\mathcal{T}$)从 0 变化到 10 和 η 从 0.0001 变化到 1 对实验结果的影响，其中哈希码长设置为 32 比特。在 WiKi 数据集上图像检索文本和文本检索图像两个检索任务上的 mAP 的实验结果如图 4.3 所示。$\beta_\mathcal{I}$ 和 $\beta_\mathcal{T}$ 为哈希函数学习的权重，这个参数很重要，在实验中发现它们的鲁棒性很强，当 $\beta_\mathcal{I}$ 和 $\beta_\mathcal{T}$ 在[0.3,5]时可以得到较好的实验结果。η 控制正则项的权重，取值应该较小，在实验中发现 $0.0005<\eta<0.2$ 可以得到较好的实验结果。

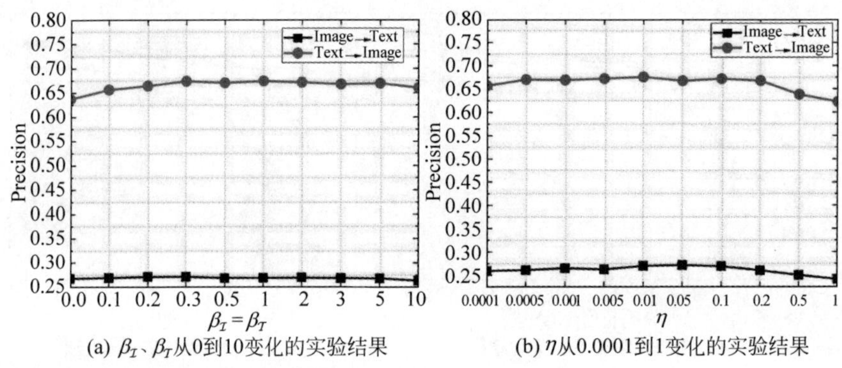

(a) $\beta_{\mathcal{I}}$、$\beta_{\mathcal{T}}$从0到10变化的实验结果 (b) η从0.0001到1变化的实验结果

图 4.3 固定哈希码条件下 WiKi 数据集上的 mAP 实验结果

最后，测试 $\mu_{\mathcal{I}}$ 和 $\mu_{\mathcal{T}}$(实验中设置 $\mu_{\mathcal{I}}=\mu_{\mathcal{T}}$)值由 0.0001 变化到 1 对算法性能的影响。设定哈希码长由 16 比特变化到 128 比特，在 WiKi 数据集上的 mAP 实验结果如图 4.4 所示。$\mu_{\mathcal{I}}$ 和 $\mu_{\mathcal{T}}$ 为模态内保持的权重，通过图 4.4 发现，当 $\mu_{\mathcal{I}}$ 和 $\mu_{\mathcal{T}}$ 在[0.001,0.01]时可以取得较好的实验结果。

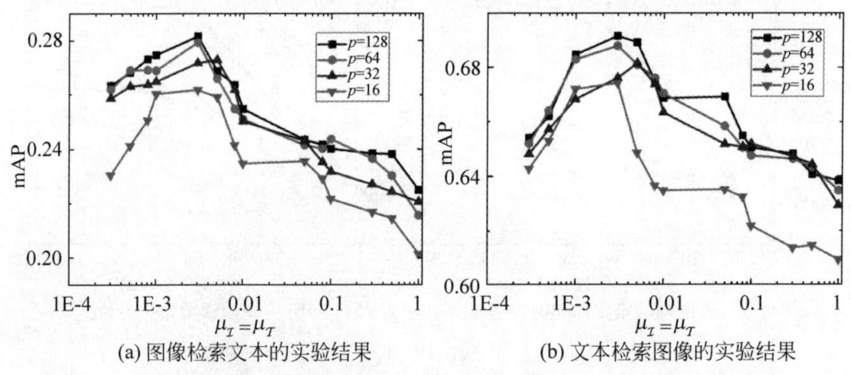

(a) 图像检索文本的实验结果 (b) 文本检索图像的实验结果

图 4.4 $\mu_{\mathcal{I}}$ 和 $\mu_{\mathcal{T}}$ 值变化过程中的 mAP 实验结果

4.3.2 在 WiKi 数据集上的实验结果及分析

随机选取 75%的样本构成训练集，而剩余的 25%样本作为测试集。在实验中可以发现算法收敛的速度很快，一般 10～20 次迭代后算法即收敛，而本章的所有实验结果都是算法迭代 15 次的结果。

本章提出的算法 SCH 与对比算法的 mAP 结果(哈希码长由 16 比特变化到 128 比特)如表 4.1 和表 4.2 所示。可以发现：

(1) 在性能评价标准 mAP 上，本章提出的 SCH 算法取得了比对比算法更优的结果。具体而言，在文本检索图像任务上，SCH 在不同的哈希码长比最好的对比算法结果提高了 3.4%～7.3%；在图像检索文本任务上，SCH 在不同的哈希码长比最好的对比算法提高了 8.0%～10.7%。原因可能是算法利用了非负矩阵分解的内在特性，为高维数据学习了一个更好的共享子空间；而且在共享潜在语义子空间，SCH 算法在保持模态间一致性的同时保持了各模态内的一致性，进一步提升了共享潜在语义子空间的区分能力。

(2) 随着哈希码长的增加，mAP 的性能不断提高。这是因为随着哈希码的增加，哈希码包含的信息量会增加，所以可以提升算法的性能。

(3) 本章提出的 SCH 算法在 K 值(即样本模态内一致性保持的最近邻数目)相对较小的时候就取得了较好的实验结果(当 $K=30$ 时，便取得了比对比算法更优的结果)。原因可能是本章提出的 SCH 算法在 K 值较小时便可较好地在共享潜在语义子空间保持样本的局部结构。这点很重要，在实际应用中可以根据需求调整 K 的取值进行训练。当对训练时间要求较高时，可以减小 K 值，从而减少训练过程的时间。当对准确率要求较高时，可以适当增大 K 值，提升算法的性能。

表 4.1　在 WiKi 数据集上文本检索图像的实验结果(mAP@50)

任务	对比算法	哈希码长			
		16 比特	32 比特	64 比特	128 比特
文本检索图像	CCA[61]	0.4025	0.3874	0.3762	0.3548
	CRH[70]	0.4367	0.4601	0.4532	0.4521
	SCM[75]	0.5715	0.4876	0.4753	0.4932
	LSSH[74]	0.5346	0.5672	0.5723	0.5684
	CMFH[73]	0.5924	0.6247	0.6373	0.6405
	STMH[79]	0.6086	0.6429	0.6429	0.6573
	SCH(K=30)	0.6486	0.6754	0.6893	0.6903
	SCH(K=80)	**0.6560**	**0.6752**	**0.6879**	**0.6916**

表 4.2 在 WiKi 数据集上图像检索文本的实验结果(mAP@50)

任务	对比算法	哈希码长			
		16 比特	32 比特	64 比特	128 比特
图像检索文本	CCA[61]	0.1458	0.1372	0.1201	0.1240
	CRH[70]	0.1929	0.1756	0.1493	0.1530
	SCM[75]	0.2343	0.2378	0.2401	0.2439
	LSSH[74]	0.2217	0.2314	0.2403	0.2358
	CMFH[73]	0.2472	0.2547	0.2583	0.2610
	STMH[79]	0.2343	0.2401	0.2541	0.2587
	SCH(K=30)	0.2519	0.2673	0.2734	0.2751
	SCH(K=80)	**0.2557**	**0.2719**	**0.2786**	**0.2812**

为了更进一步观察 SCH 的性能，本章绘制了 SCH 与对比算法在哈希码长为 32 比特和 64 比特的 PR 曲线图，如图 4.5 和图 4.6 所示。可以发现，SCH 在两个任务上的性能都优于对比算法，证明了本章提出的协同非负矩阵分解和模态内保持的有效性。

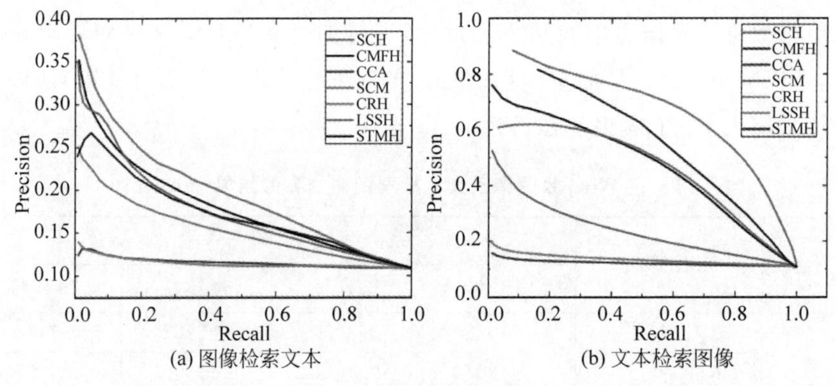

(a) 图像检索文本　　(b) 文本检索图像

图 4.5 SCH 与对比算法 PR 图(32 比特)

为了能更直观地比较算法的性能，本章用一个文本检索图像的实例和一个图像检索文本的实例，通过与 CMFH[73] 的结果比较说明提出算法的有效性。图 4.7 是一个文本检索图像的实例，图中展示了返回的排名前 20 的检索图像，红框表示被检索到图像的语义概念与查询文本不同。通过观察发现，SCH 返回的结果中，仅有 3 个(第 6、第 10 和第 15)样本与查询文本的语义概念不同；而 CMFH 返回的前 20 个图像中，有 7 个(第 3、第 6、第 10、第 12、第 16、第 17 和第 18 个)样本与查询文本的语义概念不同。因此，SCH

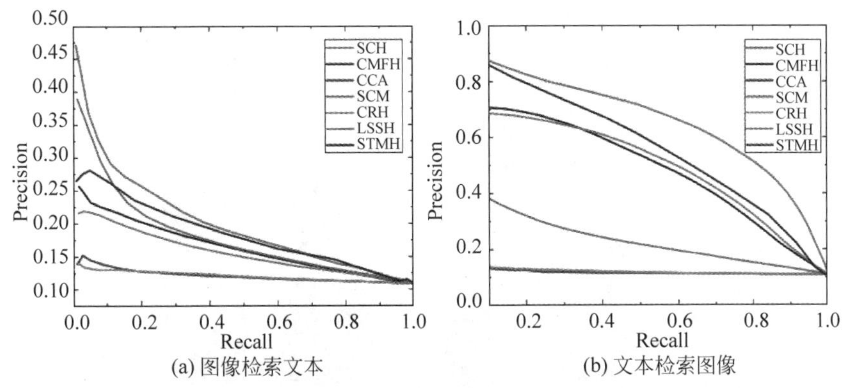

图 4.6 SCH 与对比算法的 PR 图(64 比特)

算法的结果比 CMFH 算法的结果更优,证明了算法的有效性。

图 4.8 是一个图像检索文本的实例,图中给出了返回的前 5 个文本样本,红框表示被检索到的语义概念与文本不同。为了能从视觉上观察查询图像与检索到文本的相似度,检索到的文本对应的图像也在图 4.8 中展示出来。通过图 4.8 可以发现,SCH 返回的前 5 个结果中,第 3 个和第 5 个样本与查询图像的语义概念不同;而 CMFH 返回的前 5 个文本中,第 2 个、第 4 个和第 5 个样本与查询图像的语义概念不同。而且通过返回的前 5 个文本样本对应的图像可以发现,SCH 比 CMFH 方法返回的样本从视觉上与查询图像更相似。

4.3.3 在 NUS-WIDE 数据集上的实验结果及分析

参照文献[73]的设置,选取样本数量最多的 10 个类,共 186 577 个样本对,并从数据集中随机选择 99%的图像—文本对构成训练集,剩余的 1%作为测试集。由于 NUS-WIDE 训练集较大,而 LSSH 等算法需要大量的训练时间,因此随机选取 20 000 个样本对作为训练集。哈希码长从 16 比特变化到 128 比特,性能评价标准 mAP 在两个任务上的实验结果如表 4.3 和表 4.4 所示。可以看出,SCH 取得了优于其他算法的性能,这点与在 WiKi 数据集上的结果类似,SCH 比次优的对比算法提高了 16.48%。这也证明了加入模态内保持项,能更好地在语义子空间保持样本间的一致性,从而得到更好的哈希函数。

Query
The city has several public parks, the main one being Royal Victoria Park, which is a short walk from the centre of the city. It was opened in 1830 by an 11-year-old Princess Victoria, and was the first park to carry her name. The park is overlooked by the Royal Crescent and consists of with a variety of attractions. These include a skateboard ramp, tennis courts, bowling, a putting green and a 12- and 18-hole golf course, a pond, open air concerts, and a popular children's play area. Much of its area is lawn; a notable feature is the way in which a ha-ha segregates it from the Royal Crescent, while giving the impression to a viewer from the Crescent of a greensward uninterrupted across the Park down to Royal Avenue. It has received a "Green Flag award", the national standard for parks and **green spaces** in England and Wales, and is registered by English Heritage as a Park of National Historic Importance. The botanical garden were formed in 1887 and contain one of the finest collections of plants on limestone in the West Country. The replica of a Roman **Temple** was used at the British Empire Exhibition at Wembley in 1924. In 1987 the **gardens** were extended to include the Great Dell, a disused quarry that was formally part of the park, which contains a large collection of conifers. Other parks in Bath include: Alexandra Park, which crowns a hill and overlooks the city; Parade Gardens, along the river front near the Abbey in the centre of the city; Sydney Gardens, known as a pleasure-garden in the 18th century; Henrietta Park; Hedgemead Park; and Alice Park. Jane Austen wrote of Sydney Gardens that "It would be pleasant to be near the Sydney Gardens. We could go into the Labyrinth every day." Alexandra, Alice and Henrietta parks were built into the growing city among the **housing** developments. There is also a linear park following the old Somerset and Dorset Joint Railway line, and, in a green area adjoining the River Avon, Cleveland Pools were built around 1815. It is now the oldest surviving public **outdoor** lido in England, and plans have been submitted for its restoration.
SCH
CMFH

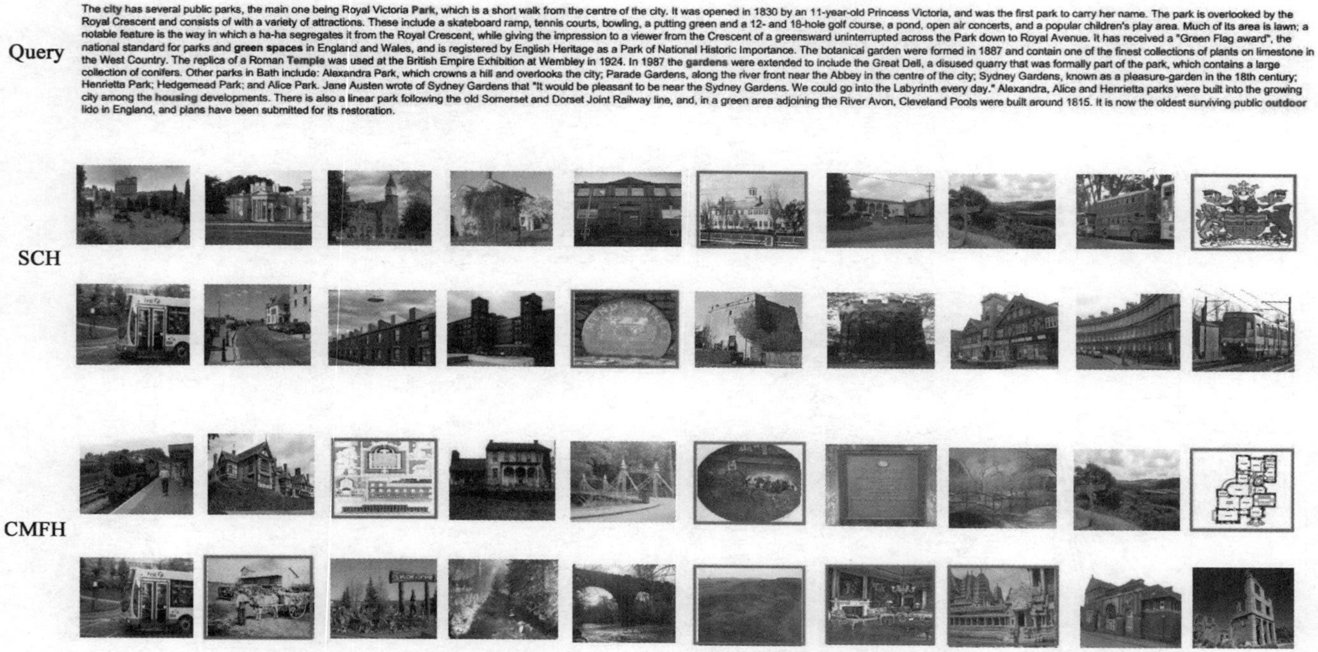

图 4.7　文本检索图像的实例

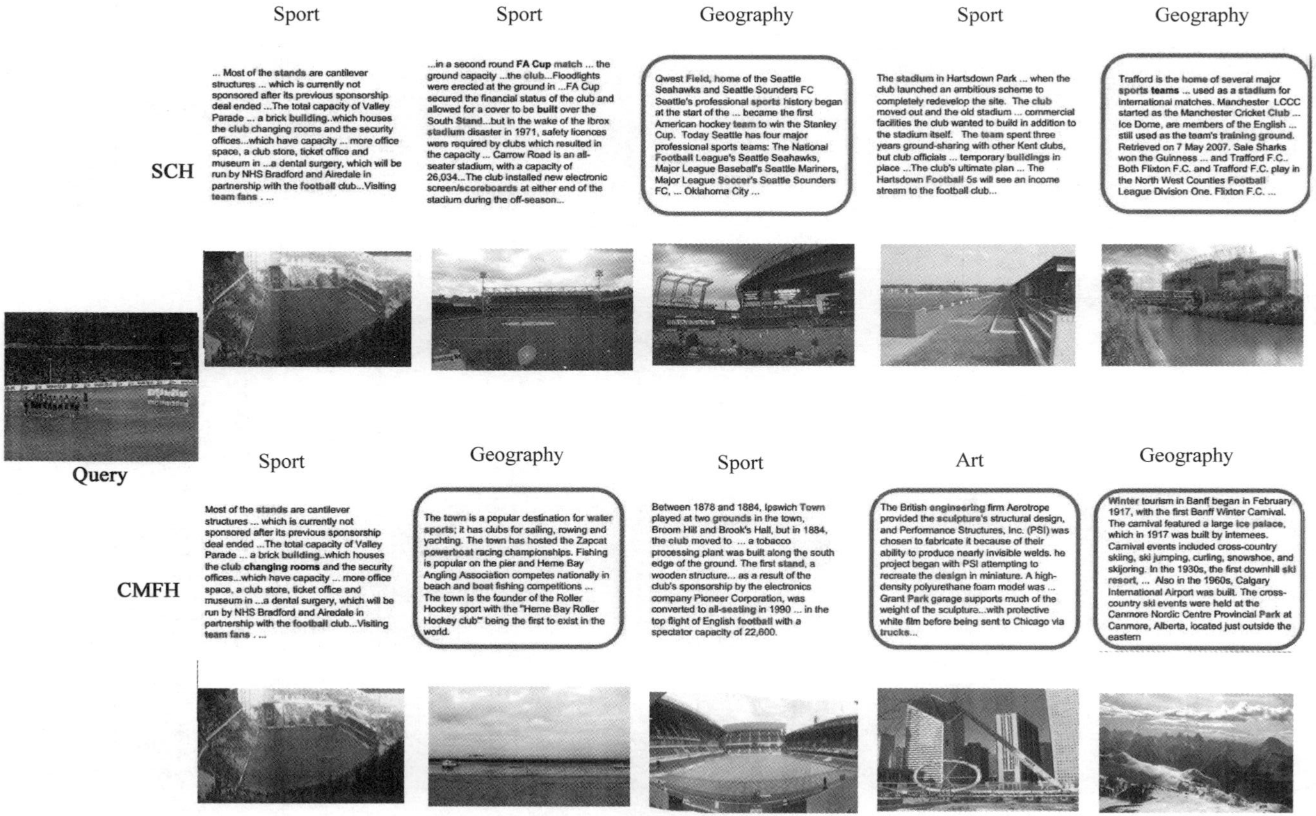

Query

SCH

Sport

... Most of the stands are cantilever structures ... which is currently not sponsored after its previous sponsorship deal ended ...The total capacity of Valley Parade ... a brick building..which houses the club changing rooms and the security offices...which have capacity ... more office space, a club store, ticket office and museum in ...a dental surgery, which will be run by NHS Bradford and Airedale in partnership with the football club...Visiting team fans . ...

Sport

...in a second round **FA Cup** match ... the ground capacity ...the club...Floodlights were erected at the ground in ...FA Cup secured the financial status of the club and allowed for a cover to be **built** over the South Stand...but in the wake of the Ibrox stadium disaster in 1971, safety licences were required by clubs which resulted in the capacity ... Carrow Road is an all-seater stadium, with a capacity of 26,034...The club installed new electronic screen/scoreboards at either end of the stadium during the off-season...

Geography

Qwest Field, home of the Seattle Seahawks and Seattle Sounders FC Seattle's professional sports history began at the start of the ... became the first American hockey team to win the Stanley Cup. Today Seattle has four major professional sports teams: The National Football League's Seattle Seahawks, Major League Baseball's Seattle Mariners, Major League Soccer's Seattle Sounders FC, ... Oklahoma City ...

Sport

The stadium in Hartsdown Park ... when the club launched an ambitious scheme to completely redevelop the site. The club moved out and the old stadium ... commercial facilities the club wanted to build in addition to the stadium itself. The team spent three years ground-sharing with other Kent clubs, but club officials ... temporary buildings in place ...The club's ultimate plan ... The Hartsdown Football 5s will see an income stream to the football club...

Geography

Trafford is the home of several major sports **teams** ... used as a stadium for international matches. Manchester LCCC started as the Manchester Cricket Club ... Ice Dome, are members of the English ... still used as the team's training ground. Retrieved on 7 May 2007. Sale Sharks won the Guinness ... and Trafford F.C.. Both Flixton F.C. and Trafford F.C. play in the North West Counties Football League Division One. Flixton F.C. ...

CMFH

Sport

Most of the stands are cantilever structures ... which is currently not sponsored after its previous sponsorship deal ended ...The total capacity of Valley Parade ... a brick building..which houses the club **changing rooms** and the security offices...which have capacity ... more office space, a club store, ticket office and museum in ...a dental surgery, which will be run by NHS Bradford and Airedale in partnership with the football club...Visiting team fans . ...

Geography

The town is a popular destination for water sports; it has clubs for sailing, rowing and yachting. The town has hosted the Zapcat powerboat racing championships. Fishing is popular on the pier and Herne Bay Angling Association competes nationally in beach and boat fishing competitions ... The town is the founder of the Roller Hockey sport with the "Herne Bay Roller Hockey club" being the first to exist in the world.

Sport

Between 1878 and 1884, Ipswich Town played at two grounds in the town, Broom Hill and Brook's Hall, but in 1884, the club moved to ... a tobacco processing plant was built along the south edge of the ground. The first stand, a wooden structure... as a result of the club's sponsorship by the electronics company Pioneer Corporation, was converted to all-seating in 1990 ... in the top flight of English football with a spectator capacity of 22,600.

Art

The British engineering firm Aerotrope provided the sculpture's structural design, and Performance Structures, Inc. (PSI) was chosen to fabricate it because of their ability to produce nearly invisible welds. he project began with PSI attempting to recreate the design in miniature. A high-density polyurethane foam model was ... Grant Park garage supports much of the weight of the sculpture...with protective white film before being sent to Chicago via trucks...

Geography

Winter tourism in Banff began in February 1917, with the first Banff Winter Carnival. The carnival featured a large ice palace, which in 1917 was built by internees. Carnival events included cross-country skiing, ski jumping, curling, snowshoe, and skijoring. In the 1930s, the first downhill ski resort, ... Also in the 1960s, Calgary International Airport was built. The cross-country ski events were held at the Canmore Nordic Centre Provincial Park at Canmore, Alberta, located just outside the eastern

图 4.8　图像检索文本的实例

表 4.3　在 NUS-WIDE 数据集上文本检索图像的实验结果(mAP@50)

任务	对比算法	哈希码长			
		16 比特	32 比特	64 比特	128 比特
文本检索图像	CCA[61]	0.4362	0.4209	0.4235	0.4147
	CRH[70]	0.4792	0.5077	0.4837	0.5024
	SCM[75]	0.5348	0.5422	0.5736	0.6017
	LSSH[74]	0.6217	0.6438	0.6902	0.6916
	CMFH[73]	0.6593	0.6834	0.7105	0.7189
	STMH[79]	0.6757	0.6968	0.7244	0.7314
	SCH(K=50)	0.6847	0.7195	0.7552	0.7602
	SCH(K=200)	**0.6954**	**0.7406**	**0.7975**	**0.8244**

表 4.4　在 NUS-WIDE 数据集上图像检索文本的实验结果(mAP@50)

任务	对比算法	哈希码长			
		16 比特	32 比特	64 比特	128 比特
图像检索文本	CCA[61]	0.3912	0.3846	0.3901	0.3749
	CRH[70]	0.4123	0.4056	0.4218	0.4015
	SCM[75]	0.4842	0.4715	0.5283	0.5137
	LSSH[74]	0.4934	0.5043	0.5182	0.5208
	CMFH[73]	0.5527	0.5612	0.5751	0.5993
	STMH[79]	0.5706	0.5975	0.6048	0.6319
	SCH(K=50)	0.6101	0.6167	0.6320	0.6472
	SCH(K=200)	**0.6167**	**0.6450**	**0.7045**	**0.7261**

为了验证本章提出的算法的高效性，选取不同数量的样本构成训练集，本章提出算法的训练时间如表 4.5 所示，表 4.5 的数据可以证明本章提出优化算法的高效性，说明算法具有一定的可扩展性。

表 4.5　NUS-WIDE 数据集选取不同数量的训练样本 SCH 的训练时间

(单位：s)

训练集大小	5000	10 000	20 000	50 000
训练时间	283.52	294.75	316.38	352.17

4.4 本章小结

本章首先提出了一种基于协同非负矩阵分解的跨媒体哈希算法，在共享潜在语义子空间不仅保持样本模态间的一致性，而且保持样本模态内的一致性，提升了学习的哈希函数的质量，并提高了算法的性能。然后提出了一种迭代优化算法，使时间复杂度为$O(N)$，提高了算法的可扩展性，具有较高的应用价值。最后，实验结果证明了本章提出算法的有效性和高效性。将来的工作包括：①寻找区分度更好的共享子空间；②为了得到哈希码，需要量化数据，而量化过程的误差往往会破坏数据的结构，导致算法性能的下降，如何缩小量化误差成为一个挑战。本章的算法可以很容易地扩展到标注、多视角学习和图像分类等领域。

第5章

基于Coarse-to-Fine语义的跨媒体监督哈希检索

本章主要针对监督跨媒体哈希算法只利用标签信息构造样本间的粗语义相似度的问题,提出一种基于 Coarse-to-Fine 语义的监督哈希(supervised coarse-to-fine semantic hashing,SCFSH)算法实现跨媒体检索。本章首先通过引言部分介绍了研究背景和研究动机,然后阐述了本章 SCFSH 算法的思路,最后通过在两个公开数据集 WiKi 和 NUS-WIDE 上的实验结果,验证了本章提出算法的有效性,并对本章工作做了小结。

5.1 引言

在跨媒体哈希算法中,根据是否利用样本的标签信息,跨媒体哈希一般可以分为无监督跨媒体哈希算法和监督跨媒体哈希算法。

无监督跨媒体哈希算法一般利用成对样本的特征信息来学习哈希函数。典型相关分析哈希算法通过最大化模态间关联学习哈希函数。潜在语义稀疏哈希算法通过矩阵分解把文本嵌入一个潜在语义空间,而通过稀疏表示把图像嵌入一个语义空间,同时学习一个线性映射构建两个空间的联系。协同矩阵分解哈希算法通过保持异构数据模态间的相似性学习一个共享子空间[73]。语义主题多模态哈希算法,首先通过聚类为文本学习多个语义主题,通过鲁棒分解为图像学习语义概念,再把它们映射到一个共享语义空间,最后判断样本是否包含某个语义概念进而得到哈希码[79]。这些算法只是利用图像和文本数据的底层特征,通过保持模态内和模态间的相似性学习哈希函数,而没有利用含有高层语义的标签来学习哈希函数。

无监督哈希算法虽然取得了一些成果，但是图像模态样本的特征信息通常是通过无监督的方式从样本中提取的(例如图像的 GIST 特征)，因此特征信息不含有高层语义信息。然而，在现实世界中，样本间的相似性是很复杂的，有时同类样本间的不相似性会远大于不同类样本间的相似性。以图像为例，如图 5.1 所示，图 5.1(a)中的两张图片是从购物网站上下载的，虽然它们属于相同的类别(椅子)，但是从视觉上很难发现它们的相似性，即底层特征不相似；而通过图 5.1(b)可以看出，这两张图片虽然不属于相同的类别，但是它们从视觉上是非常相似的，即底层特征相似。因此，只利用样本的底层特征学习哈希函数很难得到令人满意的结果。

(a) 同类样本间不相似的例子

(b) 不同类样本间非常相似的例子

图 5.1　同类样本间不相似的例子和不同类样本间相似的例子

在实际应用中，很多情况下可以得到样本的标签，例如，从 Flickr 收集图片时，图片往往会伴随标签信息；人们利用微信的朋友圈发布图片或视频时，通常也会发布这些样本的标签；亚马逊、淘宝和京东等购物网站，商家在发布产品图片时也通常会用标签标注图片。因此，在跨媒体检索的训练过程中，除了利用样本特征之外，还可以利用标签信息。由于标签含有高层语义信息，因此利用标签信息可以得到性能更好的哈希函数，提升算法的性能。

在监督哈希算法中，可以利用标签信息构建成对样本的相似矩阵，并通过使两两样本的哈希码间相似度逼近相似矩阵为异构数据学习哈希函数。通常，样本间的相似矩阵的元素定义为[62]

$$S_{ij}=\begin{cases}1, & \text{若 } l_i \cdot l \neq 0 \\ -1, & \text{否则}\end{cases} \tag{5-1}$$

其中，· 表示内积运算。即：两个样本的标签，只要含有同一个类的项，则相似矩阵中相应位置置为 1，否则置为 -1(一般哈希码有两种表示方式：利用

0、1 或 −1、1 表示，都是二值的形式，在这里哈希码用 −1、1 表示）。

对于多标签数据库，为了得到更精细的样本间相似度，文献[75]定义样本间的相似矩阵的元素为

$$S_{ij} = \frac{l_i \cdot l_j}{\sqrt{l_i}\sqrt{l_j}} \tag{5-2}$$

即对于任意的两个样本，直接利用它们的标签求内积，再对内积进行归一化得到样本间的相似度。

由于标签信息一般是人工标记的，包含高层语义信息，所以利用标签信息学习的哈希码区分性更好，可以提升算法的性能。基于相似敏感哈希的跨模态度量学习方法提出利用标签构造正负样本对，并把特征映射问题视为二值分类问题，利用 boosting 技术学习哈希码。跨视角哈希算法把谱哈希扩展到跨媒体哈希，通过把不同模态相似样本映射到相近的哈希码，不相似样本映射到较大汉明距离的哈希码，并最小化权重汉明距离学习哈希函数。联合正则哈希算法提出利用标签构造不同模态相似样本对和不相似样本对，保持样本的模态间的相似性，最后通过顺序解决不同的凸函数学习每位哈希码。语义最大化哈希算法提出利用标签构造样本相似矩阵，并利用哈希码重构相似矩阵。监督矩阵分解哈希算法把标签信息和矩阵分解纳入一个框架，学习一个更好的汉明空间。语义保持哈希算法提出通过标签建立的相似矩阵转换为联合概率分布，并利用非线性的核方法来逼近这个相似矩阵。但是大部分方法通常利用标签来度量样本间的相似度，而忽视了样本间相似度的多样性。本章提出一种基于 Coarse-to-Fine 语义的跨媒体监督哈希算法，在构造样本间相似矩阵时，不仅利用样本的标签，还利用样本的底层特征构建细粒度的相似度矩阵。

只利用标签信息构造相似度矩阵（或正、负样本对），无论利用式(5-1)，还是利用式(5-2)，只能得到样本的粗糙相似度，无法得到样本的细粒度相似度。因此，通过相似矩阵学习的哈希码区分能力较低，会导致算法性能的下降。而且，已有监督跨媒体检索算法，主要关注如何利用相似矩阵（或正、负样本对）学习一个更好的共享汉明空间，在此空间中保持样本间的相似性，通常忽视了如何构建一个更好的相似矩阵，得到性能更好的哈希码，从而提升算法的性能。

5.2 基于 Coarse-to-Fine 语义的监督哈希检索算法

本节主要详细描述基于 Coarse-to-Fine 语义的跨媒体监督哈希算法。首先，详细描述如何构建类内样本的相似性度量算法以及类间样本的相似性度量算法。然后，提出本章 SCFSH 方法的目标函数，并提出了一种有效的迭代优化算法得到问题的局部最优解。

5.2.1 符号说明与问题定义

在描述算法之前，先进行符号说明。为了方便描述，本章只考虑图像和文本两种模态，当然也可以很容易地扩展到多于两种模态的情况。$l \in \{0,1\}^{g \times N}$ 表示所有样本的标签矩阵，其中 g 为样本的类别数，$l_{i,j}=0$ 表示第 j 个样本不属于第 i 类，$l_{i,j}=1$ 表示第 j 个样本属于第 i 类，$B \in R^{c \times N}$ 表示为各模态学习的哈希码，其中 c 为哈希码的长度。

为了提高算法的有效性，本章仍然采用线性映射为哈希函数，图像和文本模态的哈希函数分别定义为：

$$h^{\mathcal{I}}(\boldsymbol{X}_i^{\mathcal{I}}) = \mathrm{sgn}(\boldsymbol{W}_{\mathcal{I}}^{\mathrm{T}} \boldsymbol{X}_i^{\mathcal{I}}) \tag{5-3}$$

$$h^{\mathcal{T}}(\boldsymbol{X}_i^{\mathcal{T}}) = \mathrm{sgn}(\boldsymbol{W}_{\mathcal{T}}^{\mathrm{T}} \boldsymbol{X}_i^{\mathcal{T}}) \tag{5-4}$$

通常标签是由人工标注的，含有高层语义信息。因此本章利用含有语义信息的标签学习区分性能更好的哈希码，提升哈希函数的质量。但是利用标签信息只能得到样本间的粗相似度，无法描述样本相似的多样性。因此，本章提出同时利用样本的特征信息，得到样本间细粒度的相似表达，从而学习区分性更好的哈希码。SCFSH 的算法流程图如图 5.2 所示。

为了得到样本间细粒度相似度的表达，SCFSH 提出不仅利用样本的标签，而且还利用了样本的底层特征信息。SCFSH 提出利用一种简单的加权方法构造样本对的特征空间，由图像文本对构成的特征空间记作 $\boldsymbol{M}=\{\boldsymbol{X}^{\mathcal{I}}, \alpha \boldsymbol{X}^{\mathcal{T}}\}=\{\boldsymbol{M}_1, \boldsymbol{M}_2, \cdots, \boldsymbol{M}_n\} \in \boldsymbol{R}^{(d_{\mathcal{I}}+d_{\mathcal{T}}) \times N}$，其中，$\alpha$ 为权重参数。然后，可以利用此处定义的图像文本对的特征信息和标签得到更为精细的相似性度量。

下面详细介绍同类样本间的类内相似度的计算。首先，本章对每个语义类进行无监督聚类，得到每个语义子类的聚类中心，利用这些子类的聚类中心计算同类样本间的细粒度相似度。为了描述简单，只用一层子类表示（即把每个语义类划分一层子类，当然可以根据需要很容易地扩展到多于一

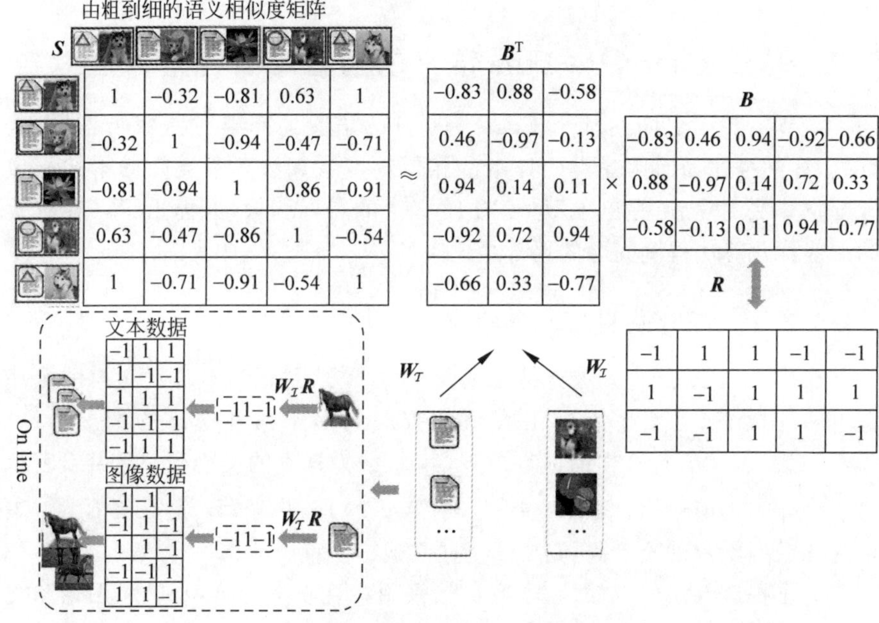

图 5.2 SCFSH 算法的流程图

层的情况)，具体算法为

$$S^p_{\text{intra}}(q_1,q_2)=\mathrm{e}^{-\frac{\|O^p_{q_1}-O^p_{q_2}\|_F^2}{\sigma_1^2}} \tag{5-5}$$

其中，$O^p_{q_1}$、$O^p_{q_2}$ 分别表示第 p 个语义类的两个子类(q_1、q_2 表示第 q_1、q_2 个子类)的聚类中心，σ 为尺度参数。如果两个样本，例如，第 i 个样本属于第 p 个语义类的第 q_1 个子类，第 j 个样本属于第 p 个语义类的第 q_2 个子类，则第 i 个样本和第 j 个样本的细粒度的相似度定义为

$$S_{i,j}=S^p_{\text{intra}}(q_1,q_2) \tag{5-6}$$

类似的，如果存在两个样本，它们属于不同语义类，则这两个样本间的相似度可定义为

$$S_{\text{inter}}(q_1,q_2)=-\left(\frac{\|O_{q_1}-O_{q_2}\|_F^2}{\max\limits_{i,j}(\|O_i-O_j\|_F^2)}\right)^{\sigma_2} \tag{5-7}$$

其中，负号表示两个样本在语义上的是不相似的(它的绝对值越大表示两个样本在语义上越不相似)。例如，第 i 个样本属于第 q_1 个语义类，第 j 个样本属于 q_2 个语义类，则它们的相似度为

$$S_{i,j}=S_{\text{inter}}(q_1,q_2) \tag{5-8}$$

通过式(5-6)和式(5-8),可以得到样本间细粒度相似度。而样本的哈希码间的相似度应该保持样本间的相似度,因为得到了细粒度的相似度,因此可以学习区分性更好的哈希码。在跨媒体哈希检索中,训练样本通常会以样本对的形式给出,SCFSH 提出为样本对学习一个一致的描述,如第 3 章 SCH 算法所述,这样可以最小化模态间的损失。这个过程产生的损失定义为

$$\begin{cases}\boldsymbol{L}_b=\sum_i\sum_j(\boldsymbol{B}_i^{\mathrm{T}}\boldsymbol{B}_j-cS_{i,j})^2\\ \text{s. t.}\quad \boldsymbol{B}_i\in\{-1,1\}^{c\times 1},\sum_{i,j}B_{i,j}=0\end{cases} \tag{5-9}$$

其中,约束条件 $\sum_{i,j}B_{i,j}=0$ 表示学习的哈希码 -1 和 1 出现的概率应该均衡。

式(5-9)用矩阵表示,可以写为

$$\boldsymbol{L}_b=\|\boldsymbol{B}^{\mathrm{T}}\boldsymbol{B}-c\boldsymbol{S}\|_F^2 \tag{5-10}$$

得到了哈希码后,可以利用哈希码学习各个模态哈希函数。哈希函数学习造成的损失,定义为

$$L_h=\lambda_1\|\boldsymbol{B}-\boldsymbol{W}_{\mathcal{I}}^{\mathrm{T}}\boldsymbol{X}^{\mathcal{I}}\|_F^2+\lambda_2\|\boldsymbol{B}-\boldsymbol{W}_{\mathcal{T}}^{\mathrm{T}}\boldsymbol{X}^{\mathcal{T}}\|_F^2 \tag{5-11}$$

其中,λ_1 和 λ_2 为权重参数。

上面定义的哈希码学习产生的损失加上哈希函数学习造成的损失,即为本章的目标函数,可以写为

$$\begin{cases}\arg\min\limits_{\boldsymbol{W}_{\mathcal{I}},\boldsymbol{W}_{\mathcal{T}},\boldsymbol{B}}=\|\boldsymbol{B}^{\mathrm{T}}\boldsymbol{B}-\boldsymbol{cS}\|_F^2+\lambda_1\|\boldsymbol{B}-\boldsymbol{W}_{\mathcal{I}}^{\mathrm{T}}\boldsymbol{X}^{\mathcal{I}}\|_F^2+\\ \qquad\qquad\lambda_2\|\boldsymbol{B}-\boldsymbol{W}_{\mathcal{T}}^{\mathrm{T}}\boldsymbol{X}^{\mathcal{T}}\|_F^2+\mu(\|\boldsymbol{W}_{\mathcal{I}}\|_F^2+\|\boldsymbol{W}_{\mathcal{T}}\|_F^2)\\ \text{s. t.}\quad \boldsymbol{B}\hat{I}\{-1,1\}^{c\times n},\sum_{i,j}\boldsymbol{B}_{i,j}=0\end{cases} \tag{5-12}$$

其中,μ 为权重参数,$(\|\boldsymbol{W}_{\mathcal{I}}\|_F^2+\|\boldsymbol{W}_{\mathcal{T}}\|_F^2)$为正则项。

通过目标函数可以看出,哈希码与样本间的相似矩阵存在明确的关系,由于 SCFSH 构建了细粒度相似矩阵,因此可以学习到区分性更好的哈希码。而且通过哈希码学习了哈希函数后,所有样本的哈希码都可以直接由哈希函数得到。但是,由于离散约束的存在,这个问题是个 NP 难问题,本章采取谱松弛的方法获得一个局部最优解,具体算法在 5.2.2 节详细讨论。

5.2.2 优化算法

放松离散约束后目标函数可写为

$$\begin{cases} \underset{\boldsymbol{W}_{\mathcal{I}},\boldsymbol{W}_{\mathcal{T}},\boldsymbol{B}}{\arg\min} = \|\boldsymbol{B}^{\mathrm{T}}\boldsymbol{B} - c\boldsymbol{S}\|_F^2 + \lambda_1 \|\boldsymbol{B} - \boldsymbol{W}_{\mathcal{I}}^{\mathrm{T}}\boldsymbol{X}^{\mathcal{I}}\|_F^2 + \\ \qquad \lambda_2 \|\boldsymbol{B} - \boldsymbol{W}_{\mathcal{T}}^{\mathrm{T}}\boldsymbol{X}^{\mathcal{T}}\|_F^2 + \mu(\|\boldsymbol{W}_{\mathcal{I}}\|_F^2 + \|\boldsymbol{W}_{\mathcal{T}}\|_F^2) \\ \text{s.t.} \quad \boldsymbol{B}\hat{I}\{-1,1\}^{c\times n}, \sum_{i,j}\boldsymbol{B}_{i,j} = 0 \end{cases} \tag{5-13}$$

目标函数式(5-13)存在 3 个变量，是个非凸优化问题。但是，可以采用迭代优化的方法求解，不断迭代更新变量，直到算法收敛。

(1) 固定其他变量求 $\boldsymbol{W}_{\mathcal{I}}$。

$$\boldsymbol{W}_{\mathcal{I}} = \left(\boldsymbol{X}^{\mathcal{I}}(\boldsymbol{X}^{\mathcal{I}})^{\mathrm{T}} + \frac{\mu}{\lambda_1}I\right)^{-1}\boldsymbol{X}^{\mathcal{I}}\boldsymbol{B}^{\mathrm{T}} \tag{5-14}$$

(2) 固定其他变量求 $\boldsymbol{W}_{\mathcal{T}}$。

$$\boldsymbol{W}_{\mathcal{T}} = \left(\boldsymbol{X}^{\mathcal{T}}(\boldsymbol{X}^{\mathcal{T}})^{\mathrm{T}} + \frac{\mu}{\lambda_2}I\right)^{-1}\boldsymbol{X}^{\mathcal{T}}B^{\mathrm{T}} \tag{5-15}$$

(3) 固定其他变量求 B。

当其他变量固定后，问题变为

$$\begin{aligned} &\|\boldsymbol{B}^{\mathrm{T}}\boldsymbol{B} - c\boldsymbol{S}\|_F^2 + \lambda_1\|\boldsymbol{B} - \boldsymbol{W}_{\mathcal{I}}^{\mathrm{T}}\boldsymbol{X}^{\mathcal{I}}\|_F^2 + \lambda_2\|\boldsymbol{B} - \boldsymbol{W}_{\mathcal{T}}^{\mathrm{T}}\boldsymbol{X}^{\mathcal{T}}\|_F^2 \\ = &\|\boldsymbol{B}^{\mathrm{T}}\boldsymbol{B}\|_F^2 - \mathrm{tr}(\boldsymbol{BPB}^{\mathrm{T}}) - 2\mathrm{tr}(\boldsymbol{B}Q) + \mathrm{const} \end{aligned} \tag{5-16}$$

其中，$Q = \lambda_1\boldsymbol{X}^{\mathcal{I}\mathrm{T}}W_{\mathcal{I}} + \lambda_2\boldsymbol{X}^{\mathcal{T}\mathrm{T}}\boldsymbol{W}_{\mathcal{T}}$，$\boldsymbol{P} = 2c\boldsymbol{S} - \lambda_1\boldsymbol{I} - \lambda_2\boldsymbol{I}$，$\mathrm{tr}(\cdot)$表示矩阵的迹。

由于项 $\boldsymbol{B}^{\mathrm{T}}\boldsymbol{B}$ 的存在，问题很难直接求解，本章采用一次求一位的方法求解。令 $\boldsymbol{V}_k$ 表示的 $\boldsymbol{B}$ 第 k 行，$\bar{\boldsymbol{B}}$ 表示 $\boldsymbol{B}$ 删除第 k 行后剩余的元素构成的矩阵；类似的，$\boldsymbol{Q}_k$ 表示的 $\boldsymbol{Q}$ 第 k 行，$\bar{Q}$ 表示的 $\boldsymbol{Q}$ 删除第 k 行剩余的元素构成的矩阵。把式(5-16)各项展开，则各项可分别写为

$$\|\boldsymbol{B}^{\mathrm{T}}\boldsymbol{B}\|_F^2 = \|\bar{\boldsymbol{B}}^{\mathrm{T}}\bar{\boldsymbol{B}} + \boldsymbol{V}_k^{\mathrm{T}}\boldsymbol{V}_k\|_F^2 = 2\boldsymbol{V}_k\bar{\boldsymbol{B}}^{\mathrm{T}}\bar{\boldsymbol{B}}\boldsymbol{V}_k^{\mathrm{T}} + \boldsymbol{V}_k\boldsymbol{V}_k^{\mathrm{T}}\boldsymbol{V}_k\boldsymbol{V}_k^{\mathrm{T}} + \mathrm{const}$$

$$\mathrm{tr}(\boldsymbol{BPB}^{\mathrm{T}}) = \mathrm{tr}((\boldsymbol{V}_k^{\mathrm{T}}\boldsymbol{V}_k + \bar{\boldsymbol{B}}^{\mathrm{T}}\bar{\boldsymbol{B}})\boldsymbol{P}) = \boldsymbol{V}_k\boldsymbol{P}\boldsymbol{V}_k^{\mathrm{T}} + \mathrm{const}$$

$$\mathrm{tr}(\boldsymbol{BQ}) = \boldsymbol{V}_k\boldsymbol{Q}_k + \mathrm{const}$$

去除常数项，目标函数可写为

$$\underset{V_k}{\arg\min}\boldsymbol{V}_k\boldsymbol{V}_k^{\mathrm{T}}\boldsymbol{V}_k\boldsymbol{V}_k^{\mathrm{T}} + \boldsymbol{V}_k\boldsymbol{H}\boldsymbol{V}_k^{\mathrm{T}} - 2\boldsymbol{V}_k\boldsymbol{Q}_k \tag{5-17}$$

其中，$\boldsymbol{V}_k \in [-1,1]^{1\times n}$，$\boldsymbol{H}=2\overline{\boldsymbol{B}}^{\mathrm{T}}\overline{\boldsymbol{B}}-\boldsymbol{P}$。

对于哈希码 B 的每位 $\boldsymbol{V}_k$，本章提出采用牛顿法逐比特求解，即固定 $\boldsymbol{V}_k$ 的其他比特，每次求解一比特。用 v_i 表示 $\boldsymbol{V}_k$ 的第 i 位，把式(5-17)各项展开，并去除常数项可得到关于 v_i 的函数：

$$f(v_i)=v_i^4+2\sum_{m^1 i}v_m^2v_i^2+H_{ii}v_i^2+2\sum_{j^1 i}H_{ij}v_jv_i-2q_iv_i \tag{5-18}$$

其中，得到该式的过程中利用了 $\boldsymbol{H}$ 是一个对称阵，用 q_i 表示 $\boldsymbol{Q}_k$ 的第 i 位。假设用 v_i+d 更新 v_i，则相应的问题可定义为

$$\arg\min f(v_i+d),\quad \text{s.t.}\ -1<v_i+d<1 \tag{5-19}$$

对式(5-19)进行泰勒展开，只保留前 3 项低阶项，可得到：

$$f(v_i+d)\approx f(v_i)+f'(v_i)d+\frac{1}{2}f''(v_i)d \tag{5-20}$$

其中，$f'(v_i)$、$f''(v_i)$分别表示 $f(v_i)$的一阶导数和二阶导数，d 表示所要求解的使目标函数下降的方向。

$f'(v_i)$、$f''(v_i)$的定义如下：

$$f'(v_i)=4v_i^3+4\sum_{m^1 i}v_m^2v_i+2H_{ii}v_i+2\sum_{k^1 i}H_{ik}v_k-2q_i \tag{5-21}$$

$$f''(v_i)=12v_i^2+4\sum_{m^1 i}v_m^2+2H_{ii} \tag{5-22}$$

根据牛顿法可得：

$$d=\max\left(-1-v_i,\min\left(-\frac{f'(v_i)}{f''(v_i)},1-v_i\right)\right) \tag{5-23}$$

得到 d 后，可以用如下规则更新 v_i：

$$v_i \leftarrow v_i+d \tag{5-24}$$

通过式(5-24)更新一比特后，继续迭代直到更新完所有比特，再进行下一位的迭代，直到更新完所有位，然后哈希码可以通过直接量化 $\boldsymbol{V}$ 得到。然而，量化会引入量化误差，量化过程会破坏数据的局部结构，导致哈希码的区分能力的降低。SCFSH 算法为了进一步提升算法的性能，受到 ITQ 的启发，本章提出通过学习一个正交旋转矩阵最小化量化误差。

SCFSH 算法的流程详见算法 5.1。

算法 5.1 基于 Coarse-to-Fine 的跨媒体监督哈希检索算法

基于 Coarse-to-Fine 的跨媒体监督哈希检索方法

输入：两个模态的特征$\{\boldsymbol{X}^{\mathcal{I}},\boldsymbol{X}^{\mathcal{T}}\}$，以及样本的标签 $L=\{l_1,l_2,\cdots,l_N\}$哈希码长 c。初始化哈希函数 $\boldsymbol{W}_{\mathcal{I}},\boldsymbol{W}_{\mathcal{T}}$。

while $\mathrm{O}-\mathrm{O}_{\mathrm{old}}>$threshold **do**

固定其他变量，利用式(5-14)更新变量 $\boldsymbol{W}_{\mathcal{I}}$。

固定其他变量，利用式(5-15)更新变量 $\boldsymbol{W}_{\mathcal{T}}$。

for iter1＝1:c

for iter2＝1:N

固定其他变量，利用式(5-23)更新一位哈希码 $B(i,:)$中的一比特。

endfor

endfor

end while

通过最小化式(5-25)学习一个正交旋转矩阵 $\boldsymbol{R}$ 最小化量化误差。

利用 $\boldsymbol{RW}_*$ 得到所有样本的哈希码。

计算查询样本与异构样本的汉明距离，并按汉明距离的大小排序，返回排列在前面的样本。

输出：算法的 mAP

5.2.3 正交旋转矩阵

由于在优化时放松了哈希码的离散性，因此会引入量化误差，量化过程会破坏数据的局部结构，因此会导致算法性能的下降。为了进一步提升算法的性能，本章受到 ITQ 的启发，通过学习一个正交旋转矩阵最小化量化误差。在量化过程中，引入的量化误差定义为

$$\begin{cases}\min_{\boldsymbol{R}} \sum_{*} \|\boldsymbol{B}-\boldsymbol{RV}\|_F^2 \\ \text{s. t.} \quad \boldsymbol{R}^{\mathrm{T}}\boldsymbol{R}=I_c\end{cases} \tag{5-25}$$

其中，$\boldsymbol{R}$ 为 $c\times c$ 的正交旋转矩阵，$\boldsymbol{V}=\boldsymbol{W}_*^{\mathrm{T}}\boldsymbol{X}^*$ 为学习的共享子空间。可以通过一个迭代过程求解式(5-25)。

5.2.4 复杂度分析

由于本章提出的优化算法每次迭代更新一位哈希码的一比特，所以总的迭代次数为 cN，而更新每比特的时间复杂度为 $O(N)$。因为在实际应用中，一般 c 的值远小于 N，因此算法的复杂度为 $O(N^2)$。

5.3 实验结果及分析

本章在 WiKi 和 NUS-WIDE 两个公开数据集上进行实验，以验证本章算法性能，并且利用广泛应用的 mAP 和 P-R 曲线作为评价本章算法的标准。

5.3.1 实验设置

为了验证本章提出的 SCFSH 算法的有效性，SCFSH 与已有的跨媒体哈希算法的性能在两个公开数据集上进行了对比，对比算法包括 CCA、SCM-O、SCM-S、LSSH、CMFH、STMH 和第 3 章提出的 SCH 算法。其中，在 SCM 算法中，笔者提出了两种优化算法，带有正交约束的优化算法和序列优化算法，而且 SCM 算法为监督优化算法，其他的为无监督优化算法。因为 STMH 算法的代码没有公开，所以算法的代码请读者自行实现，笔者将提供其余算法的代码。所有对比算法的参数都经过调试，本章介绍的是最好的实验结果。本章利用在检索领域广泛应用的平均准确率(mAP)和召回-准确率曲线图(P-R curve)来评价算法的性能。

本章利用标签判定作为样本间相似性的判定，具体而言，两个样本的标签至少含有一个同类的项，才判定这两个样本为同一类，否则它们为不同类样本。

为了测试 SCFSH 算法中不同参数值对算法性能的影响，本章通过交叉验证的方法测试参数的敏感性，实验结果如图 5.3 和图 5.4 所示。可以发现，3 个参数都具有较强的鲁棒性，λ_1、$\lambda_2 \in [0.02, 10]$，$\mu \in [0.02, 1]$，在 WiKi 和 NUS-WIDE 两个数据集上都得到较好的实验结果。通过参数敏感性的实验结果，本章设置 $\lambda_1 = 1$、$\lambda_2 = 1$、$\mu = 0.05$。

SCFSH 算法中通过分层的思想构建细粒度相似度矩阵，本章利用两层语义构建细粒度语义相似矩阵。

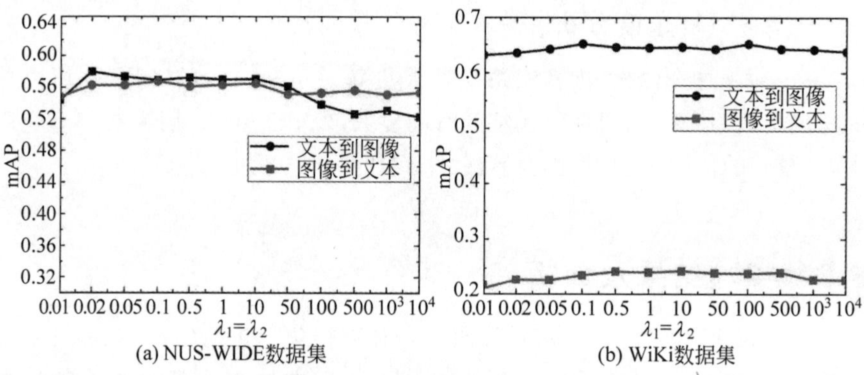

图 5.3 参数 λ_1 和 λ_2 的敏感性分析

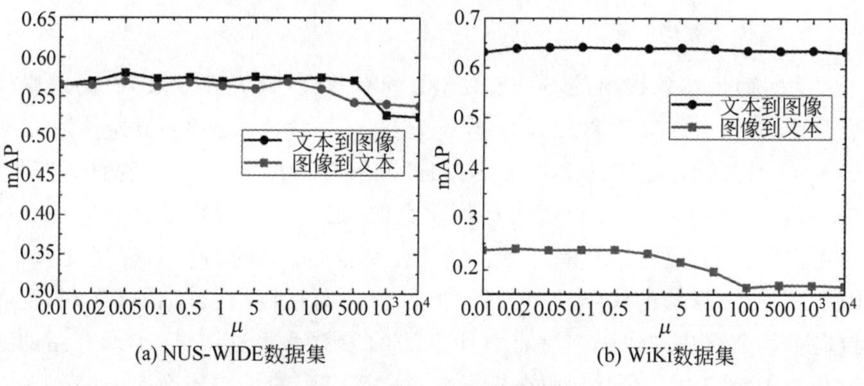

图 5.4 参数 μ 的敏感性分析

5.3.2 在 WiKi 数据集上的实验结果及分析

在 WiKi 数据集上码长从 8 比特变化到 64 比特，mAP 的结果如表 5.1 和表 5.2 所示，其中，SCFSH--表示去除学习的正交旋转矩阵得到的实验结果。可以发现，本章提出的算法在 mAP 上优于对比算法，特别是在文本检索图像的任务上，取得了明显优于对比算法的性能。在 8 比特到 64 比特与最优对比算法相比取得了 5.8%～16.26%的提升。

表 5.1 在 WiKi 数据集上文本检索图像的实验结果(mAP@200)

任务	对比算法	哈希码长			
		8 比特	16 比特	24 比特	32 比特
文本检索图像	CCA[61]	0.2871	0.3206	0.3419	0.3317
	SCM-O[75]	0.3143	0.3793	0.3851	0.4074
	SCM-S[75]	0.3402	0.4017	0.4136	0.4213
	LSSH[74]	0.3622	0.5249	0.5325	0.5335
	CMFH[73]	0.5343	0.5783	0.5867	0.5904
	STMH[79]	0.5338	0.5795	0.6095	0.6160
	SCH	0.4654	0.5808	0.6115	0.6276
	SCFSH--	0.6029	0.6357	0.6418	0.6483
	SCFSH	**0.6212**	**0.6444**	**0.6593**	**0.6640**

表 5.2 在 WiKi 数据集上图像检索文本的实验结果(mAP@200)

任务	对比算法	哈希码长			
		8 比特	16 比特	24 比特	32 比特
图像检索文本	CCA[61]	0.1358	0.1572	0.1401	0.1675
	SCM-O[75]	0.1479	0.1652	0.1664	0.1752
	SCM-S[75]	0.1763	0.1957	0.2140	0.2243
	LSSH[74]	0.1375	0.1409	0.1804	0.2012
	CMFH[73]	0.2101	0.2132	0.2210	0.2297
	STMH[79]	0.1592	0.1645	0.1778	0.1965
	SCH	0.2078	0.2139	0.2250	0.2302
	SCFSH--	0.2134	0.2297	0.2436	0.2620
	SCFSH	**0.2187**	**0.2402**	**0.2505**	**0.2691**

通过表 5.1 和表 5.2 的实验结果,还可以发现即使去掉了最小化量化误差学习的正交旋转矩阵得到的实验结果也优于对比算法。原因可能是通过标签和各个模态的特征学习的更精细的相似度矩阵提升了哈希码的区分能力,因此得到了优于对比算法的结果。而其他的算法(如 SCM 算法)也用到了标签,但是只得到了粗相似度,没有利用特征信息得到更精细的相似度,降低了算法的性能,从而验证了本章提出的利用细粒度相似度的有效性。此外,随着哈希码长的增加,SCFSH 算法的性能也不断提升,其原因是哈希码的码长越长包含样本的信息越多,因此性能越好。

为了进一步验证算法的有效性,在此给出 SCFSH 与对比算法的 *P-R*

曲线图,如图 5.5 和图 5.6 所示。通过 PR 曲线图可以发现,SCFSH 与监督算法 SCM-S 取得了比其他无监督跨媒体哈希算法更优的性能。而 SCFSH 与 SCM-S 方法相比,由于利用了细粒度的语义信息构建相似矩阵,所以取得了优于 SCM-S 方法的性能。

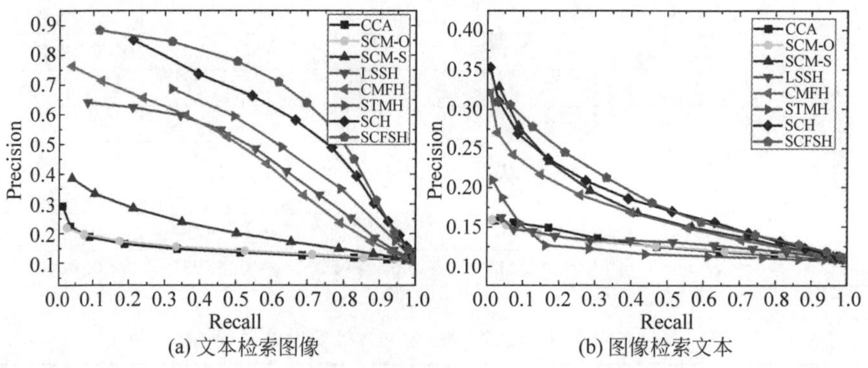

图 5.5 码长 16 比特在 WiKi 数据集上的 PR 曲线

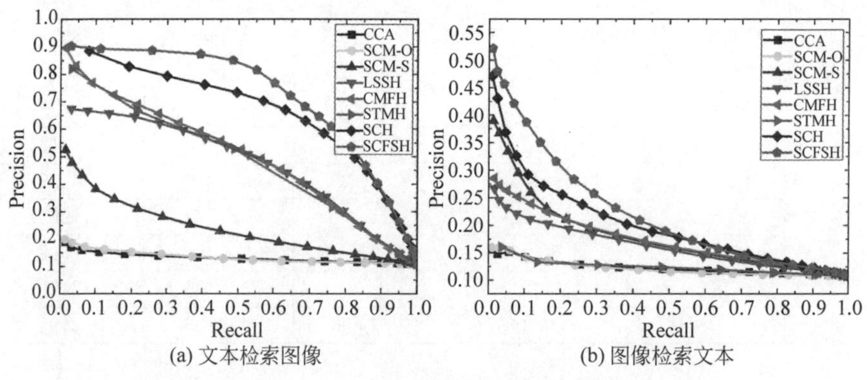

图 5.6 码长 32 比特在 WiKi 数据集上的 PR 曲线

为了直观地比较 SCFSH 与对比算法在两个任务上的性能,本章通过在两个任务上的实例,与 CMFH 进行对比的结果,说明 SCFSH 算法的有效性。图 5.7 为一个在 WiKi 数据集上的文本检索图像的例子,其中,文本的关键词加粗标记,实验结果返回排序前 10 的图像。图中绿色的框表示图像的语义概念与查询文本相同,而红色的框表示其语义概念与文本不同。通过观察发现 SCFSH 的结果无论在排序还是准确率方面都优于 CMFH 的结果。

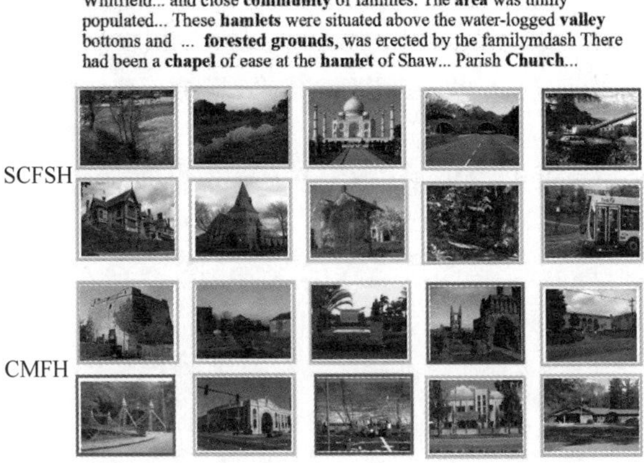
Query
... the River Beal its name. An ancient track, ...Buckstones Road leading to...that the township of ... about of land at Whitfield ... a house at Whitfield... and close community of families. The area was thinly populated... These hamlets were situated above the water-logged valley bottoms and ... forested grounds, was erected by the familymdash There had been a chapel of ease at the hamlet of Shaw... Parish Church...
SCFSH
CMFH

图 5.7　文本检索图片的例子

为了测试图像检索文本的性能，检索到的前 5 个文本样本，并且给出了文本对应的图像，文本的关键词加粗标记，如图 5.8 所示。图中绿色的框表示图像的语义概念与查询文本相同，而红色的框表示其语义概念与文本不同。通过图 5.8 可以发现 SCFSH 得到的结果优于对比算法 CMFH，而且通过返回的文本对象对应的图像可以发现，从视觉上返回的图像与查询图像更相似，因此 SCFSH 算法的性能更优。

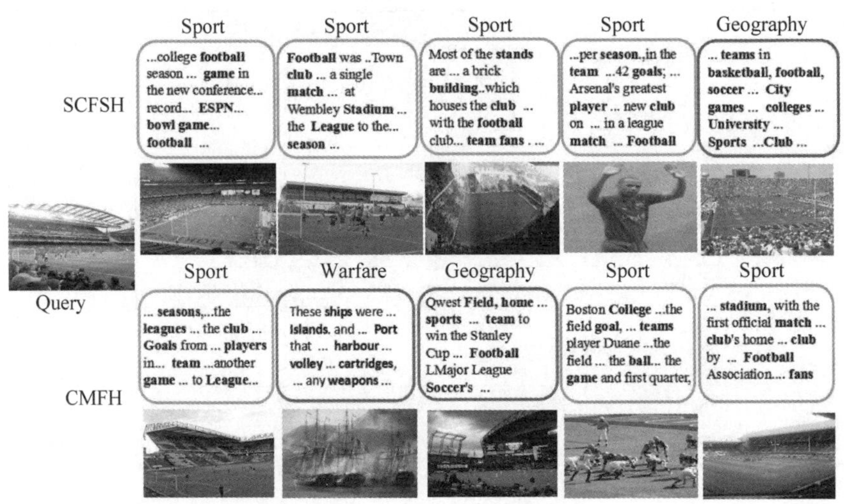
Sport
Sport
Sport
Sport
Geography
SCFSH
...college football season ... game in the new conference... record... ESPN... bowl game... football ...
Football was ..Town club ... a single match ... at Wembley Stadium ... the League to the... season ...
Most of the stands are ... a brick building..which houses the club ... with the football club... team fans . ...
...per season.,in the team ...42 goals; ... Arsenal's greatest player ... new club on ... in a league match ... Football
... teams in basketball, football, soccer ... City games ... colleges ... University ... Sports ...Club ...
Query
Sport
Warfare
Geography
Sport
Sport
CMFH
... seasons,...the leagues ... the club ... Goals from ... players in... team ...another game ... to League...
These ships were ... Islands, and ... Port that ... harbour ... volley ... cartridges, ... any weapons ...
Qwest Field, home ... sports ... team to win the Stanley Cup ... Football LMajor League Soccer's ...
Boston College ...the field goal, ... teams player Duane ...the field ... the ball... the game and first quarter,
... stadium, with the first official match ... club's home ... club by ... Football Association.... fans

图 5.8　图片检索文本的例子

5.3.3 在NUS-WIDE数据集上的实验结果及分析

参照文献[73]、[81]的设置,选取数量最多的10个类,186 577个样本对,并从数据集中随机选择99%的样本作为训练集,剩余的1%构成测试集。

由于NUS-WIDE数据集比较大,需要较大的训练内存和较长的训练时间,与文献[73]类似,随机选取5000个样本对进行训练。训练得到哈希函数后,抛弃训练样本的哈希码,利用哈希函数产生所有样本的哈希码,并随机从样本中选择1%的样本作为查询数据集,其他的样本作为被查询样本集。

算法在评价标准mAP的实验结果如表5.3和表5.4所示。通过实验发现,与WiKi数据集的结果类似,本章提出的算法在性能评价标准mAP上,从8比特到64比特都取得了优于对比算法的性能,mAP在文本检索图像的任务上最高取得了6.26%的提升,在图像检索文本的任务上最高取得了4.93%的性能提升。通过表5.3和表5.4还可以发现,即使不利用学习的正交旋转矩阵,本章提出的算法在大部分情况下也取得了优于其他对比算法的结果,从而验证了本章提出通过构造细粒度相似度矩阵学习区分性能更好的哈希码的方法的有效性。

表5.3 在NUS-WIDE数据集上文本检索图像的实验结果(mAP@200)

任务	对比算法	哈希码长			
		8比特	16比特	24比特	32比特
文本检索图像	CCA[61]	0.4035	0.3709	0.3835	0.4022
	SCM-O[75]	0.4409	0.4695	0.4573	0.4507
	SCM-S[75]	0.4762	0.5215	0.5422	0.5408
	LSSH[74]	0.5166	0.5661	0.5765	0.5863
	CMFH[73]	0.4384	0.4378	0.4515	0.4659
	STMH[79]	0.4993	0.5274	0.5405	0.5614
	SCH	0.5220	0.5384	0.5470	0.5520
	SCFSH--	0.5246	0.5663	0.5694	0.5781
	SCFSH	**0.5475**	**0.5721**	**0.5789**	**0.5884**

表 5.4 在 NUS-WIDE 数据集上图像检索文本的实验结果(mAP@200)

任务	对比算法	哈希码长			
		8 比特	16 比特	24 比特	32 比特
图像检索文本	CCA[61]	0.3846	0.4105	0.4005	0.4077
	SCM-O[75]	0.4812	0.4596	0.4624	0.4529
	SCM-S[75]	0.4993	0.5016	0.5378	0.5320
	LSSH[74]	0.5193	0.54869	0.5793	0.5842
	CMFH[73]	0.4170	0.4538	0.4775	0.4815
	STMH[79]	0.5027	0.5312	0.5451	0.5503
	SCH	0.5217	0.5360	0.5494	0.5546
	SCFSH--	0.5376	0.5503	0.5746	0.5782
	SCFSH	**0.5449**	**0.5647**	**0.5816**	**0.5861**

为了进一步验证在不同返回数量样本的情况下的性能，码长为 16 比特和 32 比特的 PR 曲线图如图 5.9 和图 5.10 所示。可以发现，SCFSH 在 PR 曲线也取得了优于其他对比算法的结果，进一步验证了算法的有效性。

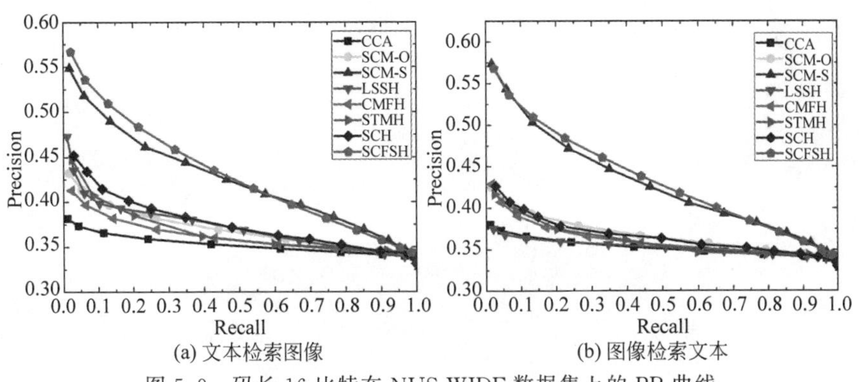

(a) 文本检索图像 (b) 图像检索文本

图 5.9 码长 16 比特在 NUS-WIDE 数据集上的 PR 曲线

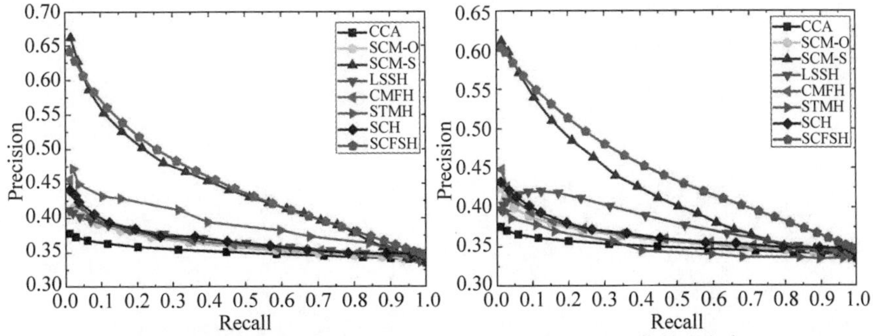

(a) 文本检索图像 (b) 图像检索文本

图 5.10 码长 32 比特在 NUS-WIDE 数据集上的 PR 曲线

5.4 本章小结

针对监督哈希算法在构造相似度矩阵时只考虑样本间的粗相似度，忽视样本间细粒度相似度，导致学习的哈希函数性能下降的问题，本章提出了一种基于 Coarse-to-Fine 语义的哈希算法，该算法不仅利用标签，还利用样本的特征信息构造细粒度的样本间相似矩阵，学习性能更好的哈希函数。最后通过在两个公开数据集上的实验结果证明了算法的有效性。

第6章

基于语义对齐的跨媒体哈希检索

在跨媒体检索中,各模态的表示不仅存在异构性,而且含有的语义信息也不同,导致各模态与高层语义之间的语义鸿沟是不同的。以文本和图像为例,假设文本利用 BOW 表示,文本的关键词包含语义信息;假设图像的表示也用 BOW(由 SIFT 特征点构造)表示,然而图像的 SIFT 特征不含语义信息。已有的跨媒体哈希算法直接把文本和图像的含有不同语义信息的表示放到一个框架学习哈希函数,而忽视了不同模态表示间的语义不对称,造成了学习的哈希函数区分能力下降和检索性能降低。针对这个问题,本章提出一种基于语义对齐的离散跨媒体哈希(discrete semantic alignment hashing,DSAH)检索算法。

本章首先在引言部分介绍算法的研究背景和动机,然后详细论述了基于语义对齐的跨媒体哈希算法,最后在两个公开数据集上与对比算法进行比较的结果证明了该算法的有效性和高效性。

6.1 引言

在 Web 2.0 时代,人们可以通过网络上传各种模态的数据,如图像、文本和视频等。利用各种模态的数据表示信息,可以让网民更直观、更容易地获取自己所需要的信息。虽然这些不同模态的信息的表示不同,但它们可能包含相同的语义信息。因此,对于用户提交的检索内容,搜索引擎返回多种模态的数据能更生动、更形象地描述用户的检索意图,可以提升网络用户的体验。

不同模态样本的表示是不同的,例如,文本通常用 BOW 或类似的方法表示,而图像通常用底层特征表示,如 GIST 特征、SIFT 特征等。一方面,对于文本模态而言，文本的关键词是含有语义信息的，例如，老虎、蓝天和女孩等；而对图像模态而言，底层特征一般是通过无监督的方式直接从图像中提取的。因此，如果不包含语义信息，可能会导致底层特征非常相似的两幅图像包含不同的语义概念，反之底层特征非常不相似的两幅图像可能含有相同的语义概念，甚至一幅含有确切语义概念的图像，例如，“一只黑色的小狗和两只白色的山羊在草地上奔跑”，表示它对于计算机视觉领域仍然是一个挑战。另一方面，对于文本模态而言，一个受过良好教育的以英语为母语的人为例，他大概掌握了 17 000 个单词；而图像的底层特征以表示是连续的，所以图像表示的数量是无穷的。因此，会造成图文两种模态的表示与高层语义之间的鸿沟是不同的。但是，已有的哈希算法通常直接把各模态的特征表示放到一个统一的框架，学习各模态的哈希函数，而忽视各模态特征与高层语义之间的语义鸿沟不同的问题。

监督跨媒体哈希算法利用含有语义概念的标签学习哈希函数，是由于标签含有高层语义信息，通常可以取得优于无监督跨媒体哈希算法的性能。大部分监督跨媒体哈希算法一般通过以下两种方法学习哈希函数。

(1) 利用样本的标签信息构建样本间相似度矩阵，使哈希码间的相似度逼近样本间相似度矩阵；

(2) 利用标签构造正(负)样本对，通过最小化正样本对间的汉明距离、最大化负样本对的汉明距离学习哈希函数。但是样本间相似度矩阵的尺寸为 $N\times N$，其中 N 为训练样本的数量(构建正、负样本对与构建样本间相似矩阵类似，最多可以构建 $N\times N$ 个正、负样本对)，随着样本数量的增加，无论是构建两两样本间相似度矩阵还是构造正、负样本对都会导致较大的内存开销和计算复杂度。

此外，在哈希算法中，由于哈希码的二值约束，如何得到目标函数的最优解通常是一项挑战性的工作。大部分哈希算法在优化过程中通常会放松哈希码的离散约束，得到一个连续解，最后通过量化连续解得到哈希码。但是量化操作会引入量化误差，会破坏数据的局部结构。文献[61]提出通过 PCA 降维得到样本的连续表示，再学习一个正交旋转矩阵最小化量化误差，得到性能更好的哈希函数。量化相关哈希把哈希函数学习和量化操作纳入一个学习框架，并提出一种联合学习方法得到一个最优解。针对以上问题，本章提出一种离散语义对齐的跨媒体检索(DSAH)算法，利用图像的属性与文本对齐语义，学习性能更好的哈希函数。

具体而言，该算法首先利用图像的属性与文本对齐语义；其次利用协同滤波(collaborative filtering，CF)的方法建模语义标签与哈希码的关联，学习区分性更好的哈希码，直接从标签学习哈希码可以降低算法的复杂度；最后提出一种离散优化方法可直接得到哈希码的离散解，提升了算法的性能。通过在两个公开数据集上的实验结果证明了 DSAH 算法的有效性。

6.2 基于语义对齐的跨媒体哈希检索算法

本节主要介绍本章提出的基于语义对齐的离散哈希算法的思路、最小化目标函数的优化算法以及算法的复杂度分析。为了描述问题方便，本章只利用图像和文本两个模态描述。DSAH 算法的思路流程图如图 6.1 所示。

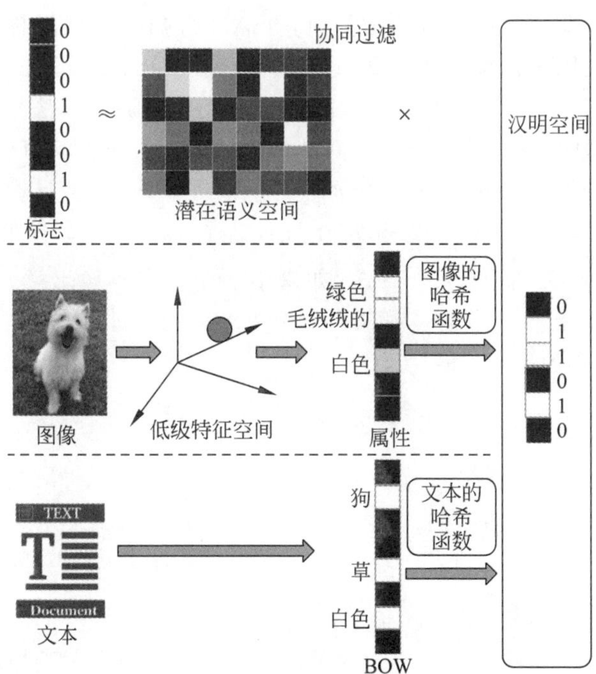

图 6.1 DSAH 算法的思路

6.2.1 符号说明与问题定义

在描述算法前先进行符号说明：$\boldsymbol{l}\in\{0,1\}^{g\times N}$ 为所有样本的标签矩阵，$l_{i,j}=0$ 表示第 j 个样本不属于第 i 类，$l_{i,j}=1$ 表示第 j 个样本属于第 i 类，$\boldsymbol{B}\in\boldsymbol{R}^{c\times N}$ 表示为各模态学习的哈希码，其中 c 为哈希码的长度。

为了简单起见，本章只考虑线性哈希函数，定义为：

$$h^{\mathcal{I}}(x_i^{\mathcal{I}})=\operatorname{sgn}(\boldsymbol{W}_{\mathcal{I}}^{\mathrm{T}}x_i^{\mathcal{I}}-b_{\mathcal{I}}) \tag{6-1}$$

$$h^{\mathcal{T}}(x_i^{\mathcal{T}})=\operatorname{sgn}(\boldsymbol{W}_{\mathcal{T}}^{\mathrm{T}}x_i^{\mathcal{T}}-b_{\mathcal{T}}) \tag{6-2}$$

其中，$\boldsymbol{W}_{\mathcal{I}}\in\boldsymbol{R}^{d_{\mathcal{I}}\times c}$ 和 $\boldsymbol{W}_{\mathcal{T}}\in\boldsymbol{R}^{d_{\mathcal{T}}\times c}$ 分别表示图像模态和文本模态的哈希函数，sgn(・)表示二值函数，当输入为正值时输出为 1，输入为负值时输出为 -1。$b^{\mathcal{I}}\in\boldsymbol{R}^{c}$ 和 $b^{\mathcal{T}}\in\boldsymbol{R}^{c}$ 分别为图像模态和文本模态的偏移量，在这里去均值是为了保证 -1 和 1 出现的概率相同。为了描述简单，本章假设所有数据都已经去均值，即 $b^{\mathcal{I}}=0$ 和 $b^{\mathcal{T}}=0$。

为了减少监督哈希算法的运算量，DSAH 提出直接通过标签学习哈希码。基于潜在因子模型的协同滤波(collaborative filtering，CF)算法已经在推荐系统中广泛应用[126,127]，DSAH 提出利用协同滤波算法学习一个潜在语义矩阵，构建标签矩阵与哈希码间的内在关联。具体而言，DSAH 算法利用基于矩阵分解的协同滤波算法学习两个低维矩阵，来估计数据矩阵。用 $\boldsymbol{U}=[u_1,u_2,\cdots,u_c]\in\boldsymbol{R}^{c\times g}$ 表示潜在语义矩阵，算法期望如果第 j 个样本属于第 i 类，$\boldsymbol{u}_i^{\mathrm{T}}b_j$ 的值应该小；反之，如果第 j 个样本不属于第 i 类，$\boldsymbol{u}_i^{\mathrm{T}}b_j$ 的值应该大。因此，第 j 个样本和第 i 个潜在语义概念间的关联可以用来预测标签矩阵，关系预测损失的定义为

$$\begin{cases}O_l=\sum\limits_{i,j}\|l_{ij}-\boldsymbol{u}_i^{\mathrm{T}}b_j\|_F^2\\ \text{s.t.}\quad b_j\in\{-1,1\}^k\end{cases} \tag{6-3}$$

其中，$\|\cdot\|_F$ 表示 Frobenius 范数，把式(6-3)用矩阵形式表示，可写为

$$\begin{cases}O_l=\|\boldsymbol{L}-\boldsymbol{U}^{\mathrm{T}}\boldsymbol{B}\|_F^2+\mu\boldsymbol{R}(\boldsymbol{U})\\ \text{s.t.}\quad \boldsymbol{B}\in\{-1,1\}^{c\times N}\end{cases} \tag{6-4}$$

其中，$\boldsymbol{R}(U)$为正则项。哈希码直接通过标签矩阵得到，由于标签矩阵含有高层语义信息，因此哈希码具有很好的区分性能。

得到哈希码后，为了得到区分性能更好的哈希函数，DSAH 提出利用图像模态的属性与文本模态的表示对齐语义信息。因此，学习哈希函数的损

失可定义为

$$\underset{\boldsymbol{W}_{\mathcal{I}},\boldsymbol{W}_{\mathcal{T}}}{\arg\min}\lambda_1\|\boldsymbol{B}-\boldsymbol{W}_{\mathcal{I}}^{\mathrm{T}}\boldsymbol{A}\|_F^2+\lambda_2\|\boldsymbol{B}-\boldsymbol{W}_{\mathcal{T}}^{\mathrm{T}}\boldsymbol{X}^{\mathcal{T}}\|_F^2+\mu\boldsymbol{R}(\boldsymbol{W}_{\mathcal{I}},\boldsymbol{W}_{\mathcal{T}}) \tag{6-5}$$

$$\begin{cases}\underset{\boldsymbol{B},\boldsymbol{U},\boldsymbol{W}_{\mathcal{I}},\boldsymbol{W}_{\mathcal{T}}}{\arg\min}\|\boldsymbol{L}-\boldsymbol{U}^{\mathrm{T}}\boldsymbol{B}\|_F^2+\lambda_1\|\boldsymbol{B}-\boldsymbol{W}_{\mathcal{I}}^{\mathrm{T}}\boldsymbol{A}\|_F^2+ \\ \lambda_2\|B-\boldsymbol{W}_{\mathcal{T}}^{\mathrm{T}}\boldsymbol{X}^{\mathcal{T}}\|_F^2+\mu\boldsymbol{R}(\boldsymbol{U},\boldsymbol{W}_{\mathcal{I}},\boldsymbol{W}_{\mathcal{T}}) \\ \text{s. t.}\quad \boldsymbol{B}\in\{-1,1\}^{c\times N}\end{cases} \tag{6-6}$$

其中，λ_1、λ_2 和 μ 为权重参数。

DSAH 的任务是通过标签矩阵 $\boldsymbol{L}$、图像的属性 A 和文本特征 $\boldsymbol{X}^{\mathcal{T}}$，为图像和文本模态分别学习一组哈希函数 $\boldsymbol{W}_{\mathcal{I}}$ 和 $\boldsymbol{W}_{\mathcal{T}}$。通过观察可以发现，本章提出的算法比已有的一些算法更简单，计算复杂度更低，更适合大规模的应用。并且 DSAH 通过潜在语义矩阵建立了标签和哈希码间的清晰关联，因此可解释性更强，具有很高的实用价值。但是由于哈希码的离散约束，式(6-6)是一个混合优化问题，很难直接求解。针对此问题，本章提出利用一种离散优化方法直接得到哈希码的离散解，具体算法在 6.2.2 节详细介绍。

6.2.2 优化算法

式(6-6)含有的 4 个变量是非凸的，因此本章提出一种优化算法得到问题的局部最优解，其求解步骤如下：

(1) 固定 $\boldsymbol{B}$,$\boldsymbol{W}_{\mathcal{I}}$ 和 $\boldsymbol{W}_{\mathcal{T}}$，求解 $\boldsymbol{U}$。

当 $\boldsymbol{B}$、$\boldsymbol{W}_{\mathcal{I}}$ 和 $\boldsymbol{W}_{\mathcal{T}}$ 固定时，问题变为简单的线性回归问题，这个问题存在闭合解，可以通过对求 $\boldsymbol{U}$ 偏导为 0 得到：

$$\boldsymbol{U}=(\boldsymbol{B}\boldsymbol{B}^{\mathrm{T}}+\mu\boldsymbol{I})^{-1}\boldsymbol{B}\boldsymbol{L}^{\mathrm{T}} \tag{6-7}$$

(2) 固定 $\boldsymbol{B}$、$\boldsymbol{U}$ 和 $\boldsymbol{W}_{\mathcal{T}}$，求解 $\boldsymbol{W}_{\mathcal{I}}$。

当 $\boldsymbol{B}$、$\boldsymbol{U}$ 和 $\boldsymbol{W}_{\mathcal{T}}$ 固定时，与求解 $\boldsymbol{U}$ 类似，这个问题也存在闭合解，可以通过对变量 $\boldsymbol{W}_{\mathcal{I}}$ 求偏导为 0 得到：

$$\boldsymbol{W}_{\mathcal{I}}=\left(\boldsymbol{A}\boldsymbol{A}^{\mathrm{T}}+\frac{\mu}{\lambda_1}\boldsymbol{I}\right)^{-1}\boldsymbol{A}\boldsymbol{B}^{\mathrm{T}} \tag{6-8}$$

与更新 $\boldsymbol{W}_{\mathcal{I}}$ 类似，可以通过式(6-9)更新 $\boldsymbol{W}_{\mathcal{T}}$：

$$\boldsymbol{W}_{\mathcal{T}}=\left(\boldsymbol{X}^{\mathcal{T}}(\boldsymbol{X}^{\mathcal{T}})^{\mathrm{T}}+\frac{\mu}{\lambda_1}\boldsymbol{I}\right)^{-1}\boldsymbol{X}^{\mathcal{T}}\boldsymbol{B}^{\mathrm{T}} \tag{6-9}$$

(3) 固定 $\boldsymbol{W}_{\mathcal{I}}$、$\boldsymbol{W}_{\mathcal{T}}$ 和 $\boldsymbol{U}$、求解 $\boldsymbol{B}$。

当 $\boldsymbol{W}_{\mathcal{I}}$、$\boldsymbol{W}_{\mathcal{T}}$ 和 $\boldsymbol{U}$ 固定时，问题可以写为

$$\underset{\boldsymbol{B},\boldsymbol{Y},\boldsymbol{\Omega}_{\mathcal{I}},\boldsymbol{\Omega}_{\mathcal{T}}}{\arg\min}\|\boldsymbol{L}-\boldsymbol{U}^{\mathrm{T}}\boldsymbol{B}\|_{\Phi}^{2}+\lambda_{1}\|\boldsymbol{B}-\boldsymbol{W}_{\mathcal{I}}^{\mathcal{T}}\boldsymbol{A}\|_{F}^{2}+\lambda_{2}\|\boldsymbol{B}-\boldsymbol{W}_{\mathcal{T}}^{\mathrm{T}}\boldsymbol{X}^{\mathcal{T}}\|_{F}^{2} \tag{6-10}$$

由于$\boldsymbol{B}$的离散约束，所以这个问题是NP难问题。很多已有的方法选择放松离散约束得到问题的一个连续解，再通过量化连续解得到离散解。但是由于量化操作引入了量化误差，再由连续解学习哈希函数会导致哈希函数性能的下降。因此，本章提出一种离散优化方法，可以直接得到问题的离散解。

舍弃与$\boldsymbol{B}$无关的项，式(6-10)变为

$$\underset{\boldsymbol{B}}{\arg\min}\|\boldsymbol{U}^{\mathrm{T}}\boldsymbol{B}\|_{F}^{2}-\mathrm{tr}(\boldsymbol{Q}\boldsymbol{B}) \tag{6-11}$$

其中，$\boldsymbol{Q}=2\boldsymbol{L}^{\mathrm{T}}\boldsymbol{U}^{\mathrm{T}}+2\lambda_{1}\boldsymbol{A}^{\mathrm{T}}\boldsymbol{W}_{\mathcal{I}}+2\lambda_{2}\boldsymbol{X}^{\mathcal{T}\mathrm{T}}\boldsymbol{W}_{\mathcal{T}}$，$\mathrm{tr}(\cdot)$表示矩阵的迹。

文献[54]提出了一种离散优化的方法，利用离散循环坐标下降法直接得到离散的哈希码。受此启发，本章提出通过固定哈希码的其他位每次只求解一位的方法，直接得到哈希码的离散解。令$\boldsymbol{b}\in\{-1,1\}^{1\times N}$表示哈希码的第$i$位，$\bar{\boldsymbol{B}}\in\{-1,1\}^{(c-1)\times N}$表示$\boldsymbol{B}$除了第$i$位由其他位组成的矩阵。类似的，$\boldsymbol{q}\in\boldsymbol{R}^{N\times 1}$表示$\boldsymbol{Q}$的第$i$列，$\bar{\boldsymbol{Q}}\in R^{N\times(c-1)}$表示$\boldsymbol{Q}$除了第$i$列由其他列组成的矩阵；$\boldsymbol{u}\in\boldsymbol{R}^{1\times g}$表示$\boldsymbol{U}$的第$i$列，$\bar{\boldsymbol{U}}\in\boldsymbol{R}^{(c-1)\times g}$表示$\boldsymbol{U}$除了第$i$列由其他列组成的矩阵。去除常数项，式(6-11)变为

$$\underset{\boldsymbol{b}}{\arg\min}(\boldsymbol{u}\bar{\boldsymbol{U}}^{\mathrm{T}}\bar{\boldsymbol{B}}-\boldsymbol{q}^{\mathrm{T}})\boldsymbol{b}^{\mathrm{T}} \tag{6-12}$$

通过观察可以发现要使式(6-12)的取值最小，$\boldsymbol{u}\bar{\boldsymbol{U}}^{\mathrm{T}}\bar{\boldsymbol{B}}-\boldsymbol{q}^{\mathrm{T}}$和$\boldsymbol{b}^{\mathrm{T}}$的符号不同，因此这个问题的解为

$$\boldsymbol{b}=-\mathrm{sgn}(\boldsymbol{u}\bar{\boldsymbol{U}}^{\mathrm{T}}\bar{\boldsymbol{B}}-\boldsymbol{q}^{\mathrm{T}})^{\mathrm{T}} \tag{6-13}$$

基于语义对齐的哈希算法的具体过程如算法6.1所示。

算法6.1 基于语义对齐的跨媒体哈希算法

基于语义对齐的跨媒体哈希算法

输入： 图像和文本模态表示$\{\boldsymbol{A},\boldsymbol{X}^{\mathcal{T}}\}$、样本的标签矩阵$\boldsymbol{L}$及哈希码长$c$。
　　初始化字典哈希函数$\boldsymbol{W}_{\mathcal{I}},\boldsymbol{W}_{\mathcal{T}}$。

while $\mathrm{O}-\mathrm{O}_{\mathrm{old}}>\mathrm{threshold}$ **do**
　　固定其他变量，利用式(6-7)更新变量$\boldsymbol{U}$。
　　固定其他变量，利用式(6-8)更新变量$\boldsymbol{W}_{\mathcal{I}}$。
　　固定其他变量，利用式(6-9)更新变量$\boldsymbol{W}_{\mathcal{T}}$。
　　for iter$=1:c$

固定其他变量，利用式(6-13)更新一位
哈希码 $B(i,:)$。

endfor

end while

利用哈希函数得到所有样本的哈希码。

计算查询样本与异构样本的汉明距离，并按汉明距离的大小排序返回排列在前面的样本。

输出：算法的 mAP

6.2.3 复杂度分析

下面讨论一下 DSAH 方法的计算复杂度。首先讨论训练过程的计算复杂度，式(6-6)中的目标函数可以通过不断迭代 $\boldsymbol{W}_{\mathcal{I}}$、$\boldsymbol{W}_{\mathcal{T}}$、$\boldsymbol{U}$ 和 $\boldsymbol{B}$ 直到算法收敛，得到问题的局部最优解。迭代它们的计算复杂度分别为 $O((2k^2N+k^3+kcN)T)$、$O((2d_{\mathcal{I}}^2N+d_{\mathcal{I}}^3+d_{\mathcal{I}}kN)T)$、$O(2d_{\mathcal{T}}^2N+d_{\mathcal{T}}^3+d_{\mathcal{T}}kN)T)$ 和 $O(kc^2NT)$，其中，T 为迭代的次数。在大规模应用中，由于 k、c、$d_{\mathcal{I}}$ 和 $d_{\mathcal{T}}$ 的值远小于数据集的尺寸 N，因此 DSAH 算法的计算复杂度与数据集的尺寸 N 呈线性关系。这证明了本章提出的优化算法的高效性，适合大规模数据的应用。对于测试过程，所有样本的哈希码可以由哈希函数直接产生，因此图像和文本两个模态的计算复杂度分别为 $O(d_{\mathcal{I}}c)$ 和 $O(d_{\mathcal{T}}c)$，同样也证明了算法的高效性。

6.3 实验结果及分析

在实验中，通过文本检索图像和图像检索文本两个任务的实验结果验证算法的有效性，所有实验结果都是在一个服务器上运行的，配置为 Intel(R)Xeon(R)E5-2650 v2@2.6GH CPU 和 128GB 的 RAM。

6.3.1 实验设置

为了验证 DSAH 算法的有效性，本章分析 DSAH 与已有算法 CCA、CVH、IMH、CMFH、SMFH、SCM、FECMHi 和 FECMHt 的对比实验结果。其中，CVH、IMH、SMFH、SCM-O、SCM-S、FECMHi 和 FECMHt 为监督哈希算法，其他算法为无监督哈希算法。IMH 算法最初设计时为无监督哈希

算法，但是本章利用标签建立相似矩阵，所以它在这里是监督哈希算法。所有的对比算法的代码都由笔者提供，参数则根据相应文章设置，本章公布的结果为实验中的最好结果。另外，IMH 和 SMFH 在 NUS-WIDE 数据集的整个训练集上需要大量的训练时间，因此随机选择 5000 个样本作为训练样本。

DSAH 有三个参数，λ_1、λ_2 为两个模态哈希函数学习的权重，μ 为正则项的权重。为了测试性能随不同参数值的变化，本章设置哈希码的长度为 32 比特，利用交叉验证的方法进行了参数敏感性实验，在 WiKi 和 NUS-WIDE 数据集的实验结果如图 6.2 和图 6.3 所示。通过图 6.2 和图 6.3 可以发现，λ_1、$\lambda_2 \in [0.05, 0.3]$，$\mu \in [0.01, 0.5]$ 时可以得到较好的实验结果。通过参数敏感性的实验结果，本章设置 $\lambda_1=0.2$、$\lambda_2=0.2$、$\mu=0.02$。

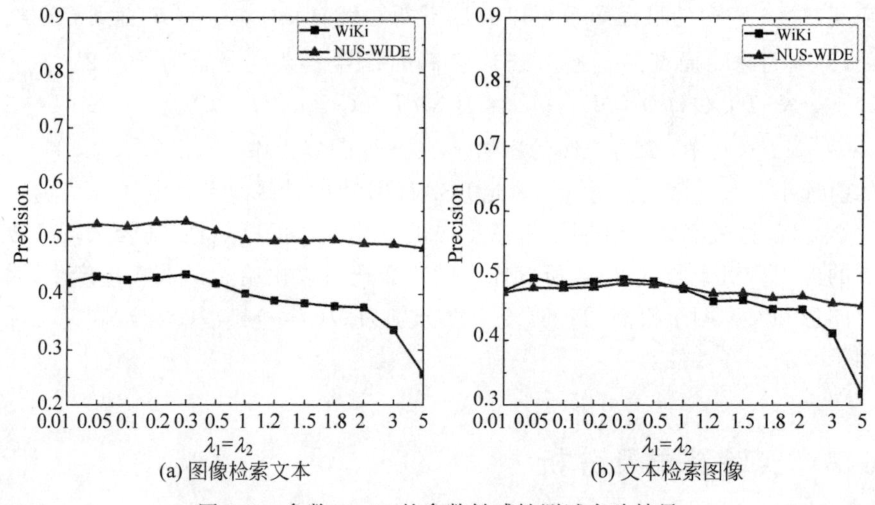

图 6.2 参数 λ_1、λ_2 的参数敏感性测试实验结果

6.3.2 在 WiKi 数据集上的实验结果及分析

在 WiKi 公开数据集上，DSAH 和对比算法的哈希码长从 16 比特变化到 64 比特，在图像检索文本和文本检索图像两个检索任务的 mAP 实验结果如表 6.1 和表 6.2 所示，所有实验数据由返回的前 100 个样本计算得到的。通过表 6.1 和表 6.2 可以看出，DSAH 在两个任务上和不同的哈希码长都得到了最好的实验结果。具体而言，在 WiKi 数据集上，DSAH 在 mAP

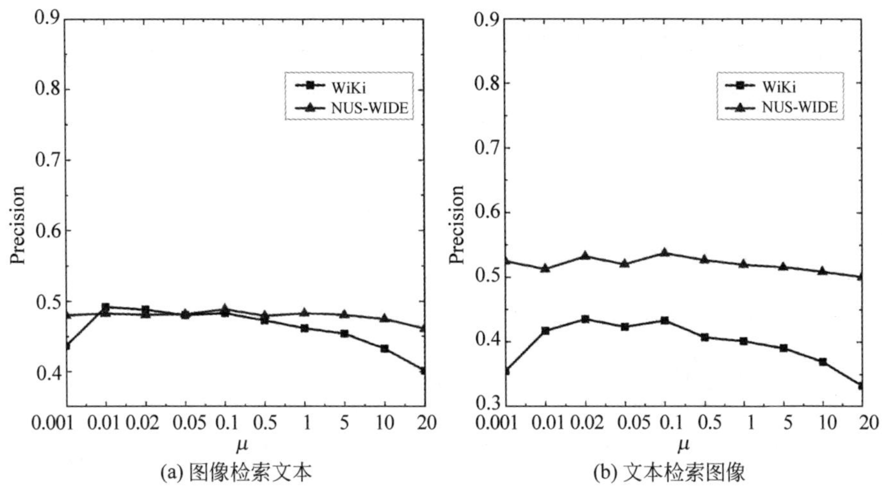

(a) 图像检索文本　(b) 文本检索图像

图 6.3　参数 μ 的参数敏感性测试实验结果

性能上提升很大，与次优的对比算法相比，在文本检索图像和图像检索文本两个任务上分别最高取得了 54.8%和 62.1%的性能提升。实验结果说明了本章提出的利用图像的属性缩小异构鸿沟和离散优化的有效性。

表 6.1　在 WiKi 数据集上图像检索文本的实验结果

任务	对比算法	哈希码长			
		16 比特	24 比特	32 比特	64 比特
图像检索文本	CCA[61]	0.2049	0.1778	0.1798	0.1760
	SCM-O[75]	0.1614	0.2046	0.2129	0.1594
	SCM-S[75]	0.2106	0.2078	0.2039	0.2153
	CVH[72]	0.1926	0.2083	0.1724	0.1819
	IMH[85]	0.1989	0.1947	0.1835	0.1732
	CMFH[73]	0.2137	0.2141	0.2207	0.2311
	SMFH[77]	0.2632	0.2704	0.2753	0.2896
	FECMHt[86]	0.2667	0.2892	0.2986	0.2941
	FECMHi[86]	0.2338	0.2520	0.2653	0.2663
	DSAH	**0.4131**	**0.4209**	**0.4267**	**0.4399**

表 6.2 在 WiKi 数据集上文本检索图像的实验结果

任务	对比算法	哈希码长			
		16 比特	24 比特	32 比特	64 比特
文本检索图像	CCA[61]	0.1962	0.1820	0.1707	0.1541
	SCM-O[75]	0.2302	0.1673	0.1689	0.1731
	SCM-S[75]	0.2649	0.2857	0.2903	0.2934
	CVH[72]	0.2053	0.1818	0.1781	0.1689
	IMH[85]	0.2124	0.1859	0.1835	0.1645
	CMFH[73]	0.2184	0.2188	0.2203	0.2329
	SMFH[77]	0.2935	0.3048	0.3049	0.3133
	FECMHt[86]	0.2902	0.2948	0.3219	0.3067
	FECMHi[86]	0.2509	0.2733	0.2751	0.2853
	DSAH	**0.4762**	**0.4810**	**0.4945**	**0.5029**

通过表 6.1 和表 6.2 还可以看出，算法 CMFH、SMFH、FECMHt 和 FECMHi 与 DSAH 算法类似，当哈希码长增加时，算法的性能呈上升的趋势。这说明随着哈希码长的增加，哈希码携带的样本的信息会增加，提升了算法的性能。

在计算机视觉领域，因为 CNN 特征在分类、检索和目标识别等领域取得了比传统特征更优的实验结果。为了进一步验证 DSAH 算法的有效性，DSAH 算法与对比算法利用 4096 维 CNN 特征（由 CNN 网络的 Fc7 层的输出）得到的实验结果进行了对比，mAP 的实验结果如表 6.3 和表 6.4 所示。由于 SCM 算法在高维数据上进行实验需要大量的时间，因此利用 PCA 算法对图像的 CNN 特征进行了降维，同时为了不影响 SCM 算法的性能，在实验中保留了训练样本 95%的方差。通过表 6.3 和表 6.4 的实验结果可以发现，大多数对比算法由于使用了区分能力更好的 CNN 特征，因此算法的性能得到了一定的提升，但是提升的幅度并不大，表明 CNN 特征虽然可以更好地对图像数据进行表达，但是之后的量化操作引入了量化误差，会破坏数据的结构，而大部分对比算法没有考虑量化操作对算法性能的影响，因此影响了算法的性能提升。

表 6.3　在 WiKi 数据集上利用 CNN 特征图像检索文本的实验结果

任务	对比算法	哈希码长			
		16 比特	24 比特	32 比特	64 比特
图像检索文本	CCA[61]	0.2388	0.2186	0.2030	0.1910
	SCM-O[75]	0.2104	0.1912	0.1995	0.1878
	SCM-S[75]	0.2707	0.2699	0.2789	0.2863
	CVH[72]	0.1425	0.1791	0.1713	0.1624
	IMH[85]	0.2793	0.2544	0.2445	0.1958
	CMFH[73]	0.2505	0.2602	0.2697	0.2835
	SMFH[77]	0.2918	0.3078	0.3084	0.3126
	FECMHt[86]	0.2913	0.2993	0.3121	0.3182
	FECMHi[86]	0.2549	0.2516	0.2546	0.2571
	DSAH	**0.4131**	**0.4209**	**0.4267**	**0.4399**

表 6.4　在 WiKi 数据集上利用 CNN 特征文本检索图像的实验结果

任务	对比算法	哈希码长			
		16 比特	24 比特	32 比特	64 比特
文本检索图像	CCA[61]	0.2657	0.2447	0.2266	0.2144
	SCM-O[75]	0.2141	0.1994	0.1963	0.1717
	SCM-S[75]	0.3319	0.3311	0.3362	0.3546
	CVH[72]	0.1509	0.1797	0.1749	0.1987
	IMH[85]	0.3027	0.2710	0.2654	0.2046
	CMFH[73]	0.2686	0.2779	0.2873	0.3053
	SMFH[77]	0.3422	0.3626	0.3658	0.3775
	FECMHt[86]	0.3624	0.3701	0.3739	0.3840
	FECMHi[86]	0.3271	0.3135	0.3154	0.3175
	DSAH	**0.4762**	**0.4810**	**0.4945**	**0.5029**

通过表 6.3 和表 6.4 的实验结果还可以发现，DSAH 算法依然在 mAP 上取得了明显优于对比算法的实验结果，从而验证了 DSAH 算法提出的离散优化和利用图像的属性与文本对齐语义思路的有效性。

性能评价标准 mAP 是由排序靠前的返回样本计算得到的，为了验证 DSAH 算法在不同数量返回样本上的准确率，本章利用 PR 曲线图分析不同正确样本返回率对应的准确率，哈希码长为 16 比特在图像检索文本和文本检索图像两个任务上的实验结果如图 6.4 所示，哈希码长为 32 比特在图像检索文本和文本检索图像两个任务上的实验结果如图 6.5 所示。通过图 6.4 和图 6.5 可以发现,DSAH 算法在不同的正确样本返回率上取得了明显优于所有对比算法的性能,再次证明了利用图像模态的属性与文本模态进行语义对齐和本章提出的离散优化算法的有效性。通过图 6.4 和图 6.5 还可以发现,大部分监督算法(例如 SCM-S、SMFH、FECMHi 和 FESCMHt)在两个检索任务上都取得了在 PR 曲线上优于无监督算法的性能,证明了通过含有高层语义信息的标签可以学习性能更好的哈希函数,提升了算法的性能。

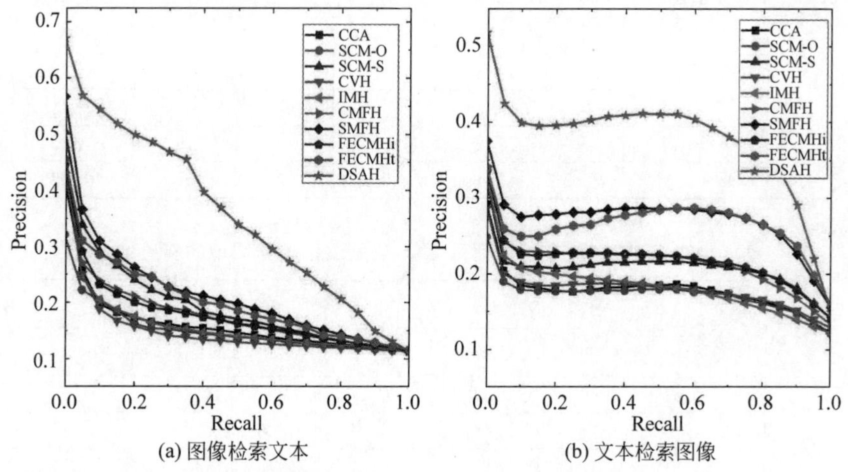

图 6.4 WiKi 数据集上哈希码长为 16 比特的 PR 实验结果

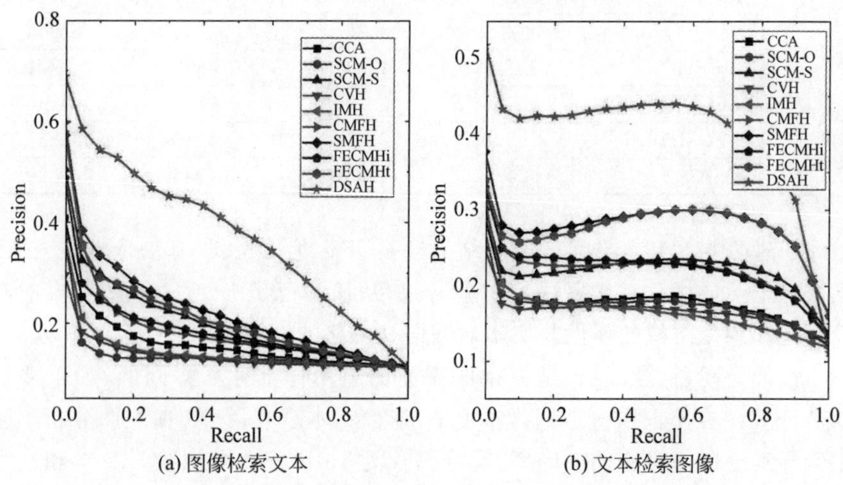

图 6.5 WiKi 数据集上哈希码长为 32 比特的 PR 实验结果

6.3.3　在 NUS-WIDE 数据集上的实验结果及分析

为了验证 DSAH 算法的有效性和可扩展性，又在多标签、大规模数据集 NUS-WIDE 上进行了实验。在 NUS-WIDE 数据集中，由于某些类的样本数量很少，为了保证每类训练样本的数量，参照文献[97]的实验设置，本章选取数量最多的 24 个类，19 万多个样本对。然后，从数据集中随机选择 99%的文本-图像对构成训练集，剩余的 1%样本对构成测试集。由于 IMH、SCM-O 和 SMFH 算法在大规模数据集上进行训练需要大量的时间，因此随机选取 5000 个样本对进行训练，DSAH 算法和其他的对比算法利用所有训练样本进行训练。

DSAH 与对比算法在图像检索文本和文本检索图像两个任务上，哈希码长从 16 比特变化到 64 比特的实验结果(对于图像模态，DSAH 利用图像的属性)如表 6.5 和表 6.6 所示。通过表 6.5 和表 6.6 可以发现，本章提出的 DSAH 算法与对比算法的最好实验结果相比，在图像检索文本和文本检索图像两个任务上分别最高得到了 24.0%和 33.1%的性能提升，再次证明了本章提出的 DSAH 算法的有效性。

表 6.5　在 NUS-WIDE 数据集上图像检索文本的实验结果

任务	对比算法	哈希码长			
		16 比特	24 比特	32 比特	64 比特
图像检索文本	CCA[61]	0.3699	0.3698	0.3793	0.3610
	SCM-O[75]	0.3827	0.3744	0.3841	0.3688
	SCM-S[75]	0.4083	0.3978	0.3977	0.4198
	CVH[72]	0.3742	0.3708	0.3689	0.3641
	IMH[85]	0.3574	0.3582	0.3551	0.3579
	CMFH[73]	0.3699	0.3571	0.3577	0.3634
	SMFH[77]	0.3597	0.6348	0.3567	0.3616
	FECMHt[86]	0.3980	0.4091	0.4102	0.4357
	FECMHi[86]	0.4168	0.4211	0.4271	0.4280
	DSAH	**0.4964**	**0.5065**	**0.5207**	**0.5277**

表 6.6 在 NUS-WIDE 数据集上文本检索图像的实验结果

任务	对比算法	哈希码长			
		16 比特	24 比特	32 比特	64 比特
文本检索图像	CCA[61]	0.3671	0.3739	0.3757	0.3656
	SCM-O[75]	0.3796	0.3739	0.3796	0.3790
	SCM-S[75]	0.3978	0.4089	0.4071	0.3789
	CVH[72]	0.3720	0.3683	0.3653	0.3822
	IMH[85]	0.3575	0.3596	0.3529	0.3564
	CMFH[73]	0.3608	0.3665	0.3697	0.3792
	SMFH[77]	0.3728	0.3740	0.3775	0.3794
	FECMHt[86]	0.4263	0.4343	0.4379	0.4394
	FECMHi[86]	0.4077	0.4133	0.4229	0.4342
	DSAH	**0.5246**	**0.5325**	**0.5403**	**0.5450**

对比算法利用 CNN 特征在图像检索文本和文本检索图像两个任务上得到的 mAP 的实验结果(对于图像模态,DSAH 利用图像的属性),如表 6.7 和表 6.8 所示。与 WiKi 数据集的实验类似,由于 SCM 算法在高维数据上进行训练需要大量的时间,因此利用 PCA 算法对图像的 CNN 特征进行了降维,为了不影响 SCM 算法的性能,保留训练样本 95%的方差。通过表 6.7 和表 6.8 可以发现,许多对比算法取得了优于传统特征的性能,证明了 CNN 特征的有效性。同时还可以发现,DSAH 在图像检索文本和文本检索图像两个任务上分别最高取得了 11.7%和 11.2%的性能提升。实验结果证明了本章提出的离散优化和利用图像的属性缩小异构鸿沟的有效性。

表 6.7 在 NUS-WIDE 数据集上利用 CNN 特征图像检索文本的实验结果

任务	对比算法	哈希码长			
		16 比特	24 比特	32 比特	64 比特
图像检索文本	CCA[61]	0.4127	0.4179	0.4184	0.4103
	SCM-O[75]	0.4104	0.4009	0.3942	0.3981
	SCM-S[75]	0.4207	0.4257	0.4448	0.4534
	CVH[72]	0.4142	0.4147	0.4129	0.4032
	IMH[85]	0.3591	0.3633	0.3536	0.3543
	CMFH[73]	0.3292	0.3268	0.3259	0.3207
	SMFH[77]	0.3470	0.3509	0.3521	0.3537
	FECMHt[86]	0.4382	0.4348	0.4341	0.4379
	FECMHi[86]	0.4669	0.4712	0.4730	0.4743
	DSAH	**0.4964**	**0.5065**	**0.5207**	**0.5277**

表 6.8 在 NUS-WIDE 数据集上利用 CNN 特征文本检索图像的实验结果

任务	对比算法	哈希码长			
		16 比特	24 比特	32 比特	64 比特
文本检索图像	CCA[61]	0.4197	0.4221	0.4209	0.4792
	SCM-O[75]	0.4262	0.4105	0.4061	0.4075
	SCM-S[75]	0.4777	0.4973	0.5078	0.5093
	CVH[72]	0.4178	0.4207	0.4199	0.4074
	IMH[85]	0.3631	0.3629	0.3524	0.3574
	CMFH[73]	0.3353	0.3350	0.3382	0.3412
	SMFH[77]	0.3433	0.3486	0.3492	0.3501
	FECMHt[86]	0.4733	0.4700	0.4639	0.4669
	FECMHi[86]	0.4769	0.4801	0.4866	0.4876
	DSAH	**0.5246**	**0.5325**	**0.5403**	**0.5450**

为了进一步验证在不同正确样本返回率上 DSAH 算法的性能，本章绘制了 DSAH 算法与对比算法的 PR 曲线图，哈希码长为 16 比特，在图像检索文本和文本检索图像任务上的实验结果如图 6.6 所示；哈希码长为 32 比特，在图像检索文本和文本检索图像任务上的实验结果如图 6.7 所示。通过图 6.6 和图 6.7 可以发现，与 WiKi 数据集的实验结果类似，DSAH 取得了明显优于对比算法的性能，证明了算法的有效性。

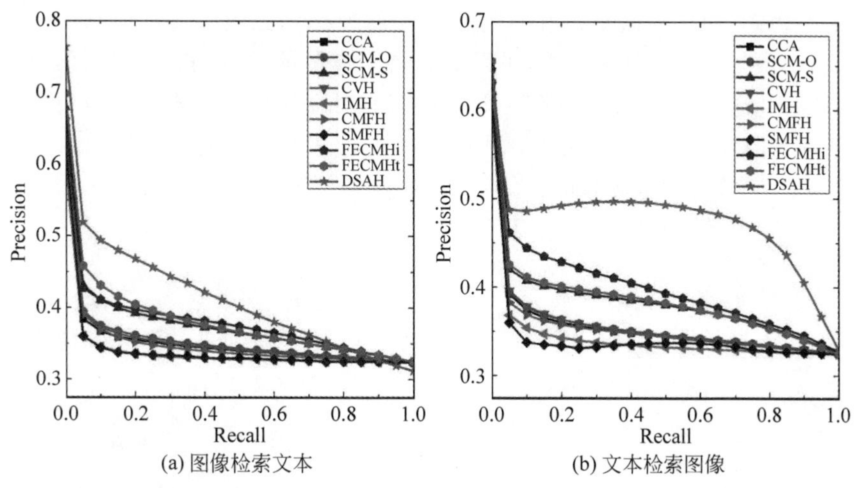

(a) 图像检索文本 (b) 文本检索图像

图 6.6 NUS-WIDE 数据集上哈希码长为 16 比特的 PR 实验结果

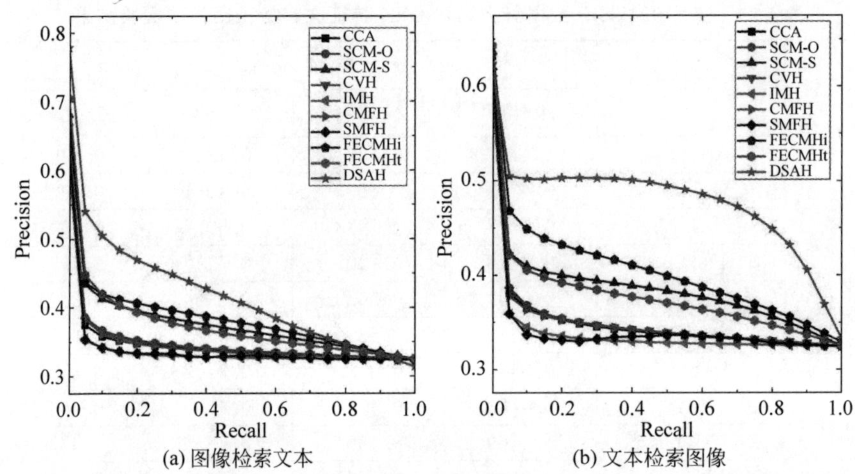

(a) 图像检索文本　　(b) 文本检索图像

图 6.7　NUS-WIDE 数据集上哈希码长为 32 比特的 PR 实验结果

6.4　本章小结

本章提出了一种基于语义对齐的跨媒体哈希(DSAH)算法,DSAH 首先利用图像模态的属性与文本模态的特征进行语义对齐,均衡图像模态与高层语义和文本模态与高层语义之间的语义鸿沟；其次哈希码可以通过标签直接得到,简化了监督跨媒体哈希算法的目标函数形式,减少了运算量；最后,提出一种离散优化算法,可以直接得到离散的哈希码。通过实验结果可以发现,DSAH 算法在 WiKi 和 NUS-WIDE 两个公开数据集上取得明显优于对比算法的性能,验证了算法的有效性。本章提出的算法可以很容易地扩展到计算机视觉领域的其他应用,如图像分类等。

第7章

用于跨模态检索的离散鲁棒监督哈希算法

尽管跨模态哈希算法因其在计算和存储成本方面的显著优势在过去几十年中得到了广泛的研究，但仍存在一些局限性需要进一步解决。首先，为了利用哈希码中的语义信息，大多数人从直接由类标签构造的相似度矩阵中学习哈希码，忽略了类标签在现实世界中可能包含噪声的事实；其次，大多数放松了对哈希码的离散约束，这可能会导致较大的量化误差并不可避免地导致性能不佳。为了解决上述问题，本章提出了一种离散鲁棒监督哈希(discrete robust supervised hashing，DRSH)算法。

本章首先在引言部分介绍算法的研究背景和动机，然后详细论述本章提出的离散鲁棒监督哈希算法，最后在三个公开数据集上与对比算法进行比较的结果证明了该算法的有效性和高效性。

7.1 引言

近几十年来，互联网上每天产生大量的数据，给多媒体检索任务带来了巨大的挑战。大量的多媒体数据点对高效、有效地执行各种任务提出了迫切要求。哈希算法通过学习一组哈希函数将数据点从原始特征空间转换到汉明空间，由于其在大规模应用中的效率和有效性而受到广泛关注。学习到的哈希码比原始特征的存储成本要少得多，同时可以通过汉明空间中的异或运算有效地计算数据点之间的相似性。作为大规模检索最流行的方法之一，哈希算法已被广泛研究。然而，它们大多数只关注一种模式，例如，使用图像来检索相似图像。

在互联网上,数据点通常由多模态特征表示,这导致不同模态之间存在异构语义差距。例如,图像可以由视觉和相应的文本特征来表示。此外,当向搜索引擎提交查询时,用户更喜欢搜索引擎从不同模式返回相似的数据点。最近,支持高效且有效的大规模多媒体检索的跨模态哈希引起了人们的广泛关注。跨模态哈希的关键是将异构数据点投影到共享汉明空间并保持相似性,对于相似的数据点,汉明距离在共享汉明空间中预计会很小,反之亦然。跨模式哈希算法根据是否使用类标签,通常可以分为无监督方法和监督方法两类。前一种方法通常通过保留训练数据点中模态内和模态间的相似性来学习哈希码,而后一种可以进一步结合类标签来学习更具辨别力的哈希码。研究表明,通过将数据点的类标签纳入哈希函数学习可以提高检索性能。

尽管学者已经设计了许多有监督的跨模态哈希方法并取得了令人满意的结果,然而,有监督哈希算法仍然存在一些问题有待进一步解决。其中一个问题是现实世界中的数据点可能包含噪声,大多数有监督的跨模态哈希算法仅利用训练数据点的类标签来构造哈希码学习的相似度矩阵,而没有考虑由于不同模态(包括类标签)之间的不一致而引起的噪声或者可能的异常值引起的噪声。显然,这些噪声数据点会严重损害相似度矩阵的结构,从而误导哈希码学习并降低检索性能。此外还有一个问题是哈希码的离散约束会导致混合整数优化问题,该问题通常很难解决(通常是 NP 问题)。大多数人通过省略哈希码的离散约束以获得实值解,然后通过阈值处理直接生成哈希码。然而,此方法在量化阶段会导致信息丢失,会降低哈希码的区分度,从而降低检索性能。

在此基础上,本章提出了一种监督哈希算法,称为离散鲁棒监督哈希(DRSH)算法,其中类标签被视为高级特征。假设:

(1) 数据点中的噪声是稀疏的,这在实际应用中是合理的。

(2) 相似度矩阵应该是低秩的,因为它的秩在理想情况下等于语义类别数,而语义类别数通常远小于训练数据点的大小。

事实证明,低秩约束可以很好地处理数据点中的噪声,并且可以捕获数据点的全局结构。

基于上述假设,首先通过融合基于特征和类标签的相似性来学习鲁棒的相似性矩阵，该矩阵利用相似性矩阵的低秩性质和噪声数据点的稀疏性质；其次通过鲁棒相似度矩阵生成哈希码；最后，为了避免量化损失，提出了一种离散优化算法，该算法可以直接学习离散哈希码，而不是放松对哈希码施加的离散约束。

7.2　离散鲁棒监督哈希算法

本节将详细介绍 DRSH 算法，具体来说，首先介绍符号与问题定义，然后提供 DRSH 的公式，最后，给出 DRSH 的实现细节。为了便于描述，这里只关注两种模态，即文本和图像模态，它们是现实世界中最普遍的模态，读者可以很容易扩展到两种以上模态的情况。

7.2.1　符号说明与问题定义

设 $\boldsymbol{X}=\{\boldsymbol{X}^{(1)},\boldsymbol{X}^{(2)}\}$为训练集，$\boldsymbol{X}^{(1)}\in\boldsymbol{R}^{d_1\times N}$，$\boldsymbol{X}^{(2)}\in\boldsymbol{R}^{d_2\times N}$，其中 d_1 和 d_2 分别是图像和文本模态的维度，N 为训练数据点的数量。在不失一般性的前提下，假设特征以零为中心，即 $\sum_{i=1}^{N}x_{ij}^{(1)}=0$，$\sum_{i=1}^{N}x_{ij}^{(2)}=0$。设 $\boldsymbol{Y}=\{\boldsymbol{y}_1,\boldsymbol{y}_2,\boldsymbol{y}_3,\cdots,\boldsymbol{y}_N\}\in\{0,1\}^{c\times N}$ 表示训练数据点的类标签，其中 c 是类的数量，如果 $\boldsymbol{x}_i$ 在类 j 中，则 $y_{ij}=1$，否则为 0。在本书中，类别标签被视为高级特征。

DRSH 的算法流程如图 7.1 所示。首先，由图像特征、文本特征和类别标签构造三对相似度矩阵。其次，利用相似矩阵的低秩性质和噪声矩阵的稀疏性质构造鲁棒相似矩阵。最后，通过鲁棒相似度矩阵生成更具辨别力的哈希码，并通过哈希码学习哈希函数。为了简单起见，标签矩阵 $\boldsymbol{Y}$ 也表示为 $\boldsymbol{X}^{(3)}$。DRSH 专注于学习哈希码 $\boldsymbol{B}_i=\{-1,1\}^{k\times N}(i=\{1,2\})$，以及针对每种模态同时学习一组哈希函数 $\boldsymbol{W}_i\in\boldsymbol{R}^{d_i\times k}$，其中 k 表示代码长度。为了简单起见，本章中的哈希函数采用线性映射矩阵，定义为

$$h^{(i)}(\boldsymbol{x}_j^{(i)})=\operatorname{sgn}(\boldsymbol{W}_i\boldsymbol{x}_j^{(i)}) \tag{7-1}$$

其中，sgn(·)表示诸元素符号函数。

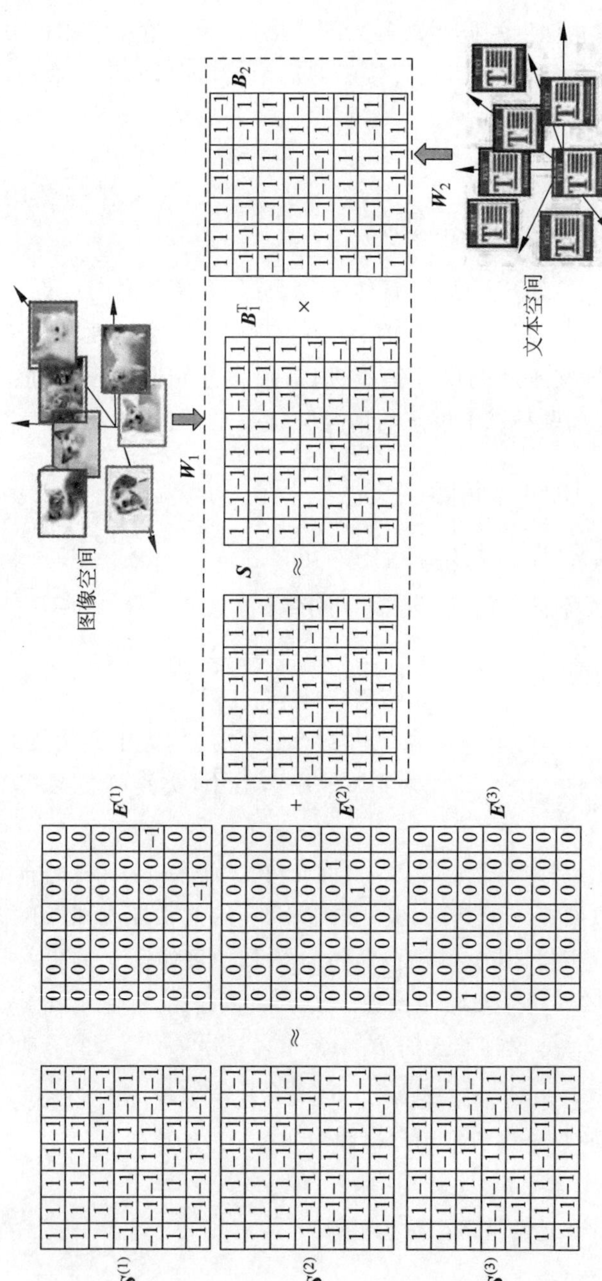

图 7.1　DRSH 的算法流程图

7.2.2 公式

受哈希算法中成对相似性矩阵成功应用的启发，笔者提出通过本章中学习的哈希码来近似相似性矩阵。然而，现有的哈希算法通常利用类标签直接构造相似度矩阵，没有考虑标签中的噪声。嘈杂的类标签会损害相似度矩阵的结构，从而降低最终的检索性能。在本章中，为了捕获训练数据点的潜在相似性结构，融合类标签和基于特征的相似性以学习鲁棒的相似性矩阵。为此，考虑鲁棒相似度矩阵构造问题，把两个模态纳入一个学习框架中，则映射字典学习算法的目标函数定义为

$$\arg\min_{\boldsymbol{S},\boldsymbol{E}^{(t)}} \operatorname{rank}(\boldsymbol{S}) + \alpha \|\boldsymbol{E}^{(i)}\|_0 \quad \text{s.t.}\ \boldsymbol{S}^{(i)} = \boldsymbol{S} + \|\boldsymbol{E}^{(i)}\|_0 \tag{7-2}$$

其中，$\boldsymbol{S}^{(i)}(i=\{1,2,3\})$表示从第 i 模态构造的相似度矩阵，$\boldsymbol{E}^{(i)}$表示来自第 i 模态的噪声矩阵，$\boldsymbol{S}$ 表示鲁棒相似度矩阵，rank(·)表示矩阵的秩，$\|\cdot\|_0$ 表示矩阵的 l_0 范数，α 是平衡 $\boldsymbol{S}$ 的秩和 $\boldsymbol{E}^{(i)}$ 的稀疏性的加权参数。

本章采用高斯核函数来构造各模态的相似度矩阵，定义为

$$\boldsymbol{S}_{j,k}^{(i)} = \mathrm{e}^{\frac{\|x_j^{(i)}-x_k^{(i)}\|_2^2}{\sigma^2}} \tag{7-3}$$

其中，$\|\cdot\|_2$ 表示 l_2 范数，σ 是尺度参数。然而，由于秩函数的离散性质和 l_0 范数的稀疏性约束，式(7-2)是一个 NP 难题。可以通过使用不清楚范数来近似 rank($\boldsymbol{S}$)，使用 l_1 范数来近似$\|\boldsymbol{E}\|_0$，从而解决易于处理的凸优化。则式(7-2)可变换为

$$\arg\min_{\boldsymbol{E}^{(i)}} \|\boldsymbol{S}\|_* + \alpha \|\boldsymbol{E}^{(i)}\|_1 \quad \text{s.t.}\ \boldsymbol{S}^{(i)} = \boldsymbol{S} + \|\boldsymbol{E}^{(i)}\|_1 \tag{7-4}$$

其中，$\|\cdot\|_*$ 表示不清楚范数（如矩阵的奇异值之和），$\|\cdot\|_1$ 表示 l_1 范数（即矩阵所有元素的绝对值之和）。优化问题也可以通过增广拉格朗日乘子(ALM)方法高效且有效地解决。

然后，可以通过稳健的相似度矩阵生成更具区分性的哈希码：

$$\arg\min_{\boldsymbol{B}_1,\boldsymbol{B}_2} \|k\boldsymbol{S} - \boldsymbol{B}_1^{\mathrm{T}}\boldsymbol{B}_2\|_F^2 \quad \text{s.t.}\ \boldsymbol{B}_1 \in \boldsymbol{R}^{k\times N}, \boldsymbol{B}_2 \in R^{k\times N} \tag{7-5}$$

其中，$\|\cdot\|_F$ 表示 Frobenius 范数，k 表示哈希码的长度。

由于成对数据点包含相同的语义概念，因此预计它们会生成相似的哈希码。为了实现这一点，公式定义为

$$\arg\min_{\boldsymbol{B}_1,\boldsymbol{B}_2} \|\boldsymbol{B}_1 - \boldsymbol{B}_2\|_F^2 \tag{7-6}$$

结合式(7-5)、式(7-6)和哈希函数学习损失，DRSH 的总体目标函数可

表示为

$$\arg\min_{\boldsymbol{W}_1\boldsymbol{W}_2}\|k\boldsymbol{S}-\boldsymbol{B}_1^{\mathrm{T}}\boldsymbol{B}_2\|_F^2+\lambda\|\boldsymbol{B}_1-\boldsymbol{B}_2\|_F^2+$$
$$\beta_i\sum_{i=1}^{2}\|\boldsymbol{B}_i-\boldsymbol{X}^{(i)}\boldsymbol{W}_i\|_F^2+\mu\mathrm{Reg}(\boldsymbol{W}_1,\boldsymbol{W}_2) \tag{7-7}$$

其中,λ、β_i 和 μ 是加权参数,$\mathrm{Reg}(\boldsymbol{W}_1,\boldsymbol{W}_2)=\|\boldsymbol{W}_1\|_{2,1}^2+\|\boldsymbol{W}_2\|_{2,1}^2$。$l_{2,1}$ 范数使得 $\boldsymbol{W}_1$ 和 $\boldsymbol{W}_2$ 在行中稀疏,这可以通过选择信息最丰富的特征来解释。因此,学习到的哈希函数对于噪声数据点更加鲁棒,并且可以生成更具辨别力的哈希码。

7.2.3 优化算法

式(7-7)的优化问题很难解决,因为它不是与矩阵变量 $\boldsymbol{B}_1$、$\boldsymbol{B}_2$、$\boldsymbol{W}_1$ 和 $\boldsymbol{W}_2$ 共同凸的。然而,它可以分为几个子问题,每个子问题都可以通过固定其他变量来解决。其步骤如下所示。

(1) 固定 $\boldsymbol{B}_2$、$\boldsymbol{W}_1$ 和 $\boldsymbol{W}_2$,并去掉与 $\boldsymbol{B}_1$ 无关的项。

式(7-7)变换为

$$\arg\min_{\boldsymbol{B}_1}\|k\boldsymbol{S}-\boldsymbol{B}_1^{\mathrm{T}}\boldsymbol{B}_2\|_F^2+\lambda\|\boldsymbol{B}_1-\boldsymbol{B}_2\|_F^2+$$
$$\beta_1\|\boldsymbol{B}_1-\boldsymbol{X}^{(1)}\boldsymbol{W}_1\|_F^2\quad \mathrm{s.t.}\ \boldsymbol{B}_1\in R^{k\times N} \tag{7-8}$$

由于哈希码 $\boldsymbol{B}_1$ 的离散约束,该公式求解起来很困难。设 $\boldsymbol{b}_{1i}$ 为 $\boldsymbol{B}_1$ 的第 i 列,$\boldsymbol{b}_{2j}$ 为 $\boldsymbol{B}_2$ 的第 j 列。为了去掉那些与 $\boldsymbol{b}_{1i}$ 无关的项,式(7-7)可以变换为

$$\arg\min_{\boldsymbol{b}_{1i}}\boldsymbol{b}_{1i}^{\mathrm{T}}\left(\sum_j\boldsymbol{b}_{2j}\boldsymbol{b}_{2j}^{\mathrm{T}}\right)\boldsymbol{b}_{1i}-2\sum_j(\boldsymbol{S}_{i,j}\boldsymbol{b}_{2j}^{\mathrm{T}})\boldsymbol{b}_{1i}-2\lambda\boldsymbol{b}_{2j}^{\mathrm{T}}\boldsymbol{b}_{1i}-2\beta_1\boldsymbol{x}_i^{\mathrm{T}}\boldsymbol{b}_{1i} \tag{7-9}$$

这个子问题仍然很难解决。受监督离散散列(SDH)的启发,采用离散循环坐标下降(DCC)方法,通过固定其他位来每次优化一位。令 $\boldsymbol{b}_{1im}$ 为 $\boldsymbol{b}_{1i}$ 的第 m 位,而 $\bar{\boldsymbol{b}}_{1im}$ 为其余位。然后 $\boldsymbol{b}_{1im}$ 可以通过以下方式更新:

$$\boldsymbol{b}_{1im}=\mathrm{sgn}\left(\sum_j(\boldsymbol{S}_{ij}-\bar{\boldsymbol{b}}_{2jm}\bar{\boldsymbol{b}}_{1im})\right)\boldsymbol{b}_{2jm}+\lambda\boldsymbol{b}_{2im}+\beta_1\boldsymbol{x}_{im}^{(1)} \tag{7-10}$$

(2) 与求解 $\boldsymbol{B}_1$ 类似,$\boldsymbol{B}_2$ 也可以逐步求解。

$$\boldsymbol{b}_{2jm}=\mathrm{sgn}\left(\sum_i(\boldsymbol{S}_{ij}-\bar{\boldsymbol{b}}_{1jm}\bar{\boldsymbol{b}}_{2im})\right)\boldsymbol{b}_{1im}+\lambda\boldsymbol{b}_{1jm}+\beta_2\boldsymbol{x}_{jm}^{(2)} \tag{7-11}$$

(3) 固定 $\boldsymbol{B}_1$、$\boldsymbol{B}_2$ 和 $\boldsymbol{W}_2$，并删除不相关项。

子问题转化为

$$\arg\min_{\boldsymbol{W}_1}\beta_1\|\boldsymbol{B}_1-\boldsymbol{W}_1\boldsymbol{X}^{(1)}\|_F^2+\mu\|\boldsymbol{W}_1\|_{2,1} \tag{7-12}$$

该子问题有一个封闭式解：

$$\boldsymbol{W}_1=(\boldsymbol{X}^{(1)}\boldsymbol{X}^{(1)\mathrm{T}}+\mu\boldsymbol{D}_1^{-1})^{-1}\boldsymbol{X}^{(1)}\boldsymbol{B}_1^{\mathrm{T}} \tag{7-13}$$

其中，$\boldsymbol{D}_1$ 是对角矩阵，$\boldsymbol{D}_1(i,i)=\sum_{j=1}^{k}\boldsymbol{W}_{1ij}$。

(4) 求解 $\boldsymbol{W}_2$ 与求解 $\boldsymbol{W}_1$ 类似。

$\boldsymbol{W}_2$ 可以通过以下方式更新：

$$\boldsymbol{W}_2=(\boldsymbol{X}^{(2)}\boldsymbol{X}^{(2)\mathrm{T}}+\mu\boldsymbol{D}_2^{-1})^{-1}\boldsymbol{X}^{(2)}\boldsymbol{B}_2^{\mathrm{T}} \tag{7-14}$$

上述内容所提出的迭代优化方法可以很好地解决式(7-7)中的问题。为了进一步了解优化算法的整体情况，在算法 7.1 中对其进行了总结。

算法 7.1　离散鲁棒监督哈希

输入：训练数据点的特征矩阵$\{\boldsymbol{X}^{(1)},\boldsymbol{X}^{(2)}\}$，类标签矩阵 $\boldsymbol{Y}$ 和哈希码的长度 K。

1：随机初始化哈希码 $\boldsymbol{B}_1$ 和 $\boldsymbol{B}_2$，然后分别通过式(7-13)和式(7-14)初始化哈希函数 $\boldsymbol{W}_1$ 和 $\boldsymbol{W}_2$。

2：对于 $i=1$ 进行衔接，

3：通过式(7-10)修正其他值，逐步更新 $\boldsymbol{B}_1$，

4：通过式(7-11)修正其他值，逐步更新 $\boldsymbol{B}_2$，

5：通过式(7-14)修复其他有价值的内容来更新图像模态 $\boldsymbol{W}_1$ 的哈希函数，

6：通过式(7-15)修复其他有价值的内容来更新文本模态 $\boldsymbol{W}_2$ 的哈希函数，

7：结束

输出：图像和文本模态 $\boldsymbol{W}_1$、$\boldsymbol{W}_2$ 的哈希函数。

7.3 实验结果及分析

本节进行了一组实验来展示 DRSH 的有效性，所有实验均在具有 128GB 内存和 Intel(R)Xeon(R)CPU E5-2650 v2@2.6GHz 的服务器上进行。

7.3.1 实验数据集

本实验使用三个公共数据集来评估 DRSH 的有效性。

(1) WiKi 数据集：该数据集是从 Wikipedia 下载的，包含 2866 个成对数据点以及 10 个提供的唯一类标签。每个图像由 128 维的 BOW 特征描述，每个文本由 10 维的主题向量描述。借鉴一些成功实验的设置，随机选择 75%的数据点作为训练集，其余的作为查询集[73-75,77,78,85]。

(2) Mirflickr25K：该数据集是从 Flickr 下载的，包含 25 000 张带有关联标签的图像。每个数据点都用来自 24 个语义概念的一个或多个标签进行注释。每个图像由 150 维边缘直方图描述符描述，每个文本由 500 维 BOW 特征描述。随机选择 75%的数据点来生成训练集，其余的作为查询集。

(3) NUS-WIDE：该数据集是从 Flickr 下载的，包含 186 577 个成对数据点，可分为 10 类，随机取出 99%的数据集生成训练集，其余的作为查询集。

为了减少训练时间，为 Mirflickr25K 和 NUS-WIDE 数据集随机选择 5000 个数据点来训练哈希函数，由学习到的哈希函数生成所有数据点的哈希码[73]。

7.3.2 基准算法和实施细节

将 DRSH 与八种现有的跨模式哈希算法进行比较，包括监督模型 PDH、SCM 和 DSAH，无监督模型 CVH、IMH、CMFH、LSSH 和 FSH。对于 SCM，笔者提出了两种最佳方法：顺序学习方法和正交投影学习方法，在实验中分别用 SCM-S 和 SCM-O 表示。

DRSH 的参数是通过交叉验证程序设置的。在本实验中，设置 $\lambda=1$、$\beta_1=10$、$\beta_2=10$ 且 $\mu=0.1$。

采用平均精度(mAP)、精度召回率(PR)和 Top-K 精度来评估 DRSH 的有效性。

7.3.3　实验结果及分析

表 7.1 展示了不同方法在具有不同代码长度(即 16 位、32 位、64 位和 96 位)的三个数据集上的 mAP 分数。可以看出：

(1) DRSH 在 WiKi 和 Mirflickr25K 数据集上的性能显著优于基线方法,并且在大多数情况下在 NUS-WIDE 数据集上的性能最好。当使用文本来检索 32 位码长的图像时,它甚至可以在 WiKi 数据集上达到高达 14%的改进。这可以归因于鲁棒相似矩阵学习,$l_{2,1}$ 范数施加于哈希函数,以及离散优化算法。

(2) 当码长较小,即 16 位和 32 位时,DRSH 可以获得令人满意的结果。其原因是鲁棒相似矩阵使哈希码更具鉴别性。即使在代码长度较小的情况下,训练数据点之间的相似性也可以很好地保留下来。

(3) 所有方法的文本到图像任务的 mAP 得分都高于图像到文本任务。可能的原因是一些图像与相应的文本没有密切的关系。因此,很难为图像查询搜索语义上相似的文本。

为了进一步验证该方法的有效性,分别在 Top-K 精度曲线和 PR 曲线下对其进行了评价。代码长度为 32 位的 PR 曲线如图 7.2 所示。从这些数字中,可以得出两个观察结果。首先,在 WiKi 和 Mirflickr25K 数据集上,DRSH 的精度优于所有基线方法。其次,对于 NUS-WIDE 数据集,DRSH 在图像-查询-文本任务上取得了最好的检索性能,在文本-查询-图像任务上取得了相当的检索性能。这与 mAP 结果一致,证明了 DRSH 的有效性。码长为 32 位的 Top-K 曲线如图 7.3 所示。从这些图中可以看出,在大多数情况下,特别是在查全率较低的情况下,DRSH 的精度比所有基线方法都具有更好的检索性能。这一现象对于实际应用中的搜索引擎来说非常重要,因为用户在现实中总是更关注那些排在返回列表前面的数据点,这也表明了本章所提出的算法的有效性。综上所述,上述结果明确地验证了其优越性。

表 7.1　WiKi、Mirflickr25K 和 NUS-WIDE 数据集上的 mAP 分数比较

任务	算法	WiKi				Mirflickr25K				NUS-WIDE			
		16	32	64	96	16	32	64	96	16	32	64	96
图像检索文本	PDH	0.1922	0.1986	0.2035	0.2077	0.6172	0.6207	0.6246	0.6221	0.4111	0.4373	0.4276	0.4318
	CVH	0.1941	0.1766	0.1725	0.1688	0.6044	0.6016	0.5918	0.5805	0.4044	0.3996	0.3943	0.3822
	IMH	0.1837	0.1902	0.1717	0.1703	0.6061	0.6150	0.6170	0.6080	0.4122	0.4080	0.3874	0.4856
	CMFH	0.1954	0.1998	0.2060	0.2184	0.5874	0.6145	0.6151	0.6250	0.3841	0.3915	0.3972	0.4026
	LSSH	0.2204	0.2211	0.2269	0.2303	0.6157	0.6216	0.6375	0.6485	0.4824	0.5025	0.5107	0.5133
	SCM-O	0.1982	0.1914	0.1905	0.1851	0.6148	0.6127	0.6092	0.6037	0.3738	0.3691	0.3581	0.3575
	SCM-S	0.2312	0.2423	0.2561	0.2580	0.6206	0.6380	0.6411	0.6507	0.3669	0.3713	0.3686	0.3799
	FSH	0.2161	0.2220	0.2264	0.2271	0.5642	0.5572	0.5951	0.5929	0.3741	0.3790	0.3954	0.3976
	DSAH	0.2107	0.2474	0.2482	0.2501	0.6168	0.6234	0.6271	0.6310	0.4155	0.4107	0.4109	0.4126
	DRSH	**0.2315**	**0.2539**	**0.2688**	**0.2703**	**0.6718**	**0.6785**	**0.6843**	**0.6918**	**0.5188**	**0.5282**	**0.5316**	**0.5371**
文本检索图像	PDH	0.2326	0.2538	0.2425	0.2617	0.6357	0.6395	0.6493	0.6581	0.4867	0.4606	0.4811	0.4719
	CVH	0.2567	0.2336	0.2291	0.2079	0.6287	0.6251	0.6156	0.6068	0.5291	0.5252	0.5194	0.4822
	IMH	0.2472	0.2471	0.2312	0.2240	0.6136	0.6271	0.6247	0.6122	0.4753	0.4662	0.4685	0.5349
	CMFH	0.5666	0.5817	0.5943	0.6072	0.6348	0.6429	0.6435	0.6467	0.3937	0.3983	0.4055	0.4089
	LSSH	0.5084	0.5231	0.5400	0.5682	0.6314	0.6453	0.6541	0.6604	0.5411	0.5754	**0.6033**	**0.6109**
	SCM-O	0.2629	0.2891	0.2897	0.3535	0.6132	0.6354	0.6408	0.6480	0.3552	0.3771	0.3788	0.3787
	SCM-S	0.4891	0.5180	0.5212	0.5386	0.6270	0.6463	0.6542	0.6618	0.3738	0.3798	0.3925	0.3978
	FSH	0.4929	0.5148	0.5200	0.5473	0.5563	0.5771	0.5819	0.5944	0.4055	0.4118	0.4236	0.4150
	DSAH	0.3574	0.3688	0.3758	0.4011	0.6408	0.6444	0.6592	0.6633	0.4674	0.4623	0.4459	0.4594
	DRSH	0.6258	**0.6657**	**0.6691**	**0.6781**	**0.6813**	**0.6953**	**0.6977**	**0.7045**	**0.5781**	**0.5850**	0.5940	0.5977

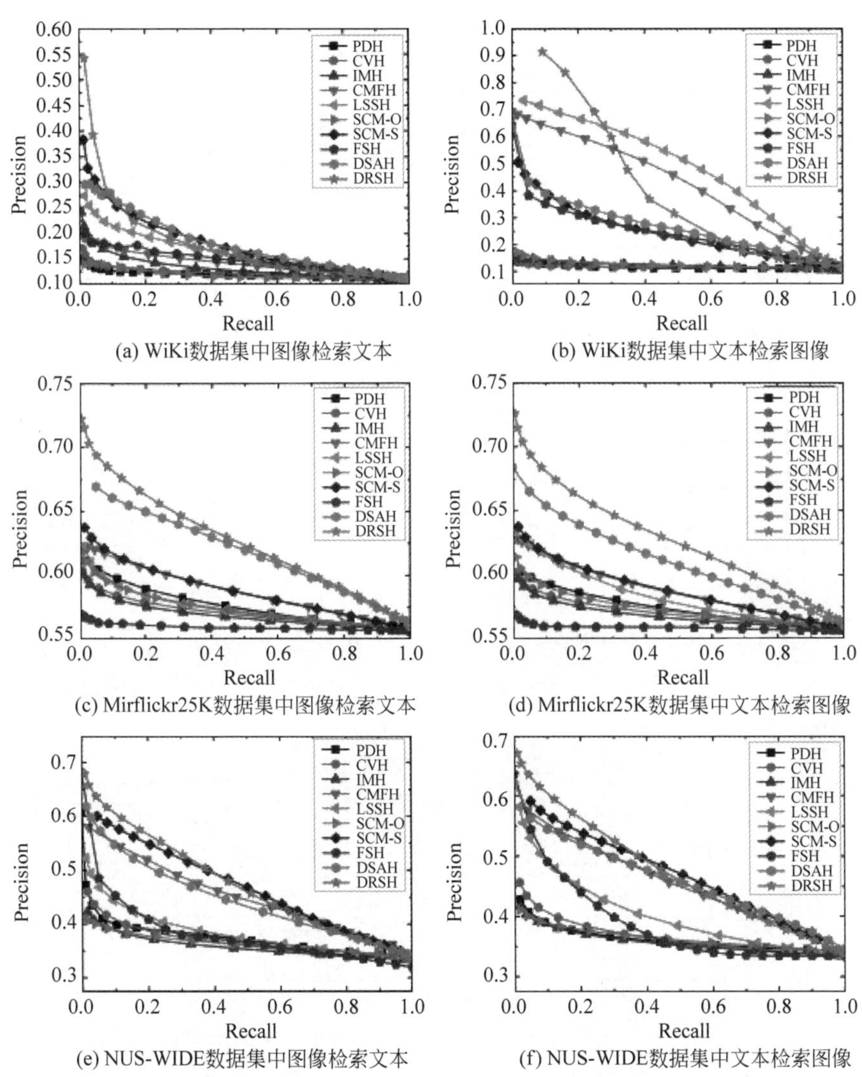

(a) WiKi数据集中图像检索文本　(b) WiKi数据集中文本检索图像

(c) Mirflickr25K数据集中图像检索文本　(d) Mirflickr25K数据集中文本检索图像

(e) NUS-WIDE数据集中图像检索文本　(f) NUS-WIDE数据集中文本检索图像

图 7.2　三个数据集上 32 位哈希码 DRSH 和基线方法的 PR 曲线

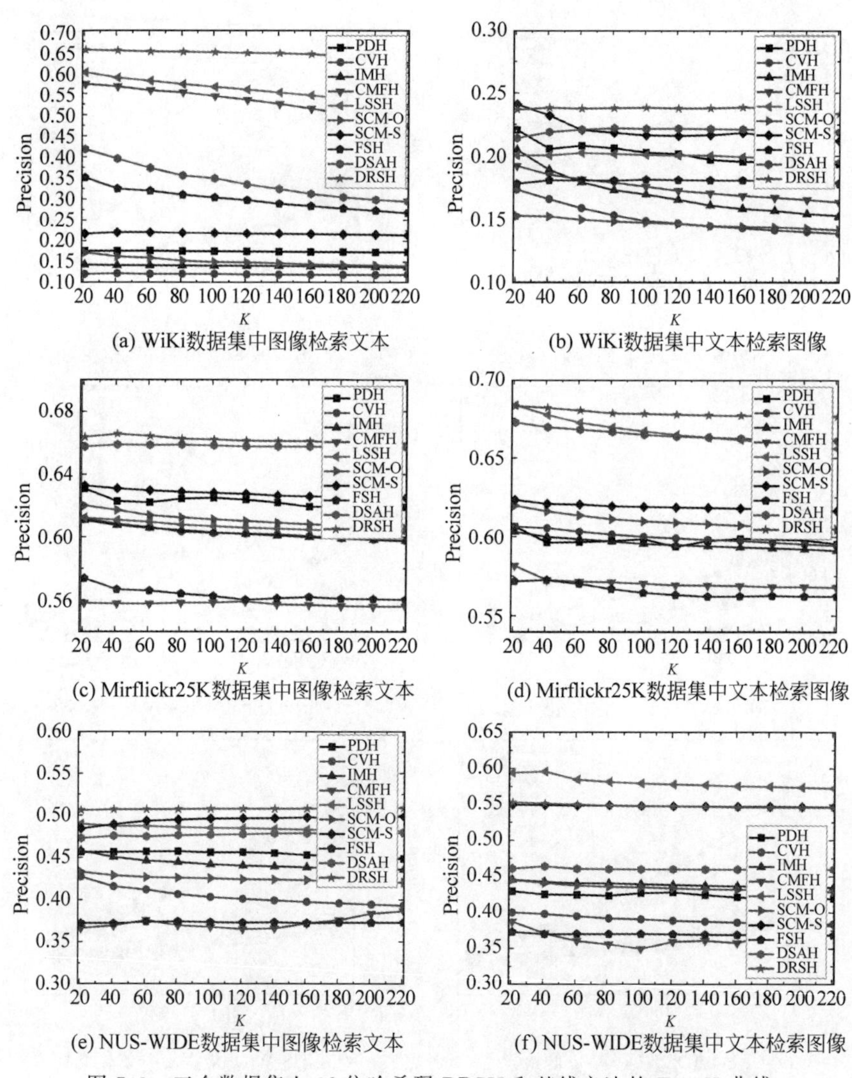

(a) WiKi数据集中图像检索文本

(b) WiKi数据集中文本检索图像

(c) Mirflickr25K数据集中图像检索文本

(d) Mirflickr25K数据集中文本检索图像

(e) NUS-WIDE数据集中图像检索文本

(f) NUS-WIDE数据集中文本检索图像

图 7.3 三个数据集上 32 位哈希码 DRSH 和基线方法的 Top-K 曲线

7.4　本章小结

本章提出了一种离散鲁棒监督哈希算法。首先从语义标签和特征中构造出一个鲁棒的成对相似度矩阵。其次利用学习到的鲁棒相似度矩阵来学习哈希码。此外，进一步对哈希函数进行了 $l_{2,1}$ 范数正则化，以学习更多地区别哈希码。最后，提出了一种逐位直接生成哈希码的离散最优算法。在三个公共数据集上的实验结果证明了 DRSH 算法的优越性。

第8章

具有语义一致性的快速离散跨模态哈希算法

监督式跨模态哈希的现有方法存在以下一些问题。第一，它们大多只利用成对相似性矩阵来学习哈希码，这可能导致类别信息的丢失。第二，成对相似性矩阵通常导致高计算复杂度和内存成本。第三，大多数方法在优化过程中放松了离散约束，这通常导致累积量化误差较大，从而产生劣质的哈希码。为了解决上述问题，本章提出了一种名为快速离散跨模态哈希(fast discrete cross-modal hashing，FDCH)的算法。

本章首先在引言部分介绍算法的研究背景和动机，然后详细论述本章提出的快速离散跨模态哈希算法，最后在三个公开数据集上与对比算法进行比较的结果证明了该算法的有效性和高效性。

8.1 引言

在过去的几十年中，互联网上产生了大量的多媒体数据实例。这些实例通常由高维向量表示，传统的方法难以进行最近邻检索。哈希算法将高维特征向量映射到低维哈希码，被认为是促进大规模应用的有效工具，因为它在计算和存储方面具有高效性。因此，许多哈希算法已经被提出来解决大规模检索问题。它们的目标通常是通过最小化相似实例的汉明距离和最大化不相似实例的汉明距离来学习哈希码，然后可以通过异或操作在汉明空间中高效地计算实例之间的相似性。然而，大多数哈希算法只针对单模态数据设计，不能直接应用于多模态实例。这限制了它们在处理多模态数据时的应用。

在互联网上，多媒体数据通常有不同的来源，例如，包含文本、图像和视频的网页。尽管这些实例由不同的模态表示，但它们可能包含相同的语义概念。因此，当用户向搜索引擎提交查询时，最好返回具有不同模态的相似实例，这些实例可以提供查询的互补信息。然而，由于异构性差异，异构数据之间的相似性无法直接衡量。跨模态检索的关键挑战是学习一个共享空间，以便可以衡量异构数据之间的相似性。为了应对这一挑战，已经设计了许多用于跨模态检索任务的方法。然而，这些方法面临的一个主要挑战是无法高效处理大规模的多媒体检索。

最近，跨模态哈希引起了越来越多学者的关注，它将异构实例投影到共享的汉明空间中，具有内存成本和计算效率高的优点。因此，近年来已经有几种跨模态哈希算法被提出，根据训练过程中是否使用类别标签，这些算法可以被分为无监督算法和有监督算法。无监督算法通常通过保持数据本身的相似性，将异构数据编码为同质哈希码。由于原始特征通常缺乏语义信息，这些算法通常无法获得令人满意的检索准确性。相比之下，有监督算法通常通过保持类别标签中的语义相似性来学习同质哈希码。类别标签包含高级语义概念，可以增强哈希码的区分能力。因此，有监督算法通常比无监督算法获得更高的检索准确性。

一些有监督算法依赖成对相似性矩阵来指导哈希码的学习过程，取得了具有很强竞争力的性能。然而，它们通常存在以下限制：

(1) $n \times n$ 的相似性矩阵通常导致高时间复杂度和内存成本，使得它们无法适应大规模数据集。

(2) 成对相似性矩阵可能导致语义信息的丢失，从而得到较少具有区分性的哈希码。

(3) 大多数方法首先放松离散约束，然后通过阈值操作生成哈希码。然而，阈值操作通常会导致较大的量化误差和相应的不太有效的哈希码。

(4) 大多数离散哈希算法逐位学习哈希码，这通常使得训练阶段耗时较长。

本章提出了一种新颖的跨模态哈希算法，称为快速离散跨模态哈希算法。具体而言，该算法将成对相似性和基于类别标签的一致性结合起来学习哈希码，因此可以很好地保持哈希码中的语义一致性。为了避免具有挑战性的对称矩阵分解问题，设计了一个非对称的哈希码学习模型。最后，设计了一种有效且快速的优化算法，直接学习离散的哈希码，每个变量都有一个闭合解。

8.2 快速离散跨模态哈希

本节中将介绍快速离散跨模态哈希的详细信息。为了简化讨论，这里将 FDCH 的讨论限制在双模态情况下，即图像和文本模态，这是现实世界中最常见的情况。此外，该算法也可以轻松扩展到多于两个模态或其他模态的情况。FDCH 包括四个组成部分，分别是符号表示、问题建模、优化算法和计算复杂度分析，将分别在 8.2.1 节至 8.2.4 节进行描述。

8.2.1 符号说明与问题定义

假设存在 n 个实例 $o=\{\boldsymbol{o}_1,\boldsymbol{o}_2,\boldsymbol{o}_3,\cdots,\boldsymbol{o}_n\}$，其中 $\boldsymbol{o}_i=\{\boldsymbol{x}_i^{(1)},\boldsymbol{x}_i^{(2)}\}$，$\boldsymbol{x}_i^{(m)}$ 表示第 m 个模态中的第 i 个实例。$X^{(1)}=\{\boldsymbol{x}_1^{(1)},\boldsymbol{x}_2^{(1)},\boldsymbol{x}_3^{(1)},\cdots,\boldsymbol{x}_n^{(1)}\}\in R^{d_1\times n}$ 表示图像模态的实例集合，$X^{(2)}=\{\boldsymbol{x}_1^{(2)},\boldsymbol{x}_2^{(2)},\boldsymbol{x}_3^{(2)},\cdots,\boldsymbol{x}_n^{(2)}\}\in R^{d_2\times n}$ 表示文本模态的实例集合，其中 d_1 和 d_2 分别是它们的维度（通常 $d_1\neq d_2$）。$Y=\{\boldsymbol{y}_1,\boldsymbol{y}_2,\boldsymbol{y}_3,\cdots,\boldsymbol{y}_n\}\in\{0,1\}^{c\times n}$ 是类标签矩阵，其中，c 表示总类别数，$y_{ij}=1$ 表示 $\boldsymbol{x}_j$ 属于第 i 个类别，否则为 0。学习到的哈希码表示 $\boldsymbol{B}=\{\boldsymbol{b}_1,\boldsymbol{b}_2,\boldsymbol{b}_3,\cdots,\boldsymbol{b}_n\}\in\{-1,1\}^{k\times n}$，其中，$k$ 表示哈希码的长度。

为了方便进行跨模态检索任务，FDCH 从成对相似性矩阵中学习哈希码。在大多数先前的工作中，成对相似性矩阵被定义为 $\boldsymbol{B}\in\{-1,1\}^{n\times n}$，其中 $S_{ij}=1$ 表示 $\boldsymbol{o}_i$ 和 $\boldsymbol{o}_j$ 在语义上相似，否则为 -1。本章为了更好地衡量类别标签之间的相似性，FDCH 利用余弦相似度构建成对相似性矩阵。首先定义 $\boldsymbol{o}_i$ 和 $\boldsymbol{o}_j$ 之间的相似性为

$$\widetilde{\boldsymbol{S}}=\frac{\sum_{p=1}^{c}y_{ip}y_{jp}}{\sqrt{\sum_{p=1}^{c}y_{ip}}\sqrt{\sum_{p=1}^{c}y_{jp}}} \tag{8-1}$$

其中，y_{ip} 表示类别标签向量 $\boldsymbol{y}_i$ 中的第 p 个元素。为了简化起见，定义 $\tilde{y}_{ip}=\frac{y_{ip}}{\sqrt{\sum_{p=1}^{c}y_{ip}}}$，$\widetilde{\boldsymbol{S}}=\widetilde{\boldsymbol{Y}}^{\mathrm{T}}\widetilde{\boldsymbol{Y}}$。因此，成对相似性矩阵可以定义为

$$\boldsymbol{S}=2\widetilde{\boldsymbol{S}}-\boldsymbol{1}_{nn}=2\widetilde{\boldsymbol{Y}}^{\mathrm{T}}\widetilde{\boldsymbol{Y}}-\boldsymbol{1}_{nn} \tag{8-2}$$

其中，$\boldsymbol{I}_{nn} \in \{1\}^{n \times n}$。在8.2.3节中，将使用式(8-2)使训练时间和内存成本从$O(n^2)$降到$O(n)$。

由于异构数据中的语义关系往往很复杂，通过线性哈希函数很难在哈希码中保留这些关系。然而，核方法可以更好地捕捉训练实例的非线性结构，因此在多媒体检索领域广泛应用。因此，本章采用RBF核方法将异构数据投影到非线性空间。具体而言，随机选择q个实例作为锚点，表示为$\boldsymbol{a}=[\boldsymbol{a}_1,\boldsymbol{a}_2,\cdots,\boldsymbol{a}_q]$。然后每个实例的核化特征可以用$\phi(\boldsymbol{x}_i^{(m)})$表示，其中，$\phi(\boldsymbol{x}_i^{(m)})=\left[\exp\left(-\frac{\|\boldsymbol{x}_i^{(m)}-\boldsymbol{a}_1\|^2}{2\sigma_m^2}\right),\exp\left(-\frac{\|\boldsymbol{x}_i^{(m)}-\boldsymbol{a}_2\|^2}{2\sigma_m^2}\right)\cdots,\exp\left(-\frac{\|\boldsymbol{x}_i^{(m)}-\boldsymbol{a}_q\|^2}{2\sigma_m^2}\right)\right]$，其中，$\sigma_m$是第$m$个模态的可调参数，$\|\cdot\|$表示$L_2$范数，在本章中，$q$被设置为500。

在多模态学习中，保持哈希码的语义一致性是至关重要的。众所周知，与相似语义主题相关的实例应具有相似的哈希码。许多监督哈希方法的目标是保持学习到的哈希码之间的成对相似性，并取得了良好的性能。这些方法的常见形式是利用哈希码的内积来近似成对相似性。因此，目标函数可以定义为

$$\arg\min_{\boldsymbol{B}}\|k\boldsymbol{S}-\boldsymbol{B}^{\mathrm{T}}\boldsymbol{B}\|_F^2 \tag{8-3}$$
$$\text{s.t.}\ \boldsymbol{B}\in\{-1,1\}^{k\times n},\quad \boldsymbol{B}\boldsymbol{B}^{\mathrm{T}}=n\boldsymbol{I}_k$$

其中，$\|\cdot\|_F^2$表示Frobenius范数，$\boldsymbol{I}_k$表示大小为$k\times k$的单位矩阵。约束条件$\boldsymbol{B}\boldsymbol{B}^{\mathrm{T}}=n\boldsymbol{I}_k$令哈希码的位之间不相关，确保了哈希码的每个位都是相互独立的。

然而，解决对称矩阵分解问题本身就非常具有挑战性，更不用说快速离散地解决它了。大多数现有的方法放宽了哈希码的离散约束，然后采用顺序学习模型获得连续解。此外，这些方法的计算复杂度和内存成本都非常高，使它们无法扩展到大规模数据集。为了解决上述问题，本章提出了一种通过将类标签转换为哈希码来学习非对称哈希码的模型。具体而言，通过潜在语义空间$\boldsymbol{U}\in\boldsymbol{R}^{k\times c}$对$\boldsymbol{B}$施加标签一致性约束。这个约束确保具有相同类标签的实例具有相同的哈希码。为了达到这个目的，采用了以下方法：

$$\arg\min_{\boldsymbol{B},\boldsymbol{U}}\alpha\|\boldsymbol{B}-\boldsymbol{U}\boldsymbol{Y}\|_F^2 \tag{8-4}$$
$$\text{s.t.}\ \boldsymbol{B}\in\{-1,1\}^{k\times n},\quad \boldsymbol{B}\boldsymbol{B}^{\mathrm{T}}=n\boldsymbol{I}_k$$

其中，α是一个惩罚参数，$\mathrm{Reg}(\cdot)=\|\cdot\|_F^2$表示正则化项，用于降低过拟合

的风险。

然后，用实值标签嵌入替换 $\boldsymbol{B}$ 中的一个部分，并在优化过程中保持其一致性，即

$$\arg\min_{\boldsymbol{B},\boldsymbol{U}}\|k\boldsymbol{S}-\boldsymbol{B}^{\mathrm{T}}\boldsymbol{U}\boldsymbol{Y}\|_F^2+\alpha\|\boldsymbol{B}-\boldsymbol{U}\boldsymbol{Y}\|_F^2 \tag{8-5}$$

$$\text{s.t.}\ \boldsymbol{B}\in\{-1,1\}^{k\times n},\quad \boldsymbol{B}\boldsymbol{B}^{\mathrm{T}}=n\boldsymbol{I}_k$$

显然，这种具有挑战性的对称矩阵分解问题可以避免。

此外，对于每种模态，FDCH 旨在学习一组哈希函数，将异构数据映射到共享的汉明空间中，以解决样本外问题。在本章中，第 m 个模态的哈希函数表示为

$$h^{(m)}(\phi(\boldsymbol{x}_i^{(m)}))=\mathrm{sgn}(\boldsymbol{W}_m\phi(\boldsymbol{x}_i^{(m)})) \tag{8-6}$$

其中，sgn(·)表示逐元素的符号函数，$\boldsymbol{W}_m$ 是一个线性投影矩阵。然后，可以通过最小化以下目标函数来学习 $\boldsymbol{W}_m$：

$$\arg\min_{\boldsymbol{B},\boldsymbol{W}_1,\boldsymbol{W}_2}\sum_{m=1}^{2}\beta_m\|\boldsymbol{B}-\boldsymbol{W}_m\|_F^2+\mu\mathrm{Reg}(\boldsymbol{W}_1,\boldsymbol{W}_2) \tag{8-7}$$

$$\text{s.t.}\ \boldsymbol{B}\in\{-1,1\}^{k\times n},\quad \boldsymbol{B}\boldsymbol{B}^{\mathrm{T}}=n\boldsymbol{I}_k$$

其中，β_m 和 μ 是惩罚参数，$\mathrm{Reg}(\boldsymbol{W}_1,\boldsymbol{W}_2)=\|\boldsymbol{W}_1\|_F^2+\|\boldsymbol{W}_2\|_F^2$ 表示正则化项。

为了提高哈希函数的质量，用实值标签嵌入替换了离散的 $\boldsymbol{B}$，可以得到以下结果：

$$\arg\min_{\boldsymbol{B},\boldsymbol{W}_1,\boldsymbol{W}_2}\sum_{m=1}^{2}\beta_m\|\boldsymbol{U}\boldsymbol{Y}-\boldsymbol{W}_m\phi(\boldsymbol{X}^{(m)})\|_F^2+\mu\mathrm{Reg}(\boldsymbol{W}_1,\boldsymbol{W}_2) \tag{8-8}$$

通过整合式(8-5)和式(8-8)，可以得到：

$$\begin{gathered}\arg\min_{\boldsymbol{B},\boldsymbol{U},\boldsymbol{W}_1,\boldsymbol{W}_2}\|k\boldsymbol{S}-\boldsymbol{B}^{\mathrm{T}}\boldsymbol{U}\boldsymbol{Y}\|_F^2+\alpha\|\boldsymbol{B}-\boldsymbol{U}\boldsymbol{Y}\|_F^2+\\ \sum_{m=1}^{2}\beta_m\|\boldsymbol{U}\boldsymbol{Y}-\boldsymbol{W}_m\phi(\boldsymbol{X}^{(m)})\|_F^2+\mu\mathrm{Reg}(\boldsymbol{W}_1,\boldsymbol{W}_2)\end{gathered} \tag{8-9}$$

$$\text{s.t.}\ \boldsymbol{B}\in\{-1,1\}^{k\times n},\quad \boldsymbol{B}\boldsymbol{B}^{\mathrm{T}}=n\boldsymbol{I}_k$$

由于 $\boldsymbol{B}$ 的硬约束条件，解决式(8-9)是具有挑战性的。为了解决这个问题，将硬约束条件放宽，得到：

$$\begin{gathered}\arg\min_{\boldsymbol{B},\boldsymbol{U},\boldsymbol{W}_1,\boldsymbol{W}_2}\|k\boldsymbol{S}-\boldsymbol{B}^{\mathrm{T}}\boldsymbol{U}\boldsymbol{Y}\|_F^2+\alpha\|\boldsymbol{B}-\boldsymbol{U}\boldsymbol{Y}\|_F^2+\\ \sum_{m=1}^{2}\beta_m\|\boldsymbol{U}\boldsymbol{Y}-\boldsymbol{W}_m\phi(\boldsymbol{X}^{(m)})\|_F^2+\mu\mathrm{Reg}(\boldsymbol{W}_1,\boldsymbol{W}_2)\end{gathered} \tag{8-10}$$

$$\text{s.t.}\ \boldsymbol{B}\in\{-1,1\}^{k\times n},\quad \boldsymbol{UYY}^{\mathrm{T}}\boldsymbol{U}^{\mathrm{T}}=n\boldsymbol{I}_k$$

由于对成对相似度矩阵和类别标签进行了融合以学习哈希码，因此它们中的语义一致性可以更好地得到保留。因此，在检索任务中，所学习的哈希码更加精确。

8.2.2 优化算法

式(8-10)中有四个变量，因此它是非凸的，很难求解。在这里，提出了一个四步优化算法来处理这个问题，其详细步骤如下。

(1) 通过固定其他变量来更新 $\boldsymbol{W}_1$。

通过舍弃与 $\boldsymbol{W}_1$ 无关的项，这个问题可以被写为

$$\arg\min_{\boldsymbol{W}_1}\beta_1\|\boldsymbol{UY}-\boldsymbol{W}_1\varphi(\boldsymbol{X}^{(1)})\|_F^2+\mu\|\boldsymbol{W}_1\|_F^2 \tag{8-11}$$

显然，这个问题是一个带有正则化项的最小二乘问题，可以很容易地求解。通常，可以通过令式(8-11)关于 $\boldsymbol{W}_1$ 的导数等于零来求解：

$$\boldsymbol{W}_1\phi(\boldsymbol{X}^{(1)})\phi(\boldsymbol{X}^{(1)})^{\mathrm{T}}-\boldsymbol{UY}\phi(\boldsymbol{X}^{(1)})^{\mathrm{T}}+\frac{\mu}{\beta_1}\boldsymbol{W}_1=0 \tag{8-12}$$

然后可以得到：

$$\boldsymbol{W}_1=\boldsymbol{UY}\phi(\boldsymbol{X}^{(1)})^{\mathrm{T}}\left(\phi(\boldsymbol{X}^{(1)})\phi(\boldsymbol{X}^{(1)})^{\mathrm{T}}+\frac{\mu}{\beta_1}\boldsymbol{I}_q\right)^{-1} \tag{8-13}$$

需要注意的是，$\boldsymbol{Y}\phi(\boldsymbol{X}^{(1)})^{\mathrm{T}}\left(\phi(\boldsymbol{X}^{(1)})\phi(\boldsymbol{X}^{(1)})^{\mathrm{T}}+\frac{\mu}{\beta_1}\boldsymbol{I}_q\right)^{-1}$ 是一个常数项，可以在迭代优化过程之前预先计算一次。

(2) 通过固定其他变量来更新 $\boldsymbol{W}_2$。

为了解出 $\boldsymbol{W}_2$，有：

$$\boldsymbol{W}_2=\boldsymbol{UY}\varphi(\boldsymbol{X}^{(2)})^{\mathrm{T}}\left(\varphi(\boldsymbol{X}^{(2)})\varphi(\boldsymbol{X}^{(2)})^{\mathrm{T}}+\frac{\mu}{\beta_2}\boldsymbol{I}_q\right)^{-1} \tag{8-14}$$

同样地，$\boldsymbol{Y}\phi(\boldsymbol{X}^{(2)})^{\mathrm{T}}\left(\phi(\boldsymbol{X}^{(2)})\phi(\boldsymbol{X}^{(2)})^{\mathrm{T}}+\frac{\mu}{\beta_2}\boldsymbol{I}_q\right)^{-1}$ 也可以在迭代优化过程之前预先计算。

(3) 通过固定其他变量来更新 $\boldsymbol{B}$。

通过舍弃与 $\boldsymbol{B}$ 无关的项，可以将此问题写成以下形式：

$$\arg\min_{\boldsymbol{B}}\mathrm{tr}(\boldsymbol{B}^{\mathrm{T}}\boldsymbol{UY}^{\mathrm{T}}\boldsymbol{U}^{\mathrm{T}}\boldsymbol{B})-2\mathrm{tr}(k\boldsymbol{B}^{\mathrm{T}}\boldsymbol{UYS}^{\mathrm{T}})+$$
$$\alpha\,\mathrm{tr}(\boldsymbol{B}^{\mathrm{T}}\boldsymbol{B})-2\alpha\,\mathrm{tr}(\boldsymbol{B}^{\mathrm{T}}\boldsymbol{UY}) \tag{8-15}$$

$$\text{s.t.}\ \boldsymbol{B} \in \{-1,1\}^{k\times n},\quad \boldsymbol{UYY}^{\mathrm{T}}\boldsymbol{U}^{\mathrm{T}} = n\boldsymbol{I}_k$$

在这里，$\mathrm{tr}(\boldsymbol{B}^{\mathrm{T}}\boldsymbol{UY}^{\mathrm{T}}\boldsymbol{U}^{\mathrm{T}}\boldsymbol{B})$和 $\mathrm{tr}(\boldsymbol{B}^{\mathrm{T}}\boldsymbol{B})$都是常数，因此可以通过最小化以下目标函数来获得 $\boldsymbol{B}$ 的最优解：

$$\boldsymbol{B} = \mathrm{sgn}(k\boldsymbol{UYS}^{\mathrm{T}} + \alpha\boldsymbol{UY}) \tag{8-16}$$

然而，$\boldsymbol{YS}^{\mathrm{T}}$ 的计算复杂度和内存成本为 $O(n^2)$，在大规模应用中无法容忍。为了解决这个问题，可以用式(8-2)替换 $\boldsymbol{S}$，然后将此项转换为

$$\boldsymbol{YS}^{\mathrm{T}} = \boldsymbol{Y}(2\widetilde{\boldsymbol{Y}}^{\mathrm{T}}\widetilde{\boldsymbol{Y}} - \boldsymbol{I}_{nn}) = 2\boldsymbol{Y}\widetilde{\boldsymbol{Y}}^{\mathrm{T}}\widetilde{\boldsymbol{Y}} - \boldsymbol{YI}_{nn} \tag{8-17}$$

对于第一项 $2\boldsymbol{Y}\widetilde{\boldsymbol{Y}}^{\mathrm{T}}\widetilde{\boldsymbol{Y}}$，首先计算 $\boldsymbol{Y}\widetilde{\boldsymbol{Y}}^{\mathrm{T}}$，其大小为 $c\times c$，然后将该项的计算复杂度和内存成本降低到 $O(n)$。此外，这个项是一个常数，可以在迭代优化过程之前预先计算一次。对于第二项，由于 $\boldsymbol{I}_{nn}$ 的大小为 $n\times n$，因此其计算复杂度和内存成本也是 $O(n^2)$。然而，可以将该项替换为一个常数矩阵 $\boldsymbol{D} \in \boldsymbol{R}^{c\times n}$，其中 $\boldsymbol{D}_{ij} = \sum_{p=1}^{n}\boldsymbol{Y}_{ip}$。因此，该项的计算复杂度和内存成本也可以降到 $O(n)$。此外，该项也是一个常数，可以在迭代优化过程之前预先计算一次。

(4) 通过固定其他变量来更新 $\boldsymbol{U}$。

通过舍弃与 $\boldsymbol{U}$ 无关的项，这个问题可以写为

$$\begin{gathered}\arg\min_{\boldsymbol{U}}\|k\boldsymbol{S} - \boldsymbol{B}^{\mathrm{T}}\boldsymbol{UY}\|_F^2 + \alpha\|\boldsymbol{B} - \boldsymbol{UY}\|_F^2 + \\ \sum_{m=1}^{2}\beta_m\|\boldsymbol{UY} - \boldsymbol{W}_m\phi(\boldsymbol{X}^{(m)})\|_F^2 + \mu\mathrm{Reg}(\boldsymbol{U}) \\ \text{s.t.}\ \boldsymbol{B} \in \{-1,1\}^{k\times n},\quad \boldsymbol{UYY}^{\mathrm{T}}\boldsymbol{U}^{\mathrm{T}} = n\boldsymbol{I}_k\end{gathered} \tag{8-18}$$

已经证明，映射向量之间不一定是正交的，而不强制施加正交约束的性能在实践中可能比施加正交约束的性能更好。受此启发，建议在这一步中舍弃正交约束，将式(8-18)对 $\boldsymbol{U}$ 求导并令其等于零，得到：

$$\begin{gathered}k\boldsymbol{BSY}^{\mathrm{T}} + \boldsymbol{BB}^{\mathrm{T}}\boldsymbol{UYY}^{\mathrm{T}} - \alpha\boldsymbol{BY}^{\mathrm{T}} + \alpha\boldsymbol{UYY}^{\mathrm{T}} + \\ \sum_{m=1}^{2}\beta_m(\boldsymbol{UYY}^{\mathrm{T}} - \boldsymbol{W}_m\phi(\boldsymbol{X}^{(m)})\boldsymbol{Y}^{\mathrm{T}}) = 0\end{gathered} \tag{8-19}$$

可以得到 $\boldsymbol{U}$：

$$\begin{gathered}\boldsymbol{U} = (\boldsymbol{BB}^{\mathrm{T}} + \alpha\boldsymbol{I} + \beta_1\boldsymbol{I} + \beta_2\boldsymbol{I})^{-1}(k\boldsymbol{BSY}^{\mathrm{T}} + \alpha\boldsymbol{BY}^{\mathrm{T}} + \\ \beta_1\boldsymbol{W}_1\phi(\boldsymbol{X}^{(1)})) + \beta_2\boldsymbol{W}_2\phi(\boldsymbol{X}^{(2)})(\boldsymbol{YY}^{\mathrm{T}})^{-1}\end{gathered} \tag{8-20}$$

与步骤(3)一样，$\boldsymbol{SY}^{\mathrm{T}}$ 的计算复杂度和内存成本也可以从 $O(n^2)$降低到

$O(n)$，并且可以在迭代优化过程之前仅计算一次以提高效率。此外，$(\boldsymbol{YY}^{\mathrm{T}})^{(-1)}$项是一个常数，也可以在迭代优化过程之前仅计算一次以提高效率。这些优化措施可以显著降低算法的时间和空间复杂度，并使其在大规模数据集上更具可扩展性和实用性。

显然，由于所有子问题在每一步中对一个变量是凸的，目标函数的值将小于或等于上一步的值。因此，重复上述四个步骤将导致目标函数变为最小值。请注意，所有变量都有闭合形式的解，这比大多数现有的离散哈希算法更有效。算法 8.1 总结了 FDCH 的整个优化算法。

算法 8.1　快速离散跨模态哈希

输入：哈希码长度 k，多模态实例的特征$\{\boldsymbol{X}^{(1)},\boldsymbol{X}^{(2)}\}$及其标签 k。

1：随机选择 q 个锚点将 $\boldsymbol{X}^{(1)}$、$\boldsymbol{X}^{(2)}$ 映射到非线性空间 $\phi(\boldsymbol{X}^{(1)})$、$\phi(\boldsymbol{X}^{(2)})$。

2：通过类标签构建相似性矩阵 $\boldsymbol{S}$，并随机初始化 $\boldsymbol{W}_1$、$\boldsymbol{W}_2$、$\boldsymbol{U}$ 和 $\boldsymbol{B}$。

3：对于 i 从 1 到 $\boldsymbol{T}$ 的循环执行以下操作：

4：固定 $\boldsymbol{W}_2$、$\boldsymbol{U}$ 和 $\boldsymbol{B}$，通过式(8-13)更新 $\boldsymbol{W}_1$。

5：固定 $\boldsymbol{W}_1$、$\boldsymbol{U}$ 和 $\boldsymbol{B}$，通过式(8-14)更新 $\boldsymbol{W}_2$。

6：固定 $\boldsymbol{W}_1$、$\boldsymbol{W}_2$ 和 $\boldsymbol{U}$，通过式(8-16)更新 $\boldsymbol{B}$。

7：固定 $\boldsymbol{W}_1$、$\boldsymbol{W}_2$ 和 $\boldsymbol{B}$，通过式(8-20)更新 $\boldsymbol{U}$。

8：结束循环。

输出：投影矩阵 $\boldsymbol{W}_1$、$\boldsymbol{W}_2$ 和哈希码 $\boldsymbol{B}$。

此外，在学习两种模态的投影矩阵之后，可以通过它们各自的哈希函数获得查询的哈希码。

8.2.3　复杂度分析

在本节，详细说明提出的 FDCH 算法的计算复杂度，并证明它适用于大规模数据集。FDCH 算法的计算复杂度与迭代离散优化相关。在每次迭代中，更新 $\boldsymbol{W}_1$、$\boldsymbol{W}_2$、$\boldsymbol{U}$ 和 $\boldsymbol{B}$ 的计算复杂度分别为 $O(kcn+kqn+q^2n+q^3)$、$O(kcn+kqn+q^2n+q^3)$、$O(k^2n+k^3+2kcn+2kqn+c^2n+c^3)$ 和 $O(2kcn)$。此外，在实验中可以发现，该算法收敛速度很快，通常不超过 10 次迭代。由于码长 k、类别数目 c 和核化特征维度 q 远小于训练集大小 n，FDCH 算法的计算复杂度与训练集大小 n 呈线性关系，使其能够适用于大规模应用场景。

8.3 实验结果及分析

在本节,对三个真实数据集进行了比较实验,以评估提出的 FDCH 算法在检索准确性和效率方面与几种跨模态哈希算法的性能。所有实验都在一台工作站上进行,该工作站配备了两个 Intel Xeon CPU E5-2630 v4(2.2GHz/10 核/25MB)和 128GB 内存。

8.3.1 实验数据集

在本实验中,使用了三个公共数据集来评估提出的 FDCH 算法的有效性和效率。

(1) WiKi 数据集:该数据集总共包含 2866 个实例,这些实例是从维基百科中下载得到的。每个实例由一张图像和相应的简短文本组成,并由 10 个类别标签之一进行手动注释。图像由 4096 维的 CNN 特征向量表示,文本由 10 维的主题特征向量表示。随机选择 75%的实例作为训练集,其余的实例作为查询集。

(2) Mirflickr25K 数据集:该数据集包含了从 Flickr 上下载的 25 000 个实例。每个实例包括一张图像及其关联的标签,并由 24 个类别标签中的一个以上进行注释。在本实验中,只保留出现至少 20 次的标签,并且舍弃没有文本标签或类别标签的实例。因此,在该实验中保留了 20 015 个实例。图像由 4096 维的 CNN 特征向量表示,文本由通过对词袋向量进行 PCA 得到的 500 维特征向量表示。与 WiKi 数据集类似,随机选择 75%的实例作为训练集,其余的实例作为查询集。

(3) NUS-WIDE 数据集:只保留属于前 10 个最常见类别标签的实例(186 776 个实例)。图像被编码为 1000 维的视觉词袋特征向量,文本被编码为关键词词袋特征向量。整个数据集被划分为两部分:包含 99%实例的训练集和包含 1%实例的查询集。

对于 SMFH 算法,由于在 NUS-WIDE 数据集的所有可用训练实例上进行训练的时间太长,随机选择 10 000 个实例作为参考,用于训练哈希函数,以减少训练时间。对于其他算法,训练数据集中的所有实例都被用来训练哈希函数。此外,本章认为如果两个实例共享至少一个共同的类别标签,则它们在语义上是相似的;否则,它们在语义上是不相似的。

8.3.2　基准算法和实施细节

为了验证 FDCH 算法的有效性，将其与几种最先进的跨模态哈希算法进行比较，包括三种无监督算法 CMFH、LSSH 和 FSH，五种有监督算法 PDH、SCM-Seq、SMFH、DSAH 和 SRLCH。由于 DSAH 提出使用图像或文本模态生成哈希码，分别将其表示为 DSAHi 和 DSAHt。对于基准算法，本章使用它们的默认参数设置报告检索性能。所有实验运行 5 次以减小随机初始化的影响，并对结果进行平均。

为了进行公正的性能评估，本章采用了多媒体检索领域中的三个常用指标来评估 FDCH 方法的有效性，即平均准确率、精确率-召回率曲线和 Top-K 精确率曲线。给定一个查询和检索结果列表，平均准确率(average precision，AP)的值定义为

$$\mathrm{AP}=\frac{1}{L}\sum_{r=1}^{R}P(r)*\delta(r) \tag{8-21}$$

在上述描述中，L 表示在前 R 个检索结果中与查询语义相关的实例数量，$P(r)$表示在前 r 个检索结果中的精确率。如果第 r 个检索结果与查询语义相关，则 $\delta(r)=1$，否则 $\delta(r)=0$。mAP 通过对所有查询的 AP 值进行平均计算得到。此外，mAP@R 表示通过前 R 个检索结果计算得到的 mAP 分数。

此外，Top-K 精确率反映了在排名前 K 的检索结果中，精确率随着检索实例数量的变化而变化，而 PR 曲线则反映了精确率随着不同召回率比例的变化。这三个指标对于多媒体检索任务具有表达能力，较大的值表示更好的检索性能。

8.3.3　实验结果及分析

为编码长度设置为 16 位、24 位、32 位和 64 位时，所有比较算法在三个真实世界数据集上的 mAP@100 结果如表 8.1 所示。通过表 8.1，可以得出以下观察结果。

表 8.1 在 WiKi,Mirflickr25K 和 NUS-WIDE 数据集上的 mAP@100 分数比较

任务	算法	WiKi 数据集				Mirflickr25K 数据集				NUS-WIDE 数据集			
		16bit	24bit	32bit	64bit	16bit	24bit	32bit	64bit	16bit	24bit	32bit	64bit
图片查询文本	PDH	0.2057	0.2065	0.2170	0.2246	0.6247	0.6346	0.6421	0.6570	0.4373	0.4276	0.4318	0.4570
	SCM-Seq	0.2674	0.2710	0.2805	0.2950	0.8684	0.8710	0.8762	0.8840	0.6170	0.6346	0.6501	0.6866
	CMFH	0.2187	0.2190	0.2287	0.2403	0.6361	0.6369	0.6402	0.6497	0.5114	0.5270	0.5289	0.5403
	LSSH	0.2211	0.2269	0.2303	0.2581	0.6319	0.6432	0.6519	0.6690	0.4966	0.5046	0.5255	0.5284
	SMFH	0.2438	0.2611	0.2484	0.2669	0.6416	0.6489	0.6522	0.6599	0.3966	0.3952	0.3977	0.4052
	DSAHi	0.2951	0.3051	0.3069	0.3100	0.8516	0.8528	0.8654	0.8770	0.6453	0.6491	0.6597	0.7892
	DSAHt	0.2869	0.2821	0.3099	0.3175	0.8283	0.8378	0.8367	0.8681	0.5653	0.5544	0.5572	0.5795
	FSH	0.2440	0.2613	0.2618	0.2671	0.5539	0.5580	0.5614	0.5980	0.5279	0.5096	0.5195	0.5419
	SRLCH	0.4400	0.4510	0.4641	0.4672	0.6953	0.7603	0.8110	0.8513	0.7922	0.8154	0.8429	0.8561
	FDCH	**0.4527**	**0.4796**	**0.4849**	**0.4857**	**0.9641**	**0.9740**	**0.9761**	**0.9769**	**0.8124**	**0.8675**	**0.8770**	**0.8834**
文本查询图片	PDH	0.2326	0.2538	0.2425	0.2617	0.6357	0.6395	0.6493	0.6581	0.5232	0.5361	0.5403	0.5510
	SCM-Seq	0.6305	0.6347	0.6357	0.6354	0.8419	0.8749	0.8752	0.8803	0.5865	0.6138	0.6141	0.6309
	CMFH	0.5257	0.5181	0.5352	0.5440	0.6309	0.6381	0.6474	0.6400	0.5257	0.5370	0.5455	0.5518
	LSSH	0.5981	0.6115	0.6207	0.6169	0.7093	0.7388	0.7460	0.7593	0.6081	0.6328	0.6482	0.6507
	SMFH	0.6363	0.6514	0.6591	0.6603	0.6419	0.6478	0.6681	0.6752	0.4130	0.3929	0.4151	0.4168
	DSAHi	0.6218	0.6502	0.6613	0.6623	0.8281	0.8636	0.8669	0.8703	0.6514	0.6615	0.6630	0.6634
	DSAHt	0.5974	0.6176	0.6222	0.6239	0.8279	0.8605	0.8644	0.8726	0.5833	0.6066	0.6132	0.6207
	FSH	0.5518	0.5736	0.5907	0.5880	0.5349	0.5578	0.5603	0.5687	0.5592	0.5631	0.5704	0.5816
	SRLCH	0.6392	0.6630	0.6727	0.6706	0.7931	0.8381	0.8419	0.8782	0.8498	0.8544	0.8659	0.8715
	FDCH	**0.6845**	**0.6908**	**0.6923**	**0.6946**	**0.9315**	**0.9441**	**0.9534**	**0.9581**	**0.9140**	**0.9226**	**0.9251**	**0.9278**

(1) 对于两个检索任务,FDCH 算法在所有编码长度上在三个数据集上都取得了最好的性能,并且在某些情况下比基准算法表现更好,这充分展示了 FDCH 的有效性。具体而言,与最好的基准算法相比,对于 WiKi、Mirflickr25K 和 NUS-WIDE 上的图像-查询-文本任务,FDCH 的性能提升最高达到 7%、12%和 6%,对于文本-查询-图像任务,性能提升最高达到 4%、11%和 8%。这一显著改进验证了将成对相似性和基于类标签的语义一致性嵌入哈希码学习中,以及离散优化可以生成更具辨别性的哈希码的观点。

(2) FDCH 算法的 mAP@100 分数随着编码长度的增加而提高。原因是较长的编码长度可以在哈希码中编码更多的语义信息。

(3) 监督哈希算法通常比非监督算法表现更好,如 SCM-Seq、DSAHi、DSAHt 和 SRLCH。原因是通过监督算法学习到的哈希码包含语义信息,使它们更具辨别性。

在编码长度为 16 位的情况下,三个数据集上的 Top-K 精确率曲线如图 8.1 所示。从这个图中,可以得出以下观察结果。首先,FDCH 算法优于基准算法,这充分展示了它的优越性。其次,监督算法,例如,SCM-Seq、DSAHi、DSAHt 和 SRLCH 通常优于非监督算法,这一现象与表 8.1 中的 mAP@100 结果一致。图 8.2 绘制了在 16 位编码长度下的 Precision-Recall 曲线,对 mAP@100 和 Top-K 精确率曲线得出了类似的观察结果。FDCH 始终优于基准算法,并且在某些情况下表现更好。FDCH 的显著改进主要归因于其在学习到的哈希码中更好地保持语义一致性的能力和所提出的离散优化算法。

为了直观地展示检索结果,在 WiKi 数据集上提供了两个跨模态检索案例,分别使用了提出的 FDCH 算法和最佳对比算法 SRLCH。由于篇幅限制,这里只提供了一些文本实例的关键词或句子。对于文本查询,在图 8.3 中展示了与查询文本最接近的前 10 张图像,红色框表示错误的图像,绿色框表示正确的图像。可以观察到,FDCH 返回的图像与查询文本在语义上更相关,而 SRLCH 返回的图像则不太相关。同样地,对于图像查询,图 8.4 中展示了与查询图像最接近的前 10 个文本,红色框表示错误的图像,绿色框表示正确的图像。可以看到,FDCH 检索到的所有文本与查询图像在语义上相关,而 SRLCH 中的第九个文本与查询图像语义不相关。以上结果表明,FDCH 算法学到的哈希码能更好地保持语义一致性。具体而言,FDCH 在哈希码中保持了基于成对相似度和类别标签的语义一致性,而 SRLCH 只保

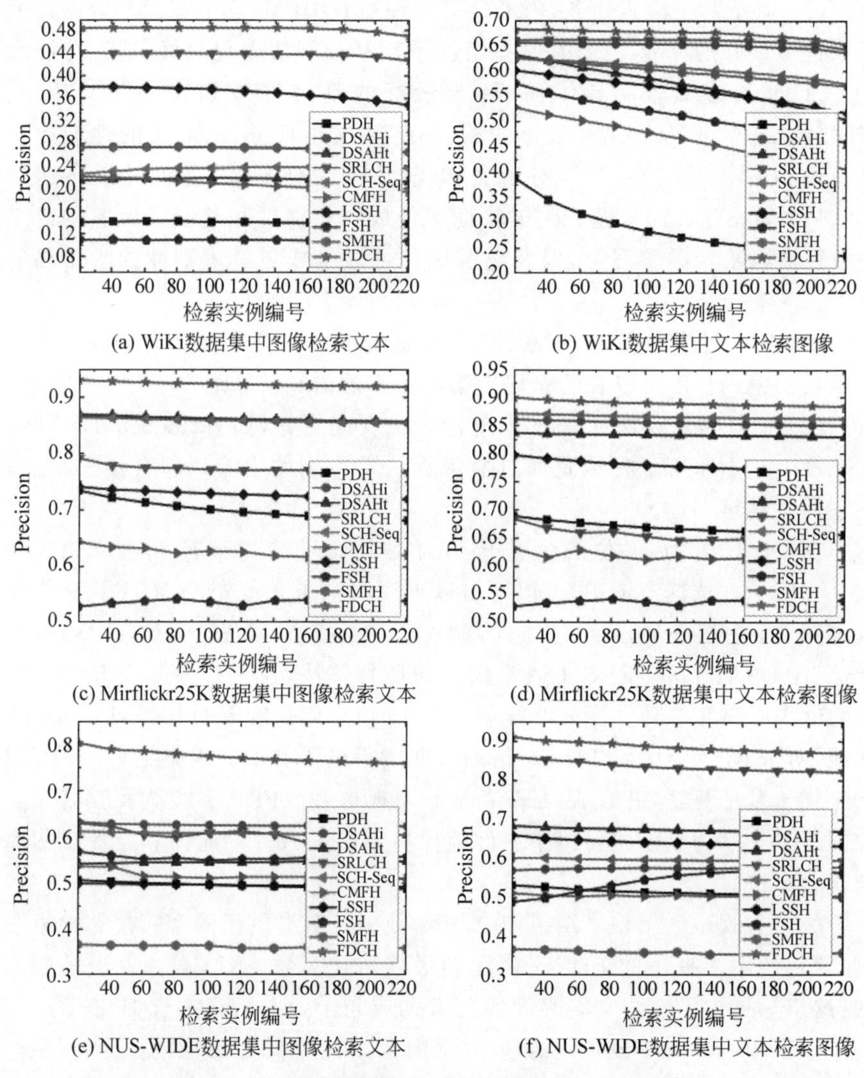

图 8.1 16 位编码长度下 FDCH 算法的 Top-*K* 曲线

持了基于类别标签的语义一致性。

1. 放弃正交约束的影响效果

为了验证实验中放弃正交约束的有效性，本节设计了一个保留正交约束的优化算法，称为 FDCH-Orth。与参考文献[191]类似，可以得到 $\boldsymbol{U}=\boldsymbol{C}\boldsymbol{Y}^{\mathrm{T}}(\boldsymbol{Y}\boldsymbol{Y}^{\mathrm{T}}+\mu\boldsymbol{I}_c)^{-1}$，其中，$\boldsymbol{C}=\sqrt{n}\boldsymbol{Q}\boldsymbol{A}^{\mathrm{T}}$，$\boldsymbol{A}=\boldsymbol{J}\boldsymbol{M}^{\mathrm{T}}\boldsymbol{Q}\boldsymbol{\Lambda}^{-1}\in\boldsymbol{R}^{n\times k}$，$\boldsymbol{J}=\boldsymbol{I}_n-\frac{1}{n}\boldsymbol{1}\boldsymbol{1}^{\mathrm{T}}$

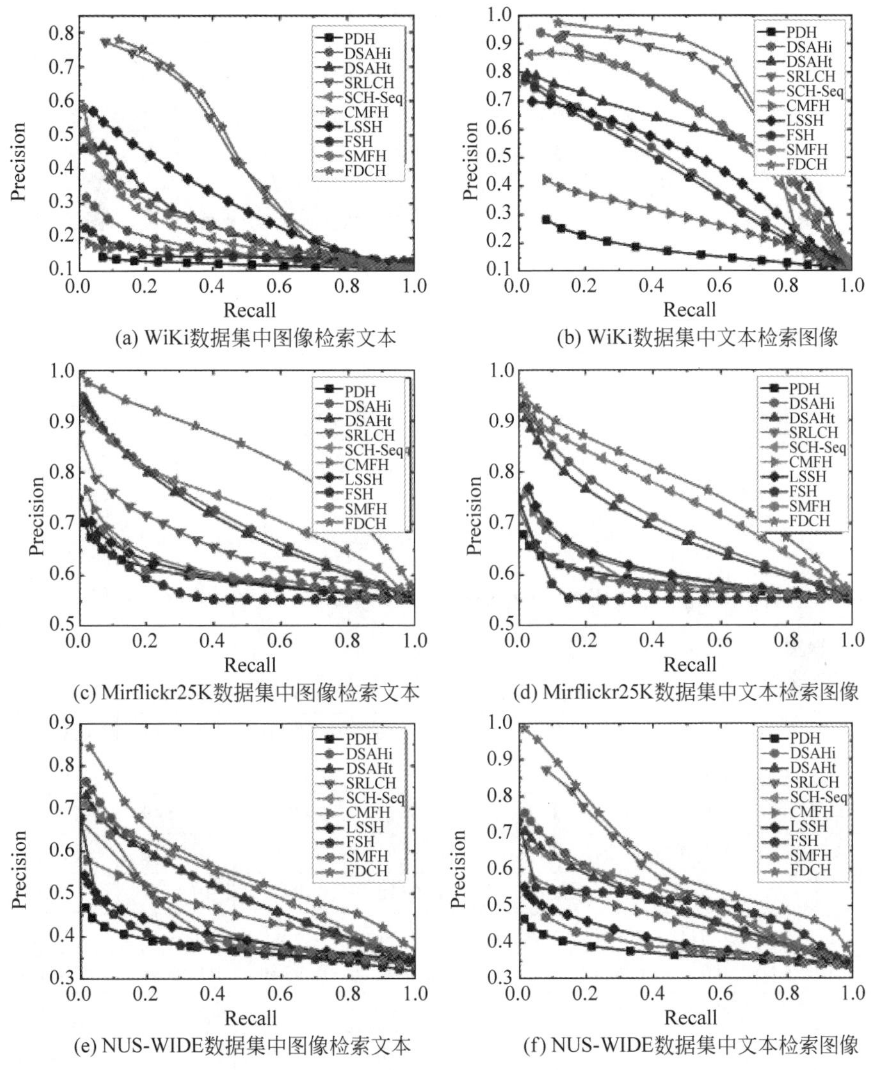

(a) WiKi数据集中图像检索文本 (b) WiKi数据集中文本检索图像

(c) Mirflickr25K数据集中图像检索文本 (d) Mirflickr25K数据集中文本检索图像

(e) NUS-WIDE数据集中图像检索文本 (f) NUS-WIDE数据集中文本检索图像

图 8.2 16 位编码长度下 FDCH 的 PR 曲线

是一个居中矩阵，$\boldsymbol{Q} \in \boldsymbol{R}^{k \times k}$ 和$\boldsymbol{\Lambda}^{-1}$ 可以基于 $\boldsymbol{MJM}^{\mathrm{T}}=\boldsymbol{Q\Lambda}^{2}\boldsymbol{Q}^{\mathrm{T}}$ 的奇异值分解得到，即 $\boldsymbol{MJM}^{\mathrm{T}}=\boldsymbol{Q\Lambda}^{2}\boldsymbol{Q}^{\mathrm{T}}$。

FDCH 和 FDCH-Orth 的比较实验结果如表 8.2 所示。尽管 FDCH 的学习过程存在不一致性，但 FDCH 明显优于 FDCH-Orth，这证明了本实验放弃正交约束的有效性。

Text query: ... Heavy metal subgenres avant-garde metal or experimental metal are umbrella terms that enable description of the career of the band in general. Extreme metal crosses both thrash metal (or post-thrash metal) and death metal (or technical death metal), which are at root of the sound of Meshuggah's music ... Meshuggah also incorporates elements of experimental jazz ...A trademark of Thordendal is free jazz-like soloing and lead guitar. He is also known for the usage of a "breath controller" device. Haake is known for his precise cross-rhythm drumming with "jazzlike cadence". The vocal style of Jens Kidman varies between hardcore-style shouts and "robotic" death metal vocals.In a typical polyrhythm by Meshuggah, the guitars might play in odd meters such as 5/16 or 17/16, while drums play ...

FDCH

SRLCH

图 8.3 文本-查询-图像检索的示例

图 8.4 图像-查询-文本检索的示例

表 8.2 FDCH 和 FDCH-Orth 在三个数据集上的 mAP@100 分数比较

数据集	任务	算法	16bit	24bit	32bit	64bit
WiKi 数据集	图片查询文本	FDCH-Orth	0.6832	0.6788	0.6863	0.6796
		FDCH	**0.6845**	**0.6908**	**0.6923**	**0.6946**
	文本查询图片	FDCH-Orth	0.4466	0.4571	0.4670	0.4641
		FDCH	**0.4527**	**0.4796**	**0.4849**	**0.4857**
Mirflickr 25K 数据集	图片查询文本	FDCH-Orth	0.9067	0.9163	0.9134	0.9335
		FDCH	**0.9315**	**0.9441**	**0.9534**	**0.9581**
	文本查询图片	FDCH-Orth	0.9491	0.9589	0.9554	0.9709
		FDCH	**0.9641**	**0.9740**	**0.9761**	**0.9769**
NUS-WIDE 数据集	图片查询文本	FDCH-Orth	0.8679	0.8857	0.8936	0.8696
		FDCH	**0.9140**	**0.9226**	**0.9251**	**0.9278**
	文本查询图片	FDCH-Orth	0.7807	0.8021	0.7976	0.8017
		FDCH	**0.8124**	**0.8675**	**0.8770**	**0.8834**

2. 非对称策略的影响效果

为了验证非对称策略的有效性，本节进行非对称策略与对称策略的比较实验。对于对称策略而言，对称矩阵分解本身就是一个非常具有挑战性的问题，更不用说以离散方式解决它了。在本章中，采用可扩展的随机坐标下降(stochastic coordinate descent,SCD)算法来解决哈希码矩阵 $\boldsymbol{B}$,并使用与提出的 FDCH 相同的算法来解决其他变量。为了方便展示,这里将这个算法简称为语义一致性对称哈希(semantically consistent symmetric hashing,SCSH)。由于计算复杂度和内存成本较高,从 NUS-WIDE 数据集中随机选择 10 000 个实例来训练 SCSH 模型。在三个数据集上的性能比较结果如图 8.5 所示。直观上,对称策略应该获得更高的性能。然而,从图 8.5 中可以观察到,在所有实验条件下,FDCH 的性能均优于 SCSH。分析原因有如下两方面:

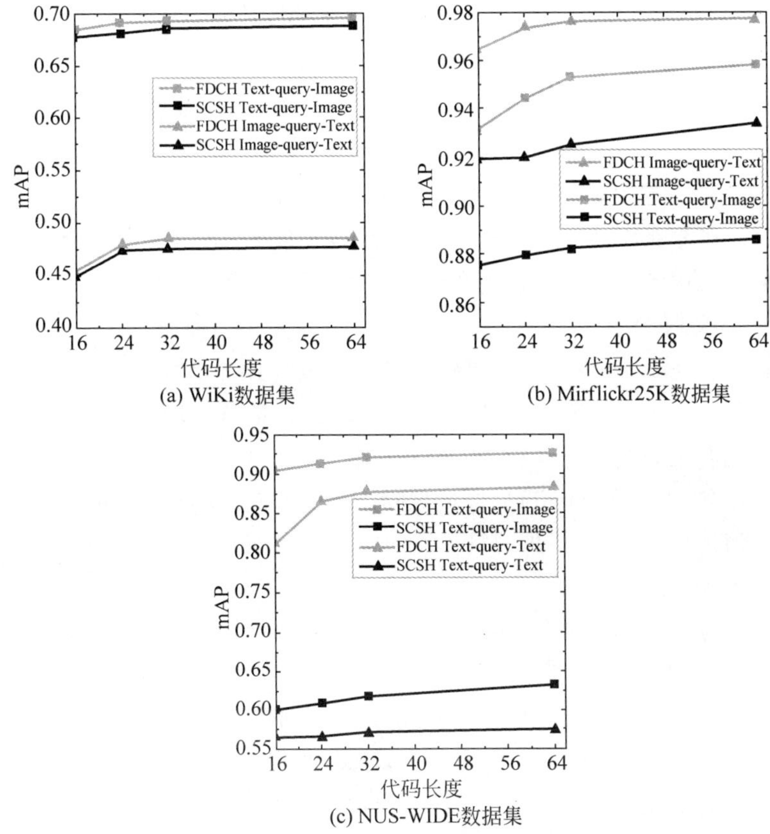

图 8.5　FDCH 与 SCSH 的实验比较结果

(1) SCSH 放松了生成哈希码的离散约束,这通常会导致较大的量化误差和相应的不太有效的哈希码。而 FDCH 可以直接学习离散的哈希码。

(2) 由于计算复杂度和内存成本较高，SCSH 在 NUS-WIDE 数据集上只能利用部分训练实例来训练模型，这导致了训练实例的信息损失。而 FDCH 可以利用所有可用的训练实例来在 NUS-WIDE 数据集上训练模型，从而更充分地利用了数据。

3. k 和 c 的关系

本章还在三个数据集上进行了不同编码长度的实验，以研究编码长度 k 与类别数目 c 之间的关系。具体而言，对于 Mirflickr25K 数据集，分别随机选取 8 个和 16 个类别的实例来形成两个子集。类似地，通过随机选取的 4 个和 7 个类别的实例，生成 WiKi 和 NUS-WIDE 数据集的两个子集。表 8.3 显示了生成的子集在三个数据集上的检索性能。从这个表格中，可以得出以下观察结果：

(1) 在编码长度 k 固定的情况下，类别数目 c 越小检索性能越好，原因是类别数目 c 越大，实例之间的语义相关性通常越复杂。

(2) 在类别数目 c 固定的情况下，编码长度 k 越大，检索性能越好。原因是较长的哈希码可以融合更多训练实例之间的语义信息。

4. 收敛性分析

正如算法 8.1 所示，每个更新步骤都会减小目标函数的值，最后目标函数的值将达到一个局部最小值。图 8.6 显示了在 WiKi 和 Mirflickr25K 数据集上的收敛曲线。可以看到，对于 WiKi 数据集，该方法在不到 5 次迭代后就会收敛，而对于 Mirflickr25K 数据集，大约在 6 次迭代后才会收敛。这一现象清楚地表明，所提出的最优算法收敛效率较高。

5. 训练时间

为了进一步验证所提出的 FDCH 算法的效率，在表 8.4 中列出了三个数据集上的训练时间比较结果，至少保留了两位有效数字，由于 SMFH 在 NUS-WIDE 数据集上的训练成本较大，在实验中没有报告其训练时间。从表 8.4 可以看出，在大多数情况下，与基准方法相比，FDCH 的训练时间在这三个数据集上表现最佳。FDCH 与基准算法相比不仅训练时间较短，而且检索性能更好。此外，SCM-Seq 的训练时间对输入特征的维度敏感，在 WiKi 和 Mirflickr-25K 数据集上所需的时间比 NUS-WIDE 数据集要更多。

表 8.3 生成的子集在三个数据集上进行的检索性能

数据集	WiKi											
分类	4				7				10			
编码长度	16	24	32	64	16	24	32	64	16	24	32	64
图片-查询-文本	0.5760	0.5800	0.5862	0.6076	0.4941	0.5267	0.5321	0.5414	0.4527	0.4796	0.4849	0.4857
文本-查询-图片	0.7713	0.7945	0.8005	0.8028	0.7651	0.7851	0.7898	0.7943	0.6845	0.6908	0.6923	0.6946
数据集	Mirflickr25K											
分类	8				16				24			
编码长度	16	24	32	64	16	24	32	64	16	24	32	64
图片-查询-文本	0.9679	0.9764	0.9792	0.9910	0.9662	0.9745	0.9783	0.9798	0.9641	0.9740	0.9761	0.9769
文本-查询-图片	0.9455	0.9541	0.9625	0.9809	0.9344	0.9491	0.9610	0.9682	0.9315	0.9441	0.9534	0.9581
数据集	NUS-WIDE											
分类	4				7				10			
编码长度	16	24	32	64	16	24	32	64	16	24	32	64
图片-查询-文本	0.8736	0.9331	0.9379	0.9546	0.8338	0.8718	0.8826	0.8887	0.8124	0.8675	0.8770	0.8834
文本-查询-图片	0.9290	0.9683	0.9733	0.9810	0.9173	0.9294	0.9347	0.9389	0.9140	0.9226	0.9251	0.9278

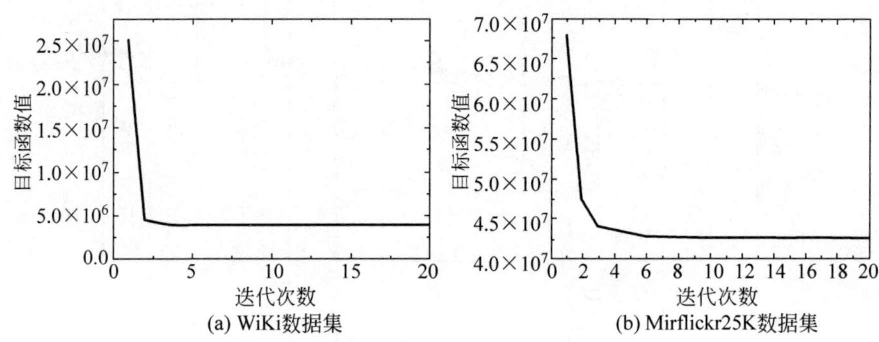

(a) WiKi数据集 (b) Mirflickr25K数据集

图 8.6 FDCH 算法的收敛曲线

表 8.4 不同方法在三个数据集上的训练时间比较 (单位：s)

算法	WiKi 数据集	Mirflickr25K 数据集	NUS-WIDE 数据集
PDH	39	335	1044
SCM-Seq	18 036	20 374	46
CMFH	16	54	89
LSSH	14	71	594
DSAHi	17	25	9.5
DSAHt	10	17	9.8
FSH	1164	2752	1046
SMFH	228	842	—
SRLCH	1.2	6.1	34
FDCH	0.91	5.5	23

6. 参数敏感性分析

FDCH 算法有四个关键参数，即 α、β_1、β_2 和 μ，这些参数是通过交叉验证过程选择的。图 8.7 展示了 FDCH 对每个参数的敏感性分析，从该图中可以看出，当 α、β_1、β_2 和 μ 分别在[50 000，200 000]、[10，5000]、[10，1000]和[0.1，1]的范围内时，FDCH 通常能够获得更好的性能。因此，在该实验中，将 $\alpha=100\ 000$、$\beta_1=10$、$\beta_2=10$、$\mu=0.5$ 作为默认值。

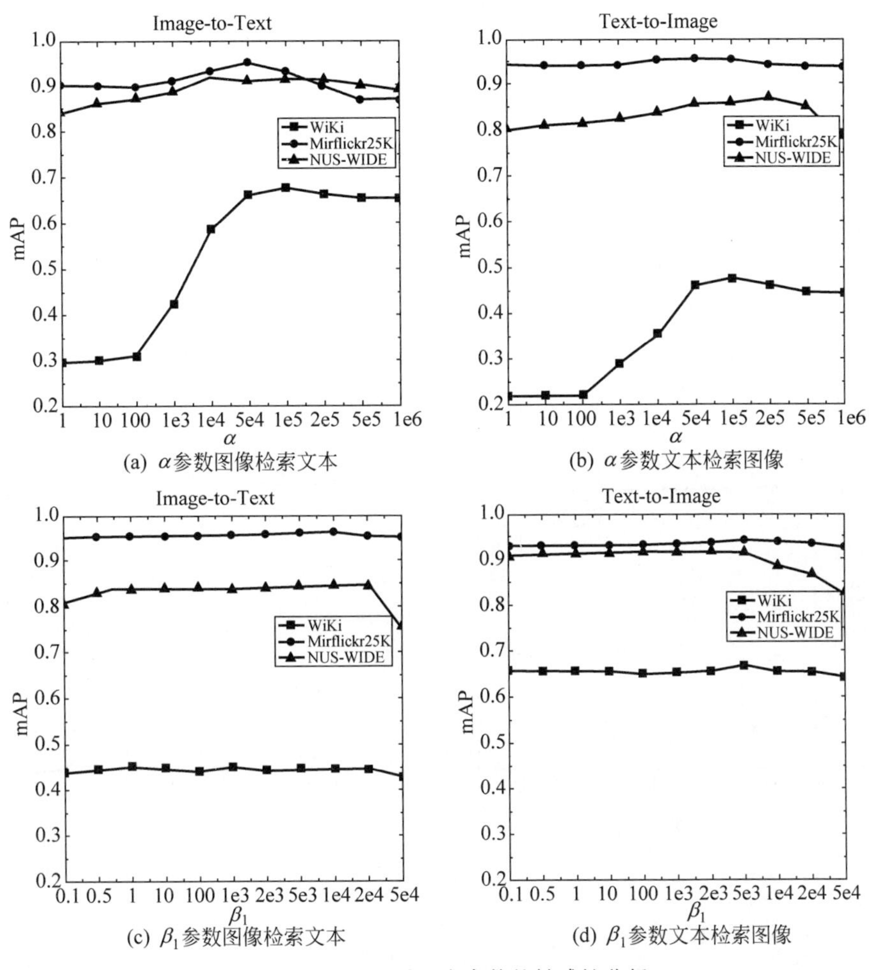

图 8.7 FDCH 对 4 个参数的敏感性分析

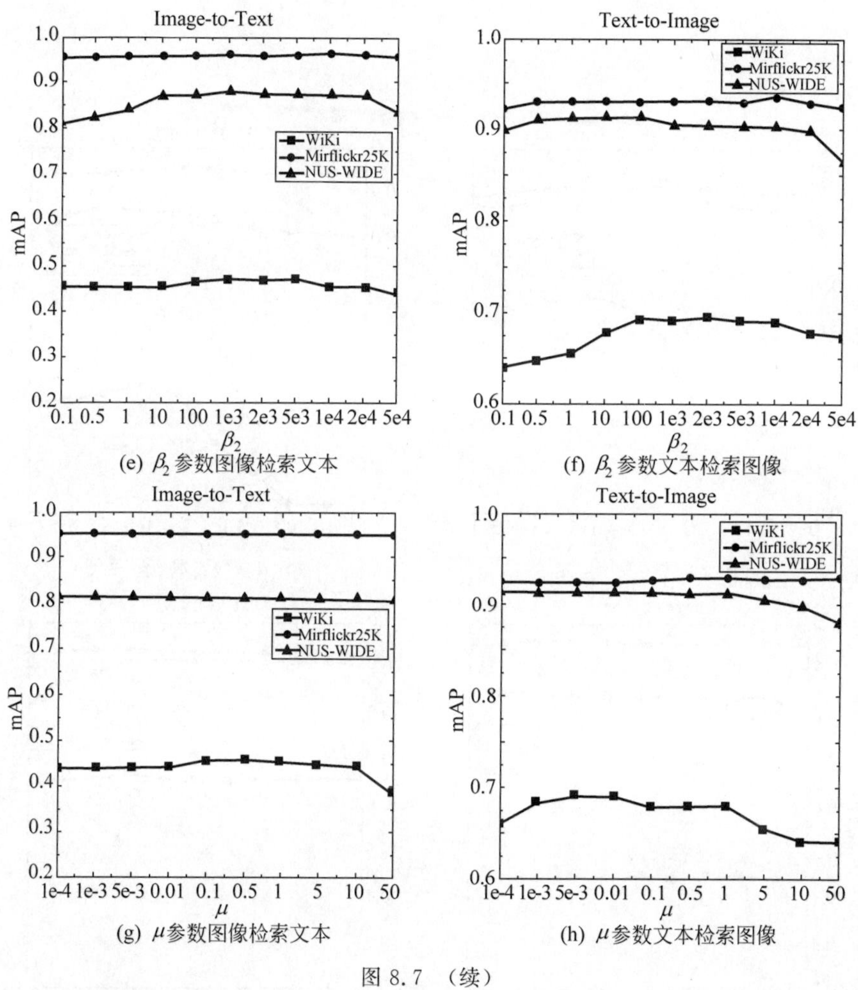

(e) β_2 参数图像检索文本

(f) β_2 参数文本检索图像

(g) μ参数图像检索文本

(h) μ参数文本检索图像

图 8.7 （续）

7. 消融实验

本模型包括四个项，即成对相似性一致性(pairwise similarity consistency，PSC)、标签一致性(label consistency，LC)、哈希函数学习(hash function learning，HFL)和正则化(regularization，REG)。需要注意的是，查询的哈希码是由哈希函数生成的，因此第三个项是目标函数中不可或缺的一部分。对其他三个项进行了剔除研究，进一步比较检索性能，如表 8.5 所示。当所有项都可用时，检索性能最高，而当任何项缺失时，检索性能较低。此外，具有标签一致性的检索性能高于没有标签一致性的检索性能，这支持了关于使用标签一致性的优势的论断。

表 8.5 消融实验结果

	WiKi 数据集				Mirflickr25K 数据集				NUS-WIDE 数据集			
PSC	√	√		√	√	√		√	√	√		√
LC	√		√	√	√		√	√	√		√	√
REG		√	√	√		√	√	√		√	√	√
图像检索文本	0.4384	0.2172	0.1463	0.4527	0.9549	0.9431	0.6442	0.9641	0.8035	0.8047	0.3282	0.8124
文本检索图像	0.6802	0.3021	0.1879	0.6845	0.9243	0.9126	0.5930	0.9315	0.9108	0.8997	0.3615	0.9140

8.4 本章小结

本章提出了一种新颖的算法来进行跨模态检索，该算法将异构数据投影到一个共享的汉明空间中，在这个空间中，可以快速计算异构数据之间的相似性。为了学习更具辨别力的哈希码，在哈希码中保留了成对相似性和基于类标签的语义一致性。为了避免训练过程中的高内存消耗和计算复杂度，设计了一个非对称的哈希码学习模型。随后，引入了一种快速的离散优化算法，直接生成离散的哈希码，避免了量化误差。该框架明显超过了其他对比方法，这表明学习到的哈希码可以更好地保持语义相关性。然而，这项工作只关注以浅层方式学习哈希码，在未来的工作中，将在端到端的深度模式下实现跨模态哈希框架，以提升其性能。

第9章

用于跨媒体检索的在线潜在语义哈希算法

针对基于哈希的跨媒体方法因其有效性和高效性而成为促进大规模多媒体检索任务的越来越流行的技术。大多数现有的跨媒体哈希算法以基于批处理的模式学习哈希函数。然而,在实际应用中,数据点往往以流的方式出现,这使得基于批量的哈希算法失去了效率。本章提出了一种在线潜在语义哈希(online latent semantic hashing,OLSH)算法来解决这个问题。

本章首先在引言部分介绍算法的研究背景和动机,然后详细论述本章提出的在线潜在语义哈希算法,最后在三个公开数据集上与对比算法进行比较的结果证明了该算法的有效性和高效性。

9.1 引言

最近邻(nearest neighbor,NN)搜索是一个基本的计算机视觉问题,广泛应用于许多实际应用中,如物体检测、人脸识别、图像检索和图像分类。哈希算法是最著名的近似最近邻(approximate nearest neighbor,ANN)搜索方法之一,近年来因其在大规模数据集上的高效性而备受关注。哈希算法的思想是通过保留原始特征空间中的数据结构或数据点中的语义相关性,将数据点映射到汉明空间中,因此,可以通过异或运算来计算数据点之间的相似度,在保证检索性能的前提下加快检索速度。经典哈希算法仅关注单模态,例如,使用短文本在文本存储库中检索相似文本,使用图像查询在图像数据库中检索相似图像,等等。然而,随着互联网技术和数字设备的快速发展,多媒体内容在网络上无处不在,数据点通常用不同的模态表示,这限制了单模态哈希算法的应用。

近年来，多模态学习得到了广泛的研究。一种基于草图的图像检索模型通过从图像模态中提取广义边界来解决草图模态训练样本的缺乏，并取得了良好的检索性能。视听属性是通过发现视觉和音频模态之间的相关性来学习的，以执行细粒度的对象识别。近年来，多模式散列在多媒体检索文献中引起了相当大的关注。根据检索任务的目的，多模态哈希算法可以大致分为两大类：多模态融合哈希(multi-modal fusion hashing，MMFH)和跨媒体哈希(cross-modal hashing，CMH)。以图像模态为例，图像可以通过多个特征来描述，例如颜色直方图、要点描述符、词袋等。MMFH 旨在通过利用不同特征的互补性来学习更好的汉明空间以支持有效的图像检索，而跨媒体哈希则用于不同的目的，它专注于从不同模式有效检索相似的数据点。以文本和图像模态为例，给定文本查询，它可以从图像模态返回相似的数据点，反之亦然。然而，不可能直接测量异构数据点之间的相似性。CMH 的目标是学习共享汉明空间，可以有效计算不同模态之间的相似性。

最近，学者们对许多哈希算法进行了深入研究并提出了解决跨媒体检索的问题，并取得了有希望的结果。已经证明，与数据点相关的监督信息(如标签)可以通过生成语义保留哈希码来提高检索性能。基于标签的成对相似度广泛应用于有监督的 CMH 算法中，期望与汉明距离一致，即语义相似的数据点的汉明距离应该很短，反之亦然。然而，它有两个严重的缺点：内存成本高和大规模数据集上的耗时严重。直接使用标签来学习哈希码可以很好地解决这两个缺点，然而，仅使用标签并不能准确地测量数据点之间的相似性，将导致哈希函数的判别力较差。

此外，尽管 CMH 研究取得了进展，但大多数现有算法主要集中在基于批处理的模式下学习哈希函数。在哈希函数学习过程之前，所有训练数据点都应该可用。然而，在实际应用中，多媒体数据点常常随着时间的推移以流的方式连续到达 Web 上。例如，每天有数十亿张新图像被用户上传到互联网。新数据点到达后，这些算法必须在所有累积的数据点上重新训练哈希函数。这是一项成本昂贵的处理，尤其是当新数据点频繁到达时。此外，随着新数据点的快速到达和时间的推移，训练数据集变得越来越大，这使得这些方法很难在所有可用数据点上训练哈希函数。因为内存成本太高，无法将所有数据点加载到内存中，即使内存足够，但是在非常大的数据集上的时间成本也是难以忍受的。随着大数据时代的到来，这已成为一个亟待解决的问题。

为了解决上述具有挑战性的问题，本章引入了一种在线潜在语义哈希算法，该算法尝试在新数据点到达时有效地重新训练哈希函数。此学习模型不仅可以涉及新数据点中的语义相关性，而且可以保留旧数据点中的语义相关性。OLSH 的整体学习框架如图 9.1 所示。首先，为了更准确地测量数据点之间的相似性，学习从离散标签空间导出的连续潜在语义空间。其次，为了桥接潜在语义空间和哈希码之间的语义相关性，学习线性映射矩阵。最后，提出了一种在线学习算法，当新数据点到达时仅使用新数据点来重新训练哈希函数。

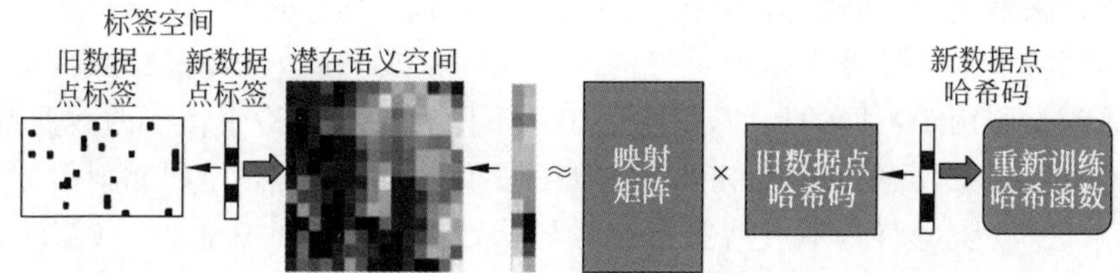

图 9.1 OLSH 的整体学习框架

9.2 有监督的在线跨媒体哈希

本节详细介绍 OLSH 算法，首先在 9.2.1 节中介绍 OLSH 的准备工作，其次在 9.3.2 节中提出了 OLSH 的公式，最后在 9.3.3 节中给出了在线优化过程的详细描述。

9.2.1 符号说明与问题定义

OLSH 的任务是检索异构数据集中的相似数据点，为简单起见，这里仅考虑两种模态(即文本和图像模态)。假设训练数据集由流式图像-文本成对数据点组成，新的图像-文本成对数据点块 $\boldsymbol{X}^{(t)}=\{\boldsymbol{X}_1^{(t)},\boldsymbol{X}_2^{(t)}\}$在第 t 轮到达，由 n_t 个图像-文本成对数据点组成，其中 $\boldsymbol{X}_1^{(t)}\in\boldsymbol{R}^{d_1\times n_t}$ 和 $\boldsymbol{X}_2^{(t)}\in\boldsymbol{R}^{d_2\times n_t}$(通常 $d_1\neq d_2$)分别表示图像和文本模态的特征矩阵。新数据块的标签表示为 $\boldsymbol{L}^{(t)}\in\boldsymbol{R}^{c\times n_t}$，其中，$c$ 表示总类别。具体地说，$\boldsymbol{L}_{i,j}^{(t)}=1$ 表示第 j 个数据点属于第 i 个类别，本节仅关注预先已知标签总数的情况。在第 t 轮之前还存在一大块旧的图像文本成对数据点 $\widetilde{\boldsymbol{X}}^{(t-1)}=\{\widetilde{\boldsymbol{X}}_1^{(t-1)},\widetilde{\boldsymbol{X}}_2^{(t-1)}\}$由$(n-n_t)$图像-文本对的数据点组成，$n$ 表示第 t 轮的数据点总数。旧数据块的标签

表示为 $\widetilde{\boldsymbol{L}}^{(t-1)} \in \boldsymbol{R}^{c\times(n-n_t)}$ 在第 t 轮最新数据块到达后，总数据点表示为 $\boldsymbol{X}=\{\boldsymbol{X}_1,\boldsymbol{X}_2\}$，由 n 个图像-文本成对数据点组成，其中 $\boldsymbol{X}_1=\{\widetilde{\boldsymbol{X}}_1^{(t-1)},\boldsymbol{X}_1^{(t)}\}$，$\boldsymbol{X}_2=\{\widetilde{\boldsymbol{X}}_2^{(t-1)},\boldsymbol{X}_2^{(t)}\}$。总数据块的标签表示为 $\boldsymbol{L}=\{\widetilde{\boldsymbol{L}}^{(t-1)},\boldsymbol{L}^{(t)}\}$。在本节中，仅关注新数据点不包含新类标签的情况。

CMH 方法的关键是学习每种模态的哈希函数，将异构数据点映射到共享汉明空间，在该空间中可以有效地测量异构数据点的相似性。为了简单起见，与许多其他哈希工作一样，这里使用线性投影作为哈希函数。哈希函数可以定义为

$$h_m(\boldsymbol{X}_m)=\operatorname{sgn}(\boldsymbol{W}_m\boldsymbol{x}_m-b_m) \tag{9-1}$$

其中，$\boldsymbol{W}_m=\{\boldsymbol{w}_1,\boldsymbol{w}_2,\cdots,\boldsymbol{w}_r\}\in\boldsymbol{R}^{r\times d_m}$ 表示哈希函数，$b_m\in\boldsymbol{R}^r$ 是标量阈值，$m=\{1,2\}$。一般情况下，b_m 设置为投影数据的平均值，即 $b_m=\dfrac{1}{N_t}\boldsymbol{W}_m\boldsymbol{X}_m$。这保证了每个比特有 50%的机会为 1 或 -1，以实现每个比特的最大信息熵。为了简单起见，假设数据点以零为中心，那么哈希函数可以重写为

$$h_m(\boldsymbol{x}_m)=\operatorname{sgn}(\boldsymbol{W}_m\boldsymbol{x}_m) \tag{9-2}$$

在本节中，OLSH 旨在学习成对数据点的统一哈希码。设 $\boldsymbol{B}^{(t)}\in\{-1,1\}^{r\times n_t}$ 表示第 t 轮新到达的数据点学习到的哈希码，$\widetilde{\boldsymbol{B}}^{(t-1)}\in\{-1,1\}^{r\times(n-n_t)}$ 表示第 t 轮之前旧数据点学习到的哈希码，$\boldsymbol{B}=\{\widetilde{\boldsymbol{B}}^{(t-1)},\boldsymbol{B}^{(t)}\}\in\{-1,1\}^{r\times n_t}$ 表示第 t 轮所有训练数据点的哈希码 t 和 r 表示哈希码的长度。给定第 t 轮的一块新的成对数据点 $\{\boldsymbol{X}_1^{(t)},\boldsymbol{X}_2^{(t)}\}$ 及其标签 $\boldsymbol{L}^{(t)}$，OLSH 更新哈希函数以适应新到达的成对数据点，同时与旧的数据点进行匹配。为方便起见，本章使用的术语和符号列于表 9.1 中。

表 9.1　术语和符号

符　　号	定　　义
$\boldsymbol{X}_1$	t 轮所有文本的表示
$\boldsymbol{X}_2$	t 轮所有图像的表示
$\boldsymbol{X}_1^{(t)}$	t 轮新到达图像的表示
$\boldsymbol{X}_2^{(t)}$	t 轮新到达文本的表示
$\widetilde{\boldsymbol{X}}_1^{(t-1)}$	t 轮之前的旧图像的表示
$\widetilde{\boldsymbol{X}}_2^{(t-1)}$	t 轮之前旧文本的表示
$\boldsymbol{B}$	t 轮所有数据点的哈希码

续表

符　号	定　义
$\boldsymbol{B}^{(t)}$	t 轮新到达数据点的哈希码
$\widetilde{\boldsymbol{B}}^{(t-1)}$	t 轮之前旧数据点的哈希码
$\boldsymbol{L}$	t 轮所有数据点的标签
$\boldsymbol{L}^{(t)}$	t 轮新到达数据点的标签
$\widetilde{\boldsymbol{L}}^{(t-1)}$	t 轮之前旧数据点的标签
$\boldsymbol{W}_1,\boldsymbol{W}_2$	分别用于图像和文本模态的哈希函数
$\boldsymbol{C}$	投影矩阵
$\boldsymbol{U}$	连接连续语义概念和哈希码的矩阵
c	标签空间的维度
r	哈希码的长度
g	潜在语义概念空间的维度
n_t	t 轮的数据点总数
n_{t_t}	t 轮新到达数据点的数量

9.2.2 公式

本节介绍 OLSH 的公式。有监督的 CMH 算法可以利用语义信息来学习更具辨别力的哈希码。为了提高效率，建议直接通过语义标签学习哈希码。然而，由于标签的离散方式，很难对不同类之间的语义相关性进行建模。因此，建议首先将离散标签映射到连续的潜在语义概念空间，在该空间中可以更准确地测量数据点中的相对语义距离。然后学习映射矩阵来桥接连续语义概念和哈希码之间的语义相关性，因此哈希码学习的目标函数可以定义为

$$\min\|\boldsymbol{CL}-\boldsymbol{UB}\|_F^2,\quad \text{s.t.}\,\boldsymbol{B}\in\{-1,1\}^{r\times n} \tag{9-3}$$

其中，$\|\cdot\|_F$ 表示 Frobenius 范数，$\boldsymbol{U}\in\boldsymbol{R}^{g\times r}$ 表示映射矩阵。投影矩阵 $\boldsymbol{C}\in\boldsymbol{R}^{g\times c}$ 将离散语义标签映射到连续的潜在语义概念。

为了解决样本外问题，本节提出了独立学习哈希函数，哈希函数的学习误差定义为

$$\min\|\boldsymbol{B}-\boldsymbol{W}_1\boldsymbol{X}_1\|_F^2+\|\boldsymbol{B}-\boldsymbol{W}_2\boldsymbol{X}_2\|_F^2,\quad \text{s.t.}\,\boldsymbol{B}\in\{-1,1\}^{r\times n} \tag{9-4}$$

通过结合式(9-3)中的哈希码学习目标函数。哈希函数学习方程中的目标函数(9-4)和正则化项，总体目标函数可定义为

$$\min\|\boldsymbol{CL}-\boldsymbol{UB}\|_F^2+\sum_{m=1}^{2}\lambda_m\|\boldsymbol{B}-\boldsymbol{W}_m\boldsymbol{X}_m\|_F^2+\alpha\left(\sum_{m=1}^{2}\|\boldsymbol{W}_m\|_F^2+\|\boldsymbol{C}\|_F^2+\|\boldsymbol{U}\|_F^2\right),$$

$$\text{s. t. }\boldsymbol{B}\in\{-1,1\}^{r\times n} \tag{9-5}$$

其中，λ_m 指的是哈希函数学习的第 m 个模态的权重，α 控制正则项的权重。

9.2.3 优化算法

由于哈希码的离散约束，很难直接最小化式(9-5)中的目标函数，并且这个最优问题并不是所有变量都是凸的。幸运的是在固定其他变量的情况下，目标函数对于每个变量都是凸的，因此可以利用迭代优化方案来获得最优解。然而，面对网络上新兴多媒体数据的快速增长，基于批处理的方法必须将新到达的数据与旧数据一起累积以重新训练哈希函数，这是一个耗时的过程。此外，由于存储和计算资源的限制，通常在非常大的数据集上将所有训练数据点加载到内存中是不可行的。为了解决这个问题，本节提出了一种用于式(9-5)的在线学习算法，它可以一次性有效地处理一大块新到达的数据点。详细步骤如下所示。

(1) 固定 $\boldsymbol{C}$、$\boldsymbol{U}$、$\boldsymbol{W}_1$ 和 $\boldsymbol{W}_2$，然后更新 $\boldsymbol{B}$。

在第 t 轮，新到达的数据点 $\boldsymbol{B}^{(t)}$ 的哈希码可以从它们的标签 $\boldsymbol{L}^{(t)}$ 导出，通过删除与 $\boldsymbol{B}^{(t)}$ 无关的项得到：

$$\min_{\boldsymbol{B}^t}\|\boldsymbol{CL}^{(t)}-\boldsymbol{UB}^{(t)}\|_F^2+\sum_{m=1}^{2}\lambda_m\|\boldsymbol{B}^{(t)}-\boldsymbol{W}_m\boldsymbol{X}_m^{(t)}\|_F^2,$$

$$\text{s. t. }\boldsymbol{B}^{(t)}\in\{-1,1\}^{r\times n} \tag{9-6}$$

由于 $\boldsymbol{B}^{(t)}$ 的离散性，很难得到最优解。大多数哈希算法放松离散约束以获得连续解，然后可以通过量化方案获得哈希码。然而，量化操作会带来量化误差，这通常会导致哈希码的辨别力较差，从而导致哈希函数的效率较低。受二进制优化工作的启发，开发了一种离散循环坐标下降算法来逐位学习哈希码 $\boldsymbol{B}^{(t)}$。

由于 $\mathrm{tr}((\boldsymbol{B}^{(t)})^{\mathrm{T}}\boldsymbol{B}^{(t)})$ 是一个常数，可以将式(9-6)变换为

$$\min_{\boldsymbol{B}^{(t)}}\|\boldsymbol{UB}^{(t)}\|_F^2-2\mathrm{tr}(\boldsymbol{C}^{\mathrm{T}}(\boldsymbol{L}^{(t)})^{\mathrm{T}}\boldsymbol{U}+\lambda_1\boldsymbol{W}_1^{\mathrm{T}}(\boldsymbol{X}_1^{(t)})^{\mathrm{T}}+$$

$$\lambda_2\boldsymbol{W}_2^{\mathrm{T}}(\boldsymbol{X}_2^{(t)})^{\mathrm{T}})\boldsymbol{B}^{(t)} \tag{9-7}$$

与参考文献[56]类似，可以直接逐位获取哈希码 $\boldsymbol{B}^{(t)}$，然后 $\boldsymbol{B}$ 可以通过 $\boldsymbol{B}=\{\widetilde{\boldsymbol{B}}^{t-1},\boldsymbol{B}^{(t)}\}$ 更新。

由于代码长度、特征和语义潜在空间维度与数据点的大小无关，因此更新 $\boldsymbol{B}$ 的计算复杂度与新到达的数据点 n_t 的大小呈线性关系。

(2) 固定 $\boldsymbol{U}$、$\boldsymbol{B}$、$\boldsymbol{W}_1$ 和 $\boldsymbol{W}_2$，然后更新 $\boldsymbol{C}$。

对应的子问题为

$$\min_{\boldsymbol{C}} \|\boldsymbol{CL}-\boldsymbol{UB}\|_F^2+\alpha\|\boldsymbol{C}\|_F^2 \tag{9-8}$$

然后可以通过以下方式更新 $\boldsymbol{C}$：

$$\boldsymbol{C}=\boldsymbol{UBL}^{\mathrm{T}}(\boldsymbol{LL}^{\mathrm{T}}+\alpha\boldsymbol{I})^{-1} \tag{9-9}$$

其中，$\boldsymbol{B}=\{\widetilde{\boldsymbol{B}}^{(t-1)},\boldsymbol{B}^{(t)}\}$，$\boldsymbol{L}=\{\widetilde{\boldsymbol{L}}^{(t-1)},\boldsymbol{L}^{(t)}\}$，由于 $\boldsymbol{B}\in\{-1,1\}^{r\times n}$，$\boldsymbol{L}\in\{0,1\}^{c\times n}$，直接更新矩阵 $\boldsymbol{C}$ 需要 $O(n)$ 时间复杂度，这对于流式数据点来说非常耗时。为了解决这个问题，$\boldsymbol{BL}^{\mathrm{T}}$ 项可以写为

$$\begin{aligned}\boldsymbol{BL}^{\mathrm{T}}&=[\widetilde{\boldsymbol{B}}^{(t-1)},\boldsymbol{B}^{(t)}]\begin{bmatrix}(\widetilde{\boldsymbol{L}}^{(t-1)^{\mathrm{T}}}\\ \boldsymbol{L}^{(t)^{\mathrm{T}}})\end{bmatrix}\\ &=\widetilde{\boldsymbol{B}}^{(t-1)}(\widetilde{\boldsymbol{L}}^{(t-1)})^{\mathrm{T}}+\boldsymbol{B}^{(t)}(\boldsymbol{L}^{(t)})^{\mathrm{T}}\end{aligned} \tag{9-10}$$

由于 $\widetilde{\boldsymbol{B}}^{(t-1)}$ 和 $\widetilde{\boldsymbol{L}}^{(t-1)}$ 与新数据点无关，因此可以在上一轮计算 $\widetilde{\boldsymbol{B}}^{(t-1)}(\widetilde{\boldsymbol{L}}^{(t-1)})^{\mathrm{T}}$。本轮只需计算 $\boldsymbol{B}^{(t)}(\boldsymbol{L}^{(t)})^{\mathrm{T}}$，则 $\boldsymbol{BL}^{\mathrm{T}}$ 的计算复杂度与新到达数据点的大小呈线性关系。

类似地，可以得到：

$$\boldsymbol{LL}^{\mathrm{T}}=\widetilde{\boldsymbol{L}}^{(t-1)}(\widetilde{\boldsymbol{L}}^{(t-1)})^{\mathrm{T}}+\boldsymbol{L}^{(t)}(\boldsymbol{L}^{(t)})^{\mathrm{T}} \tag{9-11}$$

因此，可以在 $O(n_t)$ 时间内计算出 $\boldsymbol{C}$。

(3) 固定 $\boldsymbol{C}$、$\boldsymbol{B}$、$\boldsymbol{W}_1$ 和 $\boldsymbol{W}_2$，然后更新 $\boldsymbol{U}$。

忽略式(9-6)中 $\boldsymbol{U}$ 的不相关变量，需要解决以下问题：

$$\min_{\boldsymbol{U}}=\|\boldsymbol{CL}-\boldsymbol{UB}\|_F^2+\alpha\|\boldsymbol{U}\|_F^2 \tag{9-12}$$

当 $\boldsymbol{C}$、$\boldsymbol{B}$、$\boldsymbol{W}_1$ 和 $\boldsymbol{W}_2$ 固定时，可以通过求解最小二乘回归问题来更新 $\boldsymbol{U}$，封闭式解为

$$\boldsymbol{U}=\boldsymbol{CLB}^{\mathrm{T}}(\boldsymbol{BB}^{\mathrm{T}}+\alpha\boldsymbol{I})^{-1} \tag{9-13}$$

与计算 $\boldsymbol{C}$ 类似，可以得到：

$$\boldsymbol{BB}^{\mathrm{T}}=\widetilde{\boldsymbol{B}}^{(t-1)}(\widetilde{\boldsymbol{B}}^{(t-1)})^{\mathrm{T}}+\boldsymbol{B}^{(t)}(\boldsymbol{B}^{(t)})^{\mathrm{T}} \tag{9-14}$$

$$\boldsymbol{LB}^{\mathrm{T}}=\widetilde{\boldsymbol{L}}^{(t-1)}(\widetilde{\boldsymbol{B}}^{(t-1)})^{\mathrm{T}}+\boldsymbol{L}^{(t)}(\boldsymbol{B}^{(t)})^{\mathrm{T}} \tag{9-15}$$

因此，$\boldsymbol{C}$ 的计算复杂度也是 $O(n_t)$。

（4）固定 $\boldsymbol{C}$、$\boldsymbol{U}$、$\boldsymbol{B}$ 和 $\boldsymbol{W}_2$，然后更新 $\boldsymbol{W}_1$。

通过删除与 $\boldsymbol{W}_1$ 无关的项，可以得到：

$$\min_{\boldsymbol{W}_1} \|\boldsymbol{B}-\boldsymbol{W}_1\boldsymbol{X}_1\|_F^2+\alpha\|\boldsymbol{W}_1\|_F^2 \tag{9-16}$$

然后可以通过以下方式更新 $\boldsymbol{W}_1$：

$$\boldsymbol{W}_1=\boldsymbol{B}\boldsymbol{X}_1^{\mathrm{T}}(\boldsymbol{X}_1\boldsymbol{X}_1^{\mathrm{T}}+\alpha\boldsymbol{I})^{-1} \tag{9-17}$$

与计算 $\boldsymbol{C}$ 类似，可以得到：

$$\boldsymbol{B}\boldsymbol{X}_1^{\mathrm{T}}=\widetilde{\boldsymbol{B}}^{(t-1)}(\widetilde{\boldsymbol{X}}_1^{(t-1)})^{\mathrm{T}}+\boldsymbol{B}^{(t)}(\boldsymbol{X}_1^{(t)})^{\mathrm{T}} \tag{9-18}$$

$$\boldsymbol{X}_1\boldsymbol{X}_1^{\mathrm{T}}=\widetilde{\boldsymbol{X}}_1^{(t-1)}(\widetilde{\boldsymbol{X}}_1^{(t-1)})^{\mathrm{T}}+\boldsymbol{X}_1^{(t)}(\boldsymbol{X}_1^{(t)})^{\mathrm{T}} \tag{9-19}$$

因此，计算 $\boldsymbol{W}_1$ 的复杂度为 $O(n_t)$。类似地，可以通过以下方式更新 $\boldsymbol{W}_2$：

$$\boldsymbol{W}_2=\boldsymbol{B}\boldsymbol{X}_2^{\mathrm{T}}(\boldsymbol{X}_2\boldsymbol{X}_2^{\mathrm{T}}+\alpha\boldsymbol{I})^{-1} \tag{9-20}$$

与 $\boldsymbol{W}_1$ 类似，更新 $\boldsymbol{W}_2$ 的计算复杂度也是 $O(n_t)$。尽管整个更新过程的时间复杂度与新到达的数据点的大小呈线性关系，但 $(\boldsymbol{X}_i\boldsymbol{X}_i^{\mathrm{T}}+\alpha\boldsymbol{I})^{-1}$ 的计算复杂度为 $O(d_i^3)$。由于特征空间的高维度（如通常为数千），该计算会导致在线学习的时间复杂度更高。幸运的是，由于 α 只带来了微不足道的修改，因此可以通过谢尔曼-莫里森-伍德伯里公式简单地计算它。那么逆计算如下：

$$\begin{aligned}&(\boldsymbol{H}_i^{(t-1)}+\boldsymbol{X}_i^{(t)}(\boldsymbol{X}_i^{(t)})^{\mathrm{T}})^{-1}\\&=(\boldsymbol{H}_i^{(t-1)})^{-1}-\frac{(\boldsymbol{H}_i^{(t-1)})^{-1}\boldsymbol{X}_i^{(t)}(\boldsymbol{X}_i^{(t)})^{\mathrm{T}}(\boldsymbol{H}_i^{(t-1)})^{-1}}{1+(\boldsymbol{X}_i^{(t)})^{\mathrm{T}}\boldsymbol{H}_i^{(t-1)}\boldsymbol{X}_i^{(t)}}\end{aligned} \tag{9-21}$$

其中，$\boldsymbol{H}_i^{(t-1)}=\widetilde{\boldsymbol{X}}_i^{(t-1)}(\widetilde{\boldsymbol{X}}_i^{(t-1)})^{\mathrm{T}}$，且 $\boldsymbol{H}_i^0=\boldsymbol{I}$。由于 $(\boldsymbol{H}_i^{(t-1)})^{-1}$ 是永久的，可以保存在上一轮的内存中。

除了新出现的数据点外，其他项都是常数，可以在上一轮计算出来。因此，在线优化过程的计算复杂度与新到达的数据点的大小呈线性关系，这在时间复杂度上是有效的。此外，由于所有变量仅与特征空间 $\boldsymbol{d}_m(m=1,2)$ 的维度、潜在语义空间 g 的维度、哈希码长度 r、新到达数据点的大小 n_t 和类总数 c 相关，c 通常很小，它也是内存成本的效率。为了更加明确，在算法 9.1 中总结了每轮 OLSH 的整个替代优化过程。

算法 9.1　监督在线跨媒体哈希

输入：训练数据点 $\boldsymbol{X}_1=\{\widetilde{\boldsymbol{X}}_1^{(t-1)},\boldsymbol{X}_1^{(t)}\}$，$\boldsymbol{X}_2=\{\widetilde{\boldsymbol{X}}_2^{(t-1)},\boldsymbol{X}_2^{(t-1)}\}$ 及其标签 $\boldsymbol{L}=\{\widetilde{\boldsymbol{L}}^{(t-1)},\boldsymbol{L}\}$。

输出：每种模态的哈希函数 $\boldsymbol{W}_m(m=1,2)$ 以及训练数据点的哈希码 $\boldsymbol{B}$。

1：初始化投影矩阵 $\boldsymbol{C}$、潜在语义矩阵 $\boldsymbol{U}$、每个模态的哈希函数 $\boldsymbol{W}_m(m=1,2)$、现有数据点的哈希码。

2：更新 $\widetilde{\boldsymbol{X}}_1^{(t-1)}(\widetilde{\boldsymbol{X}}_1^{(t-1)})^{\mathrm{T}}$，$\widetilde{\boldsymbol{X}}_2^{(t-1)}(\widetilde{\boldsymbol{X}}_2^{(t-1)})^{\mathrm{T}}$，$\widetilde{\boldsymbol{B}}^{(t-1)}(\widetilde{\boldsymbol{L}}^{(t-1)})^{\mathrm{T}}$，$\widetilde{\boldsymbol{L}}^{(t-1)}(\widetilde{\boldsymbol{L}}^{(t-1)})^{\mathrm{T}}$，$\widetilde{\boldsymbol{B}}^{(t-1)}(\widetilde{\boldsymbol{B}}^{(t-1)})^{\mathrm{T}}$，$\widetilde{\boldsymbol{B}}^{(t-1)}(\widetilde{\boldsymbol{X}}_1^{(t-1)})^{\mathrm{T}}$，$\widetilde{\boldsymbol{B}}^{(t-1)}(\widetilde{\boldsymbol{X}}_2^{(t-1)})^{\mathrm{T}}$，$\widetilde{\boldsymbol{L}}^{(t-1)}(\widetilde{\boldsymbol{B}}^{(t-1)})^{\mathrm{T}}$ 和矩阵 $\boldsymbol{H}_i^{(t-1)}(i=1,2)$。

3：重复，

4：固定 $\boldsymbol{C}$、$\boldsymbol{U}$、$\boldsymbol{W}_1$ 和 $\boldsymbol{W}_2$，使用式(9-7)更新 $\boldsymbol{B}$。

5：固定 $\boldsymbol{B}$、$\boldsymbol{U}$、$\boldsymbol{W}_1$ 和 $\boldsymbol{W}_2$，使用式(9-9)更新 $\boldsymbol{C}$。

6：固定 $\boldsymbol{C}$、$\boldsymbol{B}$、$\boldsymbol{W}_1$ 和 $\boldsymbol{W}_2$，使用式(9-13)更新 $\boldsymbol{U}$。

7：固定 $\boldsymbol{C}$、$\boldsymbol{B}$、$\boldsymbol{U}$ 和 $\boldsymbol{W}_2$，使用式(9-17)更新 $\boldsymbol{W}_1$。

8：固定 $\boldsymbol{C}$、$\boldsymbol{B}$、$\boldsymbol{U}$ 和 $\boldsymbol{W}_1$，使用式(9-20)更新 $\boldsymbol{W}_2$。

9：直到收敛或达到最大迭代次数。

9.3　实验结果及分析

本节进行了一系列实验来验证 OLSH 在三个广泛使用的数据集上的有效性和效率，如 WiKi、Mirflickr25K 和 NUS-WIDE。所有实验均在配备 Intel(R)Xeon(R)CPU E5-2650 v2@2.6GHz 和 128GB RAM 的服务器上进行。本节主要关注两个任务：

(1) 使用图像检索语义相似的文本；

(2) 利用短文本检索语义相似图像。

9.3.1　实验数据集

(1) WiKi 数据集：该数据集是单标签数据集。它由 2866 个图像-文本成对数据点组成，分为 10 个不同的类别。此外，这些数据点是从维基百科下载的，每个数据点都用一个语义标签手动注释。每个文本数据点由 128 维词袋 SIFT 特征向量表示，每个图像数据点由 10 维主题向量表示。正如参考文献[75]、[86]所做的那样，随机选择 75%的数据点作为训练集，其余数据点作为测试集。

(2) Mirflick 数据集：该数据集最初由从 Flickr 收集的 25 000 个文本图像成对数据点组成。每个数据点都与 24 个提供的语义标签中的一个或多个相关联。丢弃出现次数少于 20 次的文本标签，然后在实验中保留 20 015 个文本-图像配对数据点。来自图像模态的数据点由 150 维边缘直方图向量表示，来自文本模态的数据点由从 PCA 导出的 500 维特征向量表示。随机选择 75%的图文成对数据点作为训练集，剩下的 25%作为测试集。

(3) NUS-WIDE 数据集：该数据集最初由 269 648 个图像文本成对数据点组成，可分为 81 个类别。该数据集中的每个数据点至少分配有 81 个提供的语义标签之一。由于许多类没有足够的数据点来训练哈希函数，因此只保留属于前 10 个最常见语义标签的对，随后得到了 186 577 对用于我们的实验。每个图像由 500 维的词袋向量表示，每个文本由 1000 维的标签出现向量表示。这里选择 99%的图文成对数据点作为训练集，剩下的 1%作为测试集。

由于这些数据集中的每个数据点都分配有一个类标签，因此使用数据点的类标签来定义它们的基本事实。在本章中，训练集作为实验中的数据库。也就是说，测试数据点是在异构训练集中检索的。

为了模拟以流式方式到达的数据点，WiKi 数据集的训练数据被分为 11 个块，前 10 个块中的每一个包含 200 个图像文本成对数据点，最后一个块包含 173 个图像文本成对数据点。对于 Mirflickr25K 数据集，整个训练数据集被分为 15 个块，前 14 个块中的每一个包含 1000 个图像文本成对数据点，最后一个块包含其余数据点。对于 NUS-WIDE 数据集，整个训练数据集被平均分割为 18 个块。此外，在本实验中，每轮都会将一个新的数据块附加到训练数据集中。

9.3.2　基准算法和实施细节

将所提出的算法与几种流行的跨媒体哈希算法进行比较，包括 PDH、CVH[42]、IMH、ACQ、CMFH、SMFH、LSSH、FSH 和 OCMH，其中，OCMH 是一种在线跨媒体哈希算法，其他都是基于批处理的算法。此外，CVH、IMH、LSSH、FSH 和 SMFH 是有监督算法，其余方法是无监督算法。对于 IMH，它最初被设计为一种无监督算法，而这里使用语义标签来构造相似度矩阵，因此在本实验中它是一种有监督算法。除 OCMH 未发布源代码外，其他方法的源代码均由论文原作者提供。对于 OCMH 来说，源代码是笔者实现的。而且为了公平比较，所有比较方法的实验参数都是根据原论文的建议设置的。为了减少随机初始化或随机选择训练数据点引起的随机性，所有实验结果均在 5 次运行中取平均值。

本章利用平均精度（mAP）、Top-K 精度、归一化折扣累积增益(normalized discount cumulative gain，NDCG)和精度召回(PR)曲线来评估检索性能。

AP 是一个查询的平均精度，mAP 是所有查询的平均 AP。mAP 在检索领域被广泛采用。AP 定义为

$$\mathrm{AP}=\frac{1}{L}\sum_{r=1}^{R}P(r)\delta(r) \tag{9-22}$$

其中，R 是检索到的数据点的总数，L 是检索集中相关数据点的数量，$P(r)$ 表示前 r 个检索到的数据点的精度，$\delta(r)=1$ 是指示函数，其输出如果第 r 个检索到的数据点与查询相关，则为 1，否则 $\delta(r)=0$，在实验中，将 R 设置为 100。

对于多标签数据集，NDCG 用于评估检索性能。用户期望高度相关的数据点排在结果列表的顶部。NDCG 通过使用分级相关性作为衡量标准来做到这一点，NDCG 定义为

$$\mathrm{NDCG}=\frac{\mathrm{DCG}_P}{\mathrm{IDCG}_P} \tag{9-23}$$

其中，IDCG_P(ideal discount cumulative gain，DCG)是查询的 DCG 最大值，DCG 定义为

$$\mathrm{DCG}_P=\sum_{i=1}^{P}\frac{2^{\mathrm{rel}_i}-1}{\log(1+i)} \tag{9-24}$$

其中，rel_i 表示位置 i 处结果列表的分级相关性。

Top-K 精度反映了不同前 K 个检索数据点的精度值，并且是所有查询的平均值。PrecisionRecall(PR)曲线定义为不同召回级别下的精度值。

OLSH 有四个参数，即式(9-5)中的 g、λ_1、λ_2、α。其中，g 是控制连续潜在语义概念空间维度的重要参数，λ_1 和 λ_2 是控制每个模态权重的加权参数，α 控制正则化项的权重。本节进行了一组实验来研究不同参数对三个数据集的影响，结果如图 9.2 所示。可以看出，当 $\lambda_1\in[0.1,1000]$、$\lambda_2\in[0.01,1000]$和 $\alpha\in[0.2,20]$时，可以获得良好的检索性能。此外，当 g 设置

大于 150 时，性能并没有明显地提高。由于 g 值越大，计算复杂度越高，因此在实验中选择 $g=150$。对于其他参数，在实验中分别选择 $\lambda_1=10$、$\lambda_2=10$、$\alpha=10$ 和 $g=150$。

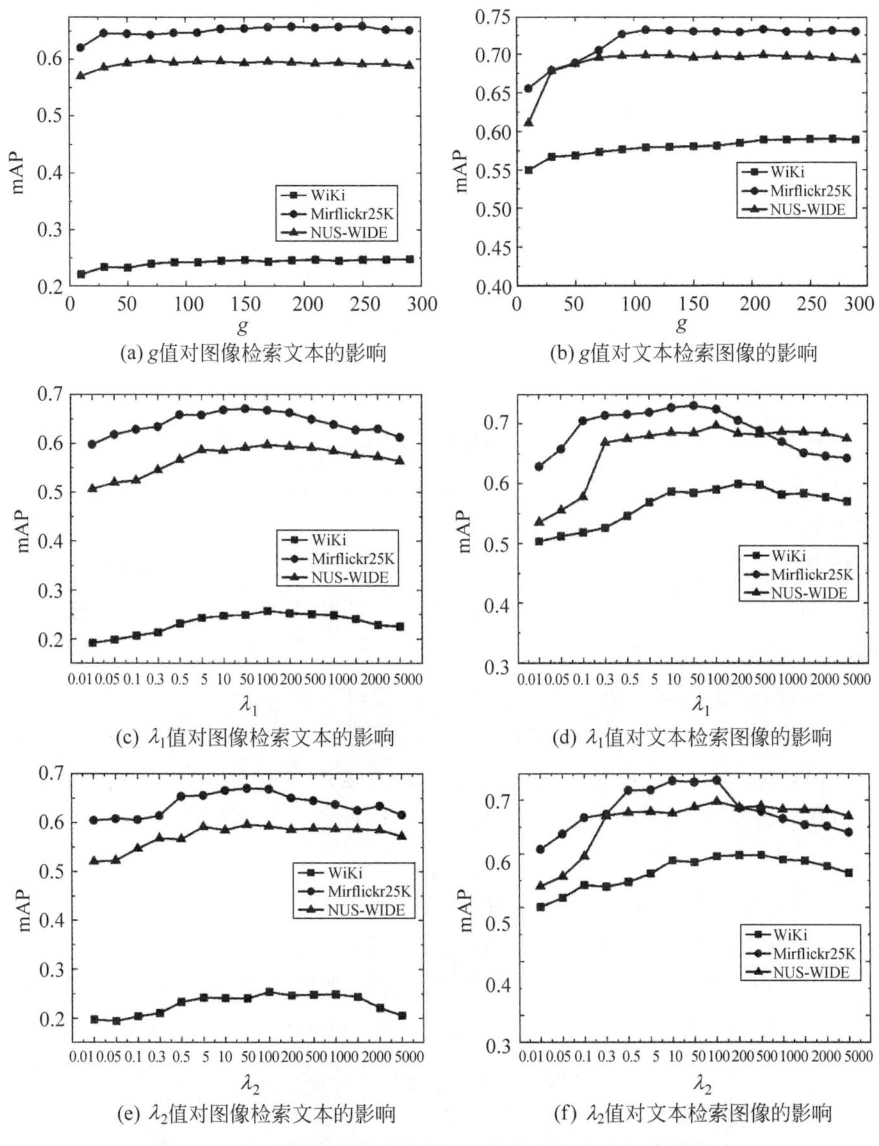

(a) g值对图像检索文本的影响　(b) g值对文本检索图像的影响

(c) λ_1值对图像检索文本的影响　(d) λ_1值对文本检索图像的影响

(e) λ_2值对图像检索文本的影响　(f) λ_2值对文本检索图像的影响

图 9.2　在不同数据集上使用 32 位代码长度进行参数研究

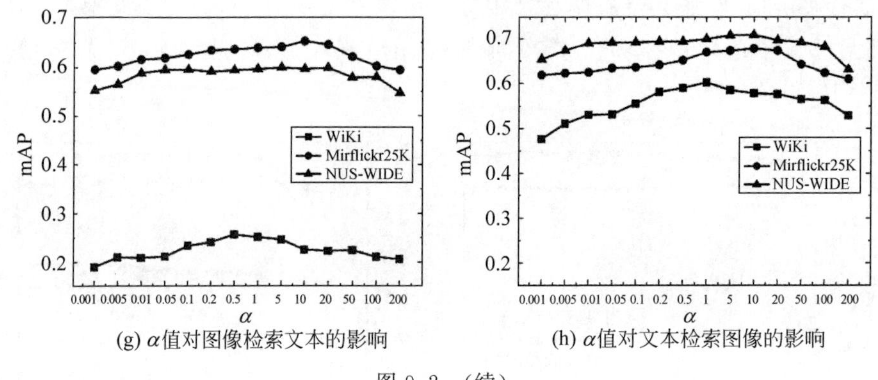

(g) α值对图像检索文本的影响 (h) α值对文本检索图像的影响

图 9.2 (续)

9.3.3 实验结果及分析

本节进行了大量的实验来评估所提出的方法对于两个跨媒体任务的有效性和效率。由于 OCMH 可以在线学习哈希函数,因此所有数据集上的实验设置与 OLSH 相同。对于其他比较方法,在学习哈希函数之前所有训练数据点必须可用。因此,哈希函数是通过本实验中所有可用的训练数据点来学习的。

OLSH 的 mAP 结果以及不同代码长度的比较方法在三个数据集上的结果如表 9.2 所示。

直观上,在线学习可能会降低检索性能以提高效率。但从表中的结果可以观察到,基于在线的 OLSH 算法在代码长度为 16 位到 64 位不同的两个跨媒体检索任务上取得了最佳结果。原因是连续的潜在语义空间能够比使用离散标签更好地测量语义相似性,用于学习更具辨别力的哈希码和随后的高质量哈希函数。

mAP 上的跨媒体检索性能随着代码长度的增加而不断提高。这意味着较长的哈希码可以更好地保留数据点的相似性。

请注意,监督算法通常优于无监督算法。监督哈希算法在具有不同代码长度的所有数据集上实现了最佳性能,例如促卵泡激素、促卵泡激素。这可以通过以下事实来解释,保留基于标签的相似性可以提高哈希函数的质量以及随之而来的有希望的检索性能。

OLSH 显著优于 OCMH,后者也是一种在线跨媒体哈希算法。原因是 OCMH 只保留了基于特征的相似性,缺乏区分性。

表 9.2 WiKi、Mirflickr25K 和 NUS-WIDE 数据集上的 mAP 分数比较

任务	算法	WiKi				Mirflickr25K				NUS-WIDE			
		16	24	32	64	16	24	32	64	16	24	32	64
图像检索文本	PDH	0.2026	0.2057	0.2065	0.2170	0.6242	0.6247	0.6346	0.6421	0.4111	0.4373	0.4276	0.4318
	IMH	0.2037	0.1900	0.1717	0.1703	0.6267	0.6270	0.6170	0.6080	0.4955	0.4900	0.4742	0.4589
	ACQ	0.1982	0.1914	0.1935	0.2151	0.5724	0.5757	0.5750	0.5765	0.3438	0.3591	0.3681	0.3775
	CVH	0.1841	0.1708	0.1703	0.1662	0.6246	0.6211	0.6218	0.6155	0.5544	0.5476	0.5376	0.3641
	CMFH	0.2180	0.2187	0.2190	0.2287	0.6336	0.6361	0.6396	0.6402	0.5107	0.5114	0.5270	0.5289
	LSSH	0.2204	0.2211	0.2269	0.2303	0.6224	0.6319	0.6432	0.6519	0.4728	0.4875	0.4891	0.4989
	FSH	0.2347	0.2440	**0.2613**	**0.2618**	0.5642	0.5773	0.5951	0.6036	0.5299	0.5392	0.5291	0.5429
	SMFG	0.2334	0.2438	0.2611	0.2484	0.6342	0.6416	0.6427	0.6476	0.3669	0.3713	0.3686	0.3799
	OCMH	0.2038	0.2017	0.2080	0.2044	0.6168	0.6234	0.6271	0.6310	0.5291	0.5347	0.5546	0.5630
	OLSH	0.2430	0.2474	0.2516	0.2592	0.6709	0.6735	0.6765	0.6801	0.5948	0.6049	**0.6052**	0.6063
文本检索图像	PDH	0.2326	0.2538	0.2425	0.2617	0.6357	0.6395	0.6493	0.6581	0.4867	0.4606	0.4811	0.4719
	IMH	0.2472	0.2471	0.2312	0.2240	0.6316	0.6271	0.6247	0.6122	0.4753	0.4662	0.4685	0.4607
	ACQ	0.2629	0.2891	0.2897	0.3535	0.5761	0.5763	0.5770	0.5757	0.3552	0.3771	0.3788	0.3787
	CVH	0.2567	0.2336	0.2291	0.2079	0.6287	0.6251	0.6256	0.6168	0.5291	0.5252	0.5194	0.3822
	CMFH	0.3102	0.3154	0.3177	0.3338	0.6348	0.6429	0.6435	0.6467	0.5443	0.5452	0.5436	0.5349
	LSSH	**0.5084**	0.5231	0.5400	0.5682	0.6972	0.7013	0.7087	0.7203	0.5686	0.5998	0.6017	0.6168
	FSH	0.4573	0.4928	0.5130	0.5316	0.5982	0.5973	0.6064	0.6127	0.5566	0.5578	0.5478	0.5620
	SMFH	0.4891	0.5180	0.5212	0.5386	0.6406	0.6483	0.6517	0.6680	0.3738	0.3798	0.3825	0.3978
	OCMH	0.3574	0.3688	0.3758	0.4011	0.6208	0.6344	0.6392	0.6433	0.5544	0.5692	0.5731	0.5839
	OLSH	0.5066	**0.5270**	**0.5439**	**0.5828**	**0.7087**	**0.7105**	**0.7204**	**0.7382**	**0.7045**	**0.7070**	**0.7128**	**0.7201**

此外,NDCG 可以评估结果列表的排名质量,也可用于进一步评估多标签数据集上的检索性能。表 9.3 和表 9.4 报告了 NDCG 在两个多标签数据集上使用不同哈希码长度的所有比较方法的实验结果。从表 9.3 和表 9.4 可以发现,在大多数情况下,OLSH 在这两个检索任务上优于其他算法,原因是 OLSH 利用连续的语义概念空间来测量异构数据点的相似性。LSSH 和 FSH 实现了可比的性能,原因是它们利用语义标签来衡量多标签数据点的相似性。这证明使用提供的语义标签可以有助于学习更具辨别力的哈希函数。

为了证明本章算法的有效性,本节还绘制了 Top-K 精度和 PR 曲线,并且在两个跨媒体检索任务中所有具有 32 位代码长度的数据集的结果如图 9.2 和图 9.3 所示。从图 9.3 中可以观察到,OLSH 在 Mirflickr25K 和 NUS-WIDE 数据集上的准确率明显优于其他方法,在 WiKi 数据集上,OLSH 准确性最高。此外,FSH 在 WiKi 数据集上获得了最佳性能,并在 Mirflickr25K 和 NUS-WIDE 数据集上获得了优势。从图 9.4 可以看出,OLSH 在 Mirflickr25K 和 NUS-WIDE 数据集上始终表现最好,并且在 WiKi 数据集上实现了较好的性能。

为了证明 OLSH 在流数据点上的效率,在数据点以流方式到达的在线设置上进行了实验。为了模拟在线学习,整个在线检索阶段包括多轮,并且每轮都会将新的数据块附加到训练数据集。在每轮出现新数据块时,基于批处理的方法必须在所有可用的训练数据点上重新训练哈希函数,而在 OLSH 的每轮中仅利用新数据块重新训练哈希函数。值得解释一下,由于某些方法在训练过程中花费太多时间,如 IMH、LSSH 和 SMFH,这是选择性地报告结果。

每轮训练时间结果如图 9.5 所示,结果单位为秒。从图 9.5 中可以观察到:

(1) OLSH 的训练时间比大多数比较方法要小得多,并且一些对比方法需要更长的时间来训练哈希函数,如 FSH。

(2) 几轮后训练时间几乎恒定,这与 9.2.3 节中的分析一致。原因是每个块中的数据点是从数据集中随机采样的,每个块中的数据点遵循大致相同的分布。

(3) 在前几轮训练中,OLSH 的训练时间有时会增加,并且略高于其他轮次。原因可能是前几轮旧数据点的数量较少,这些数据点不能很好地代表整个数据分布。因此,新数据点的分布可能与训练集中的数据点有很大差异,这导致训练时间增加,并且前几轮的训练时间更长。

表 9.3 Mirflickr25K 数据集上的 NDCG@10 比较

任务	算法	代码长度(位)				任务	代码长度(位)			
		16	24	32	64		16	24	32	64
图像检索文本	PDH	0.1804	0.1786	0.1776	0.1859	文本检索图像	0.1910	0.1812	0.1890	0.1912
	IMH	0.1832	0.1796	0.1789	0.1741		0.1837	0.4863	0.1810	0.1769
	ACQ	0.1492	0.1493	0.1499	0.1501		0.1504	0.1525	0.1516	0.1534
	CVH	0.1803	0.1845	0.1817	0.1772		0.1842	0.1884	0.1855	0.1807
	CMFH	0.1854	0.1900	0.1974	0.1949		0.1961	0.1979	0.1988	0.1971
	LSSH	0.1875	0.1898	0.1945	0.1990		0.1929	0.1980	0.2070	**0.2136**
	FSH	0.1606	0.1726	0.1781	0.1795		0.1536	0.1584	0.1687	0.1756
	SMFG	0.1803	0.1898	0.1940	0.1967		0.1895	0.1976	0.1964	0.2025
	OCMH	0.1750	0.1771	0.1784	0.1838		0.1795	0.1804	0.1811	0.1846
	OLSH	**0.1994**	**0.2006**	**0.2055**	**0.2063**		**0.2022**	**0.2018**	**0.2109**	0.2127

表 9.4 NUS-WIDE 数据集上的 NDCG@10 比较

任务	算法	代码长度(位)				任务	代码长度(位)			
		16	24	32	64		16	24	32	64
图像检索文本	PDH	0.2295	0.2592	0.2761	0.2935	文本检索图像	0.1710	0.2073	0.1981	0.2020
	IMH	0.3056	0.2820	0.2909	0.2833		0.3125	0.3097	0.3023	0.2905
	ACQ	0.1932	0.2019	0.2065	0.2114		0.1884	0.2048	0.2112	0.2223
	CVH	0.3385	0.3377	0.3347	0.3170		0.3202	0.3209	0.3141	0.3078
	CMFH	0.3247	0.3278	0.3432	0.3468		0.3344	0.3441	0.3553	0.3338
	LSSH	0.3205	0.3294	0.3309	0.3348		0.3775	0.3817	0.3833	0.3876
	FSH	0.3633	0.3642	0.3542	0.3647		0.3306	0.3511	0.3412	0.3569
	SMFG	0.1959	0.1967	0.2047	0.2116		0.1849	0.1953	0.1923	0.1975
	OCMH	0.3385	0.3408	0.3457	0.3461		0.3702	0.3762	0.3795	0.3804
	OLSH	**0.3851**	**0.3847**	**0.3858**	**0.3865**		**0.3887**	**0.3897**	**0.3916**	**0.3940**

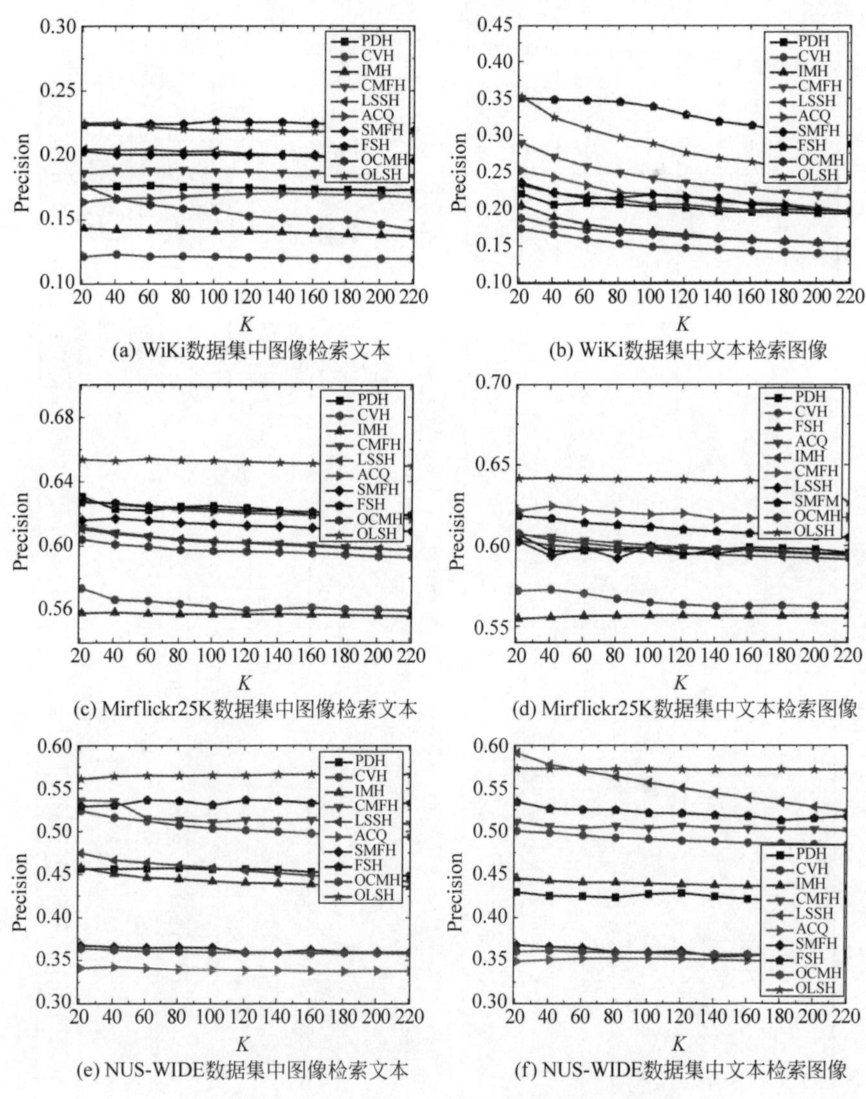

(a) WiKi数据集中图像检索文本　(b) WiKi数据集中文本检索图像

(c) Mirflickr25K数据集中图像检索文本　(d) Mirflickr25K数据集中文本检索图像

(e) NUS-WIDE数据集中图像检索文本　(f) NUS-WIDE数据集中文本检索图像

图 9.3　OLSH 在三个数据集的 Top-K 曲线

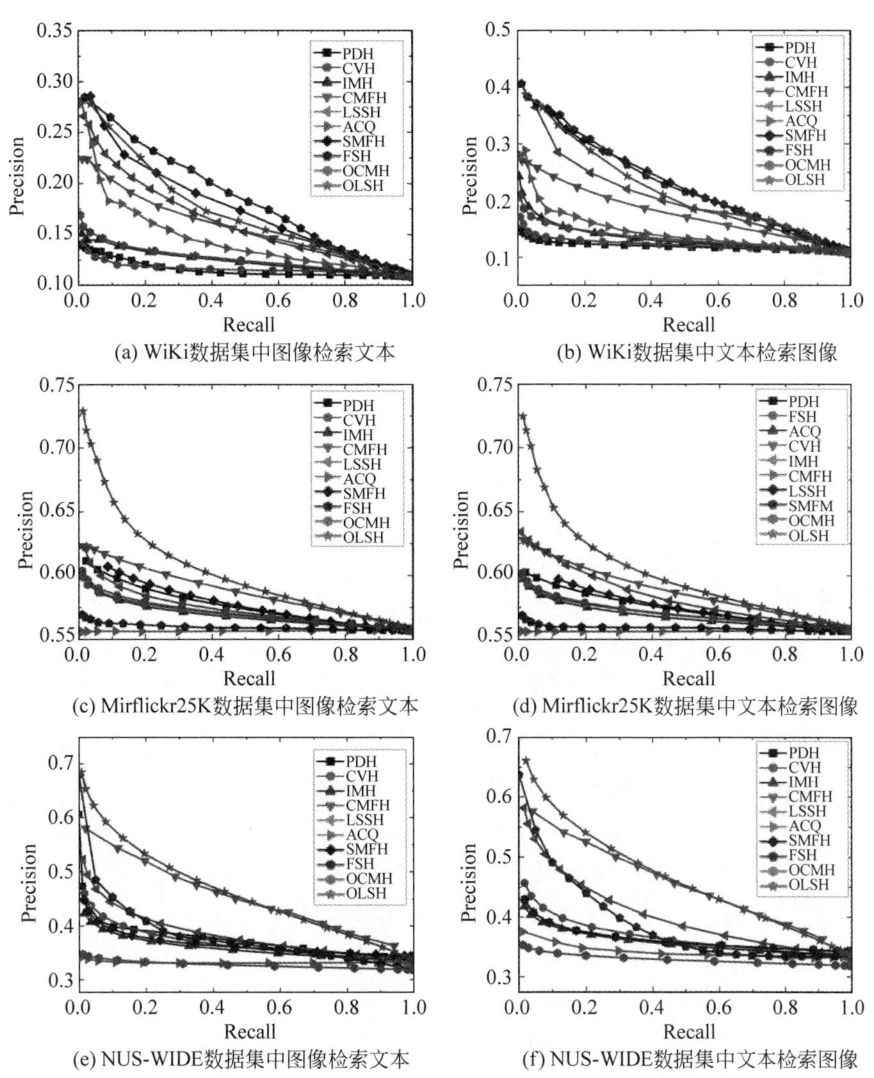

图 9.4　OLSH 在三个数据集的 PR 曲线

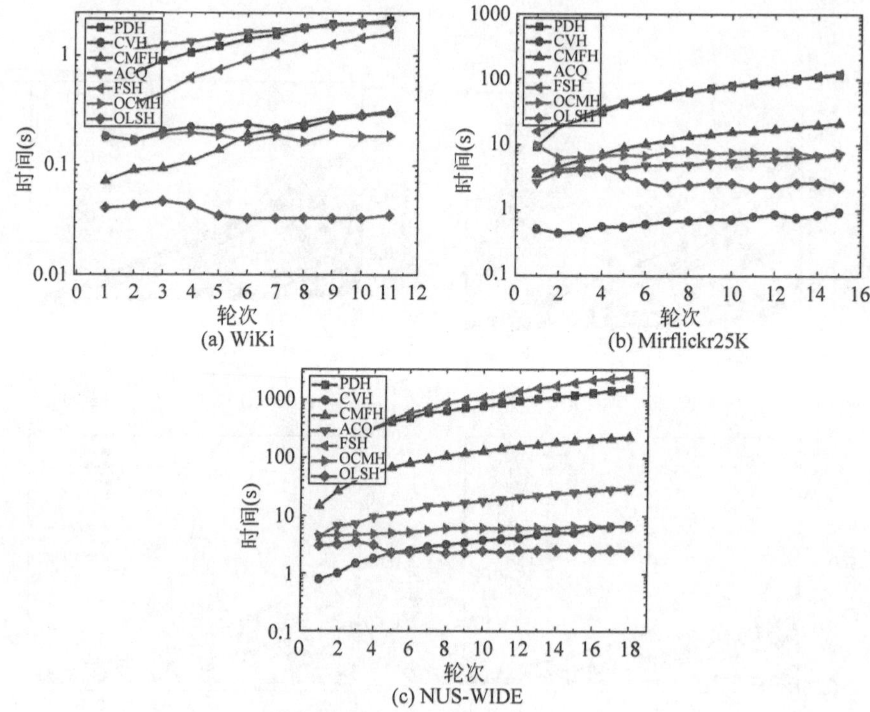

图 9.5 不同数据集上 32 位哈希码的每轮训练时间比较

(4) 对于基于批处理的方法，训练时间随着数据点增加而增加，原因是每轮所有积累的训练数据点都被用来训练哈希函数。

(5) OCMH 每轮的训练时间也大致保持不变，原因是 OCMH 也是一种在线哈希方法，不过它每轮仅使用新的数据点来训练哈希函数。然而，就 mAP 结果而言，它无法胜过大多数基于批次的方法。

除了训练时间结果之外，图 9.6 还显示了每轮三个数据集上的 mAP 结果。对于基于批处理的方法，哈希函数是通过每轮的所有可用训练数据点来学习的。从图 9.6 可以看出，OLSH 算法在大多数情况下获得了最好的精度，并且随着可用训练数据点的增加，OLSH 的性能持续不断地提高。这表明散列函数的质量可以随着轮数的增加而提高。此外，一些监督方法在 WiKi 和 Mirflickr25K 数据集上取得了较好的结果，例如，SMFH、SFH 和 SCM，SCM 在 NUS-WIDE 数据集上取得了次优的结果，这也证明了语义信息可以提高检索性能。OLSH 在 NUS-WIDE 数据集上的 mAP 结果显著优于比较方法，这表明 OLSH 更适合大规模应用。在大规模训练数据集上的

良好性能和较短的训练时间表明了 OLSH 的有效性和效率。

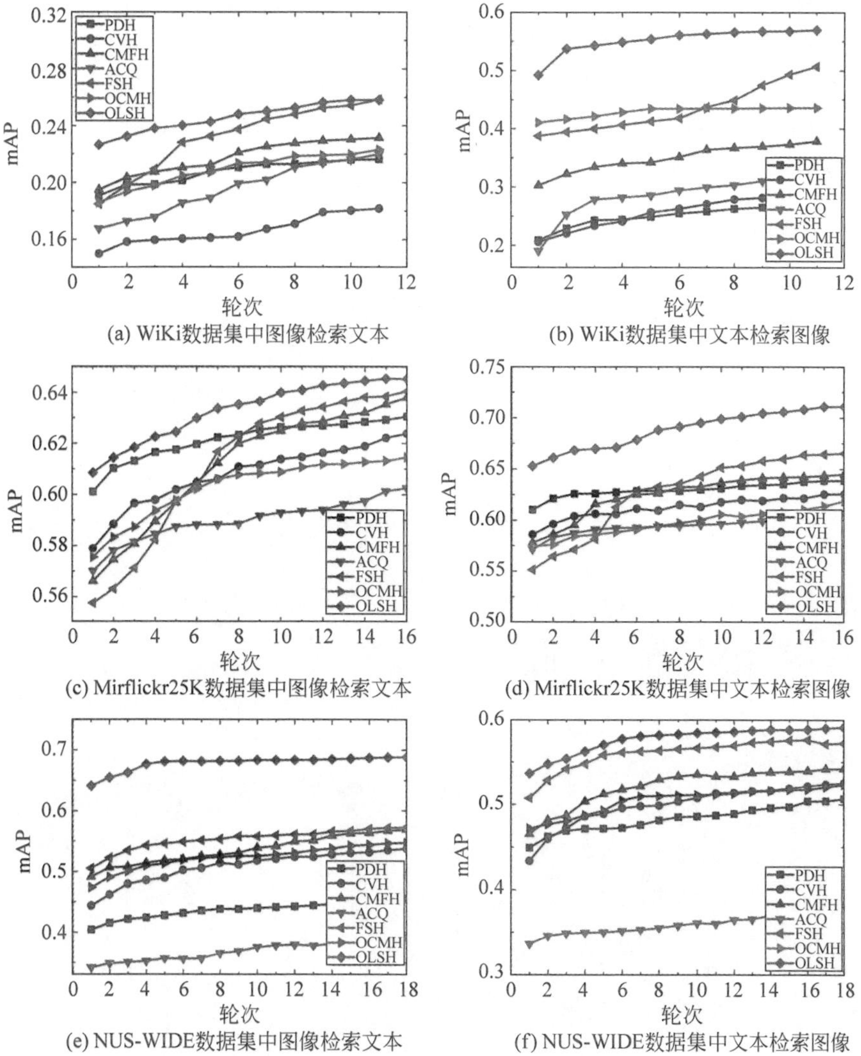

(a) WiKi数据集中图像检索文本

(b) WiKi数据集中文本检索图像

(c) Mirflickr25K数据集中图像检索文本

(d) Mirflickr25K数据集中文本检索图像

(e) NUS-WIDE数据集中图像检索文本

(f) NUS-WIDE数据集中文本检索图像

图 9.6 OLSH 的 mAP 结果比较

9.4 本章小结

本章研究了多媒体检索中一个具有挑战性但研究较少的问题，即在线跨媒体检索。为了解决这个问题，本章提出了一种在线哈希算法 OLSH。

OLSH 提出利用在线学习方案来顺序处理流数据点，并且在大多数情况下性能优于比较方法。为了学习更具辨别力的哈希码，学习连续的潜在语义概念空间，并且可以以离散的方式获得哈希码。通过三个真实数据集的实验结果表明，OLSH 具有良好的准确性和可扩展性。OLSH 仅采用线性映射矩阵作为哈希函数，模型中可以采用深度学习来发现非线性数据结构，获得更具判别力的哈希码。

第10章

用于大规模跨媒体检索的高效监督图嵌入哈希算法

基于图的哈希算法因其在多媒体检索中的有效性而受到了广泛关注，但仍然有一些问题需要进一步研究，包括：①图嵌入的一个显著缺点是由于图拉普拉斯矩阵引起的昂贵的内存和计算成本；②大多数先驱工作在训练过程中未能充分利用可用的类标签，这通常导致检索性能降低。为了克服这些缺点，本章提出了一种简单而有效的监督式跨媒体哈希方案，称为高效监督图嵌入哈希(efficient supervised graph embedded hashing，ESGEH)，它可以同时高效地学习哈希函数和离散二进制码。

本章首先在引言部分介绍算法的研究背景和动机，然后详细论述本章提出的高效监督图嵌入哈希算法，最后在四个公开数据集上与对比算法进行比较，结果证明了该算法的有效性和高效性。

10.1 引言

哈希技术旨在从高维样本中保留相似性结构，寻找低维二进制码，已被广泛应用于大规模多媒体检索。紧凑的二进制码可以显著降低汉明距离计算复杂度和内存，使哈希算法可扩展到大规模数据集。受此启发，学者们近年来提出了许多哈希算法，用于执行大规模检索任务。然而，其中大多数仅限于单模态应用，检索样本的媒体类型与查询相同，例如，使用图像查询在数据库中检索相似图像。

在许多实际应用中，样本通常由多个模态表示，例如，一张图像通常会伴随一段简短的文本或几个标签。这使得信息检索更加困难，因为来自不同模态的样本通常位于完全不同的空间中。跨媒体检索的关键点是建立异构模态之间的语义相关性。目前,跨媒体检索算法多种多样,虽然这些算法可以支持从不同模态检索相关样本,但通常不能很好地解决可扩展性问题。随着多媒体数据的快速增长,对大规模数据集进行快速相似度搜索已成为一个具有挑战性的问题。跨媒体哈希旨在将高维异构样本投影到低维共享汉明空间中,因其在大规模数据集上的高效性而变得越来越有吸引力。

近年来,在基于谱图的哈希场景中已经取得了一些成就,包括单模态哈希算法和跨媒体哈希算法。具体而言,训练样本的谱图被嵌入学习到的二进制码中,以保持训练样本中的邻近关系结构在已学习的汉明空间中。邻近关系结构对于近似最近邻检索任务具有非常重要的信息,但在大多数先前的研究中被忽略了。虽然一些方法享有谱嵌入的优点,但它们通常存在以下问题:

(1) 生成图拉普拉斯矩阵的要求通常导致在大规模数据集上具有较高计算复杂度和内存成本,这阻碍了它们被应用于大规模应用程序中。为了降低计算复杂度,采用少量锚点构建锚图来近似邻域图,以便可以通过这些锚点来测量样本之间的相似性。虽然这种算法的计算复杂度是高效的,但锚点不足以捕捉训练样本中隐藏的流形结构。

(2) 由于谱目标函数与离散约束不可解,通常采用了两步(松弛+阈值)优化策略。然而,阈值操作可能会破坏嵌入的流形结构,降低了二进制码的有效性。

(3) 尽管有部分研究者提出在哈希学习过程中最小化量化误差,但通常会忽略了可用的类标签。

为了解决上述问题,本章首先提出了一种新颖的基于图嵌入的哈希算法,用于大规模跨媒体检索,称为高效监督图嵌入哈希。具体而言,为了更好地捕捉训练样本中的语义相似性,通过基于类标签的图嵌入保留了单模态一致性和通过语义嵌入保留了跨模态一致性,使其在共享空间中得以体现;其次,提出了一种监督迭代量化算法,以进一步增强二进制码的区分度;最后,设计了一种有效的交替离散优化算法,保证收敛性,用于迭代地解决所制定的最优问题,每个子问题都可以产生封闭形式的解以提高效率。所提出的 ESGEH 的框架如图 10.1 所示。

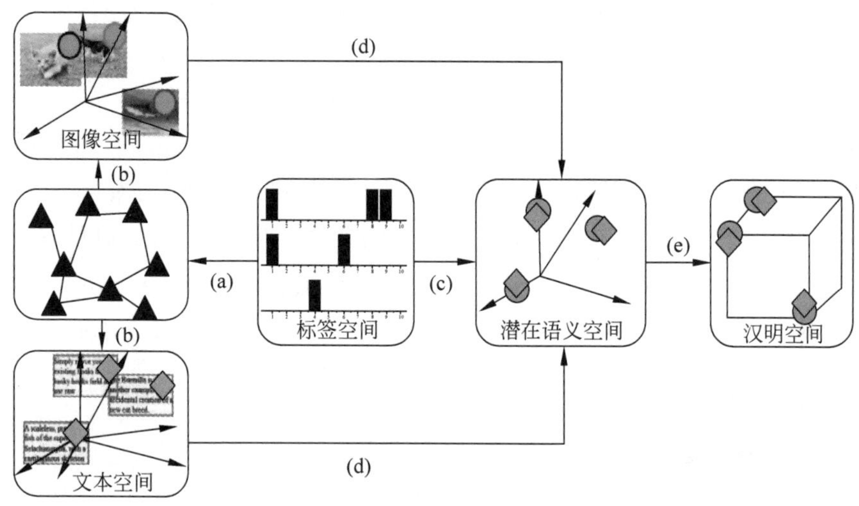

图 10.1 ESGEH 的示意图

ESGEH 的步骤如下所示：

(a) 通过训练样本的类别标签构建了一个光谱图；

(b) 将光谱图嵌入图像和文本空间中，为每种模态学习一个映射矩阵；

(c) 从类别标签空间生成了一个语义空间；

(d) 为了保持跨模态的相似性，图像和文本模态也被映射到语义空间中；

(e) 学习一个旋转矩阵，以在类别标签的监督下最小化量化误差。

10.2 高效监督图嵌入哈希算法

本节介绍 ESGEH 算法。10.2.1 节中说明本章中使用的符号，10.2.2 节介绍 ESGEH 算法的公式，10.2.3 节提供所提出的最优算法的详细信息，10.2.4 节提供所提出的 ESGEH 的计算复杂度。

10.2.1 符号说明与问题定义

本章简单地专注于两种模态（即图像和文本模态）的跨媒体检索任务，这可以扩展到其他模态或超过两种模态。$\{\boldsymbol{X},\boldsymbol{Y}\}$是具有 n 个样本的图库集合，其中，$\boldsymbol{X}=\{\boldsymbol{X}^{(1)},\boldsymbol{X}^{(2)}\}$表示训练样本的特征，$\boldsymbol{Y}$ 表示类标签。$\boldsymbol{X}^{(r)}=\{\boldsymbol{x}_1^{(r)},\boldsymbol{x}_2^{(r)},\boldsymbol{x}_3^{(r)},\cdots,\boldsymbol{x}_n^{(r)}\}\in\boldsymbol{R}^{d_r\times n}$ $(r=1,2)$表示来自第 r 种模态的特征，d_r 是特征的维数。$\boldsymbol{y}=\{\boldsymbol{y}_1,\boldsymbol{y}_2,\boldsymbol{y}_3,\cdots,\boldsymbol{y}_n\}\in\{0,1\}^{m\times n}$ 表示类标签矩阵，其中 m 是类别的总数。

作为预处理步骤，通过非线性 RBF 核投影将特征转换为核空间：

$$\phi(\boldsymbol{x}_j^{(r)})=\left[\exp\left(-\frac{\|\boldsymbol{x}_j^{(r)}-\boldsymbol{o}_1^{(r)}\|_2^2}{2\sigma_r^2}\right),\cdots,\exp\left(-\frac{\|\boldsymbol{x}_j^{(r)}-\boldsymbol{o}_c^{(r)}\|_2^2}{2\sigma_r^2}\right)\right]^{\mathrm{T}} \tag{10-1}$$

其中，$[\boldsymbol{o}_1^{(r)},\boldsymbol{o}_2^{(r)},\cdots,\boldsymbol{o}_n^{(r)}]$表示从第 c 种模态中随机选择的 r 个锚点，σ_r 是第 r 种模态的宽度，$\|\cdot\|_2$ 表示 L_2 范数。跨媒体哈希旨在通过保留训练样本之间的数据结构来学习异构样本的同质二进制码。$\boldsymbol{B}^{(r)}=\{\boldsymbol{b}_1^{(r)},\boldsymbol{b}_2^{(r)},\cdots,\boldsymbol{b}_n^{(r)}\}\in\{-1,1\}^{k\times n}$ 表示第 r 种模态的学习二进制码矩阵，其中 k 是码长。

10.2.2 公式

1. 同模态相似性保持

虽然许多基于图的哈希算法在多媒体检索中取得了成功，但大多数算法都侧重于无监督学习，只依赖训练样本的原始特征来导出图嵌入。然而，原始特征通常是以无监督的方式提取的，这使得它们缺乏语义信息。因此，基于特征的图谱矩阵可能无法准确描述样本之间真正的内在语义相关性，从而降低语义检索结果。虽然一些先驱方法利用监督信息(如类标签)构建图形，但它们通常将 $S_{ij}=1$ 设置为第 i 个样本与第 j 个样本共享至少一个类标签，否则以 $S_{ij}=0$ 来构建谱图矩阵 $\boldsymbol{S}\in\boldsymbol{R}^{n\times n}$。由于类标签之间的语义关系的多样性，用这种方式描述语义关系是困难的。为了提高谱图矩阵的区分度，本章采用余弦距离来衡量类标签之间的相似性，并将第 i 个和第 j 个样本之间的语义相似性定义为

$$S_{ij}=\frac{\boldsymbol{y}_i^{\mathrm{T}}\boldsymbol{y}_j}{\|\boldsymbol{y}_i\|_2\|\boldsymbol{y}_j\|_2} \tag{10-2}$$

例如，有三个样本 $\boldsymbol{x}_1$、$\boldsymbol{x}_2$、$\boldsymbol{x}_3$，它们对应的类标签分别为 $\boldsymbol{y}_1=[0,1,1,0,1]^{\mathrm{T}}$、$\boldsymbol{y}_2=[1,1,0,0,0]^{\mathrm{T}}$、$\boldsymbol{y}_3=[0,1,0,1,1]^{\mathrm{T}}$。$\boldsymbol{y}_1$ 和 $\boldsymbol{y}_2$ 之间的相似度为 $1/\sqrt{6}$，而 $\boldsymbol{y}_1$ 和 $\boldsymbol{y}_3$ 之间的相似度为 2/3，这可以更好地描述样本之间的语义关系。10.2.3 节将详细介绍如何使用这个术语来减少计算复杂度和内存成本。

本章的目标是在学习的汉明空间中保留语义相似性。也就是说，具有更高语义相似性的样本应该具有更短的汉明距离，反之亦然。为了实现这个目标，本章提出了在学习的共享汉明空间中保留基于语义的模内和模间相似性的方法。具体来说，ESGEH 借鉴了谱哈希的公式，通过谱图嵌入来

寻求同构二进制码，其目标函数为

$$\min_{\boldsymbol{B}^{(r)}}\sum_{r=1}^{2}\sum_{i,j}^{n}\gamma_r\boldsymbol{S}_{ij}\|\boldsymbol{b}_i^{(r)}-\boldsymbol{b}_j^{(r)}\|_F^2 \tag{10-3}$$
$$\text{s. t. } \boldsymbol{b}^{(r)}\in\{1,-1\}^k$$

其中，$\|\cdot\|_F$ 表示 Frobenius 范数，γ_1 和 γ_2 是调节参数。使用矩阵，上述目标函数可以转换为

$$\min_{\boldsymbol{B}^{(r)}}\sum_{r=1}^{2}\gamma_r\operatorname{tr}(\boldsymbol{B}^{(r)}\boldsymbol{L}\boldsymbol{B}^{(r)\mathrm{T}}) \tag{10-4}$$
$$\text{s. t. } \boldsymbol{B}^{(r)}\in\{1,-1\}^{k\times n}$$

其中，$\operatorname{tr}(\cdot)$ 表示迹操作，$\boldsymbol{L}=\boldsymbol{D}-\boldsymbol{S}$ 表示图拉普拉斯矩阵，$\boldsymbol{D}$ 是一个对角矩阵，其元素为 $\boldsymbol{D}_{ii}=\sum_{j=1}^{n}\boldsymbol{S}_{ij}$。然而，由于二进制码的离散约束，这是一个 NP 难问题。要解决这个问题的一种常见的策略是放弃离散约束，产生一个共享连续空间，然后可以将式(10-4) 写为

$$\min_{\boldsymbol{W}^{(r)}}\sum_{r=1}^{2}\gamma_r\operatorname{tr}(\boldsymbol{W}_r\phi(\boldsymbol{X}^{(r)})\boldsymbol{L}\phi(\boldsymbol{X}^{(r)})^{\mathrm{T}}\boldsymbol{W}_r^{\mathrm{T}}) \tag{10-5}$$

其中，$\boldsymbol{W}^{(r)}$ 表示第 r 个模态的投影矩阵。

2. 跨模态相似性保持

为了缩小异构数据之间的差距，大多数实现方法是将异构特征直接投影到同构的二进制码上以学习哈希函数。然而，每个模态的分布通常是不同的。虽然哈希函数可以生成二进制码，但它们并不具有区分性。本章将类标签结合起来，学习共享空间，不仅可以保持跨模态的相似性，还可以保留异构数据中隐藏的内在语义相关性。具体而言，为了减少异构性差距，这里将从类标签中提取的潜在语义子空间 $\boldsymbol{V}$ 作为共享空间，它可以捕捉到异构数据中隐藏的内在语义相关性，表示为 $\boldsymbol{V}=\boldsymbol{PY}$，其中 $\boldsymbol{P}\in\boldsymbol{R}^{k\times m}$ 表示线性映射矩阵。这个约束条件强制要求具有相同类标签的样本共享相同的表示，以便在共享空间中保持训练样本之间的语义相关性。然后，跨模态相似性保持可以表示为

$$\min_{\boldsymbol{P},\boldsymbol{W}_1,\boldsymbol{W}_2}\lambda_1\|\boldsymbol{PY}-\boldsymbol{W}_1\phi(\boldsymbol{X}^{(1)})\|_F^2+\lambda_2\|\boldsymbol{PY}-\boldsymbol{W}_2\phi(\boldsymbol{X}^{(2)})\|_F^2 \tag{10-6}$$
$$\text{s. t. } \lambda_1+\lambda_2=1$$

其中，λ_1 和 λ_2 是加权参数，用于平衡两个模态。

3. 监督迭代量化

为了生成更具区分度的二进制码，这里还考虑了量化误差。实现这一点的一种常见方法是谱旋转，其旨在学习一个正交旋转矩阵，以最小化量化误差，可以表述为

$$\min_{\boldsymbol{R}} \alpha \|\boldsymbol{B}-\boldsymbol{R}\boldsymbol{V}\|_F^2 \tag{10-7}$$

$$\text{s.t.}\ \boldsymbol{B}\in\{-1,1\}^{k\times n},\quad \boldsymbol{R}\boldsymbol{R}^{\mathrm{T}}=\boldsymbol{I}_k$$

其中，α 是一个加权参数，$\boldsymbol{R}\in\boldsymbol{R}^{k\times k}$ 表示正交旋转矩阵，$\boldsymbol{I}_k$ 是一个大小为 $k\times k$ 的单位矩阵。然而，大多数现有的方法以无监督的方式学习正交旋转矩阵，这可能导致生成的二进制码效果不佳。本节还强制执行约束条件 $\boldsymbol{V}=\boldsymbol{P}\boldsymbol{Y}$，其中类别标签可以监督旋转矩阵的学习。因此，式(10-7)可以改写为

$$\min_{\boldsymbol{R}} \alpha \|\boldsymbol{B}-\boldsymbol{R}\boldsymbol{P}\boldsymbol{V}\|_F^2 \tag{10-8}$$

$$\text{s.t.}\ \boldsymbol{B}\in\{-1,1\}^{k\times n},\quad \boldsymbol{R}\boldsymbol{R}^{\mathrm{T}}=\boldsymbol{I}_k$$

将式(10-5)、式(10-6)和式(10-8)结合起来，得到了所提出的 ESGEH 的目标函数为

$$\min_{\boldsymbol{B},\boldsymbol{P},\boldsymbol{R},\boldsymbol{W}_1,\boldsymbol{W}_2}\sum_{r=1}^{2}\lambda\|\boldsymbol{P}\boldsymbol{Y}-\boldsymbol{W}_r\phi(\boldsymbol{X}^{(r)})\|_F^2+\gamma_r\operatorname{tr}(\boldsymbol{W}_r\phi(\boldsymbol{X}^{(r)})\boldsymbol{L}\phi(\boldsymbol{X}^{(r)})^{\mathrm{T}}\boldsymbol{W}_r^{\mathrm{T}})+$$

$$\alpha\|\boldsymbol{B}-\boldsymbol{R}\boldsymbol{P}\boldsymbol{Y}\|_F^2+\mu\operatorname{Reg}(\boldsymbol{W}_1,\boldsymbol{W}_2,\boldsymbol{P}\boldsymbol{Y}) \tag{10-9}$$

$$\text{s.t.}\ \boldsymbol{B}\in\{-1,1\}^{k\times n},\quad \boldsymbol{R}\boldsymbol{R}^{\mathrm{T}}=\boldsymbol{I}_k,\quad \lambda_1+\lambda_2=1$$

其中，μ 是一个加权参数，$\operatorname{Reg}(\boldsymbol{W}_1,\boldsymbol{W}_2,\boldsymbol{P}\boldsymbol{Y})=\|\boldsymbol{W}_1\|_F^2+\|\boldsymbol{W}_2\|_F^2+\|\boldsymbol{P}\boldsymbol{Y}\|_F^2$ 表示正则化项，以避免过拟合。

需要注意的是，与大多数现有的监督哈希算法不同，这里所提出的框架中所有组件都利用了类别标签，即在内模和跨模相似性保持以及量化误差最小化中都使用了类别标签，这强制要求来自不同类别的数据点的哈希码之间距离尽可能远，而来自同一类别的样本的哈希码之间距离尽可能近。因此，学习到的二进制码对于检索任务非常强大。

10.2.3 优化算法

式(10-9)中的优化问题是非凸的，涉及变量 $\boldsymbol{W}_1$、$\boldsymbol{W}_2$、$\boldsymbol{P}$、$\boldsymbol{R}$ 和 $\boldsymbol{B}$。幸运的是，当其他变量固定时，该问题关于这五个变量中的任何一个都是凸的。本节提出了一个五步迭代方案来解决这个问题。

(1) 更新 $\boldsymbol{W}_1$。

当固定变量 $\boldsymbol{W}_2$、$\boldsymbol{P}$、$\boldsymbol{R}$ 和 $\boldsymbol{B}$ 时，最小化式(10-9)等价于最小化：

$$\begin{aligned}&\arg\min_{\boldsymbol{W}_1}\lambda_1\|\boldsymbol{PY}-\boldsymbol{W}_1\phi(\boldsymbol{X}^{(1)})\|_F^2+\mu\|\boldsymbol{W}_1\|_F^2+\\&\gamma_1\operatorname{tr}(\boldsymbol{W}_1\phi(\boldsymbol{X}^{(1)})\boldsymbol{L}\phi(\boldsymbol{X}^{(1)})^{\mathrm{T}}\boldsymbol{W}_1^{\mathrm{T}})\end{aligned}\tag{10-10}$$

对式(10-10)关于变量 $\boldsymbol{W}_1$ 求偏导并令其为零，可以得到 $\boldsymbol{W}_1$ 的闭合形式解：

$$\boldsymbol{W}_1=\lambda_1\boldsymbol{PY}\phi(\boldsymbol{X}^{(1)})^{\mathrm{T}}(\lambda_1\phi(\boldsymbol{X}^{(1)})\phi(\boldsymbol{X}^{(1)})^{\mathrm{T}}+\gamma_1\phi(\boldsymbol{X}^{(1)})\boldsymbol{L}\phi(\boldsymbol{X}^{(1)\mathrm{T}})+\mu\boldsymbol{I}_c)^{-1}\tag{10-11}$$

虽然可以得到 $\boldsymbol{W}_1$ 的闭合形式解，但计算复杂度和内存成本都是 $O(n^2)$，这使得它难以扩展到大规模数据集。为了解决这个问题，这里提出了中间项分解方法，通过精心设计几个常数项来避免显式计算图拉普拉斯矩阵。接下来，将详细介绍如何高效地更新 $\boldsymbol{W}_1$。式(10-11)可以重写为

$$\begin{aligned}\boldsymbol{W}_1=&\lambda_1\boldsymbol{PY}\phi(\boldsymbol{X}^{(1)})^{\mathrm{T}}(\lambda_1\phi(\boldsymbol{X}^{(1)})\phi(\boldsymbol{X}^{(1)})^{\mathrm{T}}+\gamma_1\phi(\boldsymbol{X}^{(1)})\\&\boldsymbol{D}\phi(\boldsymbol{X}^{(1)})^{\mathrm{T}}-\gamma_1\phi(\boldsymbol{X}^{(1)})\boldsymbol{S}\phi(\boldsymbol{X}^{(1)})^{\mathrm{T}}+\mu\boldsymbol{I}_c)^{-1}\end{aligned}\tag{10-12}$$

先定义

$$\bar{\boldsymbol{y}}_i=\frac{\boldsymbol{y}_i}{\|\boldsymbol{y}_i\|_2}$$

得到：

$$\boldsymbol{S}=\bar{\boldsymbol{Y}}^{\mathrm{T}}\bar{\boldsymbol{Y}}$$

$$\boldsymbol{D}_{ii}=\sum_{j=1,j\neq i}^{n}\bar{\boldsymbol{y}}_i^{\mathrm{T}}\bar{\boldsymbol{y}}_j$$

其中，$\boldsymbol{D}_{ii}$ 表示 $\boldsymbol{D}$ 矩阵主对角线上的第 i 个元素。注意，式$\phi(\boldsymbol{X}^{(1)})\boldsymbol{D}\,\phi(\boldsymbol{X}^{(1)})^{\mathrm{T}}$ 和$\phi(\boldsymbol{X}^{(1)})\boldsymbol{S}\,\phi(\boldsymbol{X}^{(1)})^{\mathrm{T}}$ 的计算复杂度和内存成本都是 $O(n^2)$。但是，可以先定义：

$$\overline{\phi(\boldsymbol{x}_i^{(1)})}=\phi(\boldsymbol{x}_i^{(1)})\boldsymbol{D}_{ii}$$

那么，$\phi(\boldsymbol{X}^{(1)})\boldsymbol{D}\,\phi(\boldsymbol{X}^{(1)})^{\mathrm{T}}$ 可以通过$\overline{\phi(\boldsymbol{X}^{(1)})}\phi(\boldsymbol{X}^{(1)})^{\mathrm{T}}$ 计算，其计算复杂度和内存成本都是 $O(n)$。此外，这个项是一个常数，可以在迭代过程之前计算以提高效率。对于$\phi(\boldsymbol{X}^{(1)})\boldsymbol{S}\,\phi(\boldsymbol{X}^{(1)})^{\mathrm{T}}$，首先将其转换为$\phi(\boldsymbol{X}^{(1)})\bar{\boldsymbol{Y}}^{\mathrm{T}}\bar{\boldsymbol{Y}}\,\phi(\boldsymbol{X}^{(1)})^{\mathrm{T}}$，然后可以通过$(\phi(\boldsymbol{X}^{(1)})\bar{\boldsymbol{Y}}^{\mathrm{T}})(\bar{\boldsymbol{Y}}\,\phi(\boldsymbol{X}^{(1)})^{\mathrm{T}})$计算，其计算复杂

度和内存成本也都是 $O(n)$。同样地，它也可以在迭代过程之前计算。

(2) 更新 $\boldsymbol{W}_2$。

类似于求解 $\boldsymbol{W}_1$ 的方法，$\boldsymbol{W}_2$ 的闭式解也可以得到：

$$\boldsymbol{W}_2 = \lambda_2 \boldsymbol{PY}\phi(\boldsymbol{X}^{(2)})^{\mathrm{T}}(\lambda_2 \phi(\boldsymbol{X}^{(2)})\phi(\boldsymbol{X}^{(2)})^{\mathrm{T}} + \gamma_2 \phi(\boldsymbol{X}^{(2)})\boldsymbol{L}\phi(\boldsymbol{X}^{(2)})^{\mathrm{T}} + \mu \boldsymbol{I}_c)^{-1} \tag{10-13}$$

类似提高计算 $\boldsymbol{W}_1$ 的效率，计算复杂度和内存成本也可以降低到 $O(n)$。

(3) 更新 $\boldsymbol{P}$。

固定变量 $\boldsymbol{W}_1$，$\boldsymbol{W}_2$，$\boldsymbol{B}$ 和 $\boldsymbol{R}$，最小化式(10-9)为

$$\arg\min_{\boldsymbol{P}} \lambda_1 \|\boldsymbol{PY} - \boldsymbol{W}_1 \phi(\boldsymbol{X}^{(1)})\|_F^2 + \lambda_2 \|\boldsymbol{PY} - \boldsymbol{W}_2 \phi(\boldsymbol{X}^{(2)})\|_F^2 + \alpha \|\boldsymbol{B} - \boldsymbol{RPY}\|_F^2 + \mu \|\boldsymbol{PY}\|_F^2 \tag{10-14}$$

对式(10-14)关于 $\boldsymbol{P}$ 求偏导并令其为零，可以得到 $\boldsymbol{P}$ 的闭式解。

$$\boldsymbol{P} = ((\lambda_1 + \lambda_2 + \mu)\boldsymbol{I}_k + \alpha \boldsymbol{R}^{\mathrm{T}}\boldsymbol{R})^{-1}(\lambda_1 \boldsymbol{W}_1 \phi(\boldsymbol{X}^{(1)}) + \lambda_2 \boldsymbol{W}_2 \phi(\boldsymbol{X}^{(2)})\boldsymbol{Y}^{\mathrm{T}} + \alpha \boldsymbol{R}^{\mathrm{T}}\boldsymbol{B})\boldsymbol{Y}^{\mathrm{T}}(\boldsymbol{YT}^{\mathrm{T}})^{-1} \tag{10-15}$$

(4) 更新 $\boldsymbol{R}$。

固定变量 $\boldsymbol{W}_1$，$\boldsymbol{W}_2$，$\boldsymbol{B}$ 和 $\boldsymbol{R}$，最小化式(10-9)为

$$\arg\min_{\boldsymbol{R}} \|\boldsymbol{B} - \boldsymbol{RPY}\|_F^2 \tag{10-16}$$

$$\text{s. t. } \boldsymbol{RR}^{\mathrm{T}} = \boldsymbol{I}_k$$

通过奇异值分解算法可以获得 $\boldsymbol{R}$ 的闭式解。

(5) 更新 $\boldsymbol{B}$。

固定变量 $\boldsymbol{W}_1$、$\boldsymbol{W}_2$，$\boldsymbol{R}$ 和 $\boldsymbol{P}$，最小化式(10-9)为

$$\arg\min_{\boldsymbol{B}} \|\boldsymbol{B} - \boldsymbol{RPY}\|_F^2 \tag{10-17}$$

$$\text{s. t. } \boldsymbol{B} \in \{-1,1\}^{k \times n}$$

可以获得 $\boldsymbol{B}$ 的闭式解。

$$\boldsymbol{B} = \mathrm{sgn}(\boldsymbol{RPY}) \tag{10-18}$$

其中，sgn(·)表示逐元素的符号函数。

重复以上五个步骤直至收敛，即可获得最终解。ESGEH 的整个优化过程总结在算法 10.1 中。

算法 10.1 高效监督图嵌入哈希

输入：特征矩阵$\{\boldsymbol{X}^{(1)},\boldsymbol{X}^{(2)}\}$，类别标签矩阵$\boldsymbol{Y}$，哈希码长度$k$。
1：随机初始化图像和文本模态的哈希函数矩阵$\boldsymbol{W}_1$和$\boldsymbol{W}_2$，语义嵌入矩阵$\boldsymbol{P}$和哈希码矩阵$\boldsymbol{B}$。
2：对于$i=1$到 mitter，执行以下操作。
3：通过式(10-12)更新$\boldsymbol{W}_1$。
4：通过式(10-13)更新$\boldsymbol{W}_2$。
5：通过式(10-15)更新$\boldsymbol{P}$。
6：通过 SVD 算法更新$\boldsymbol{R}$。
7：通过式(10-18)更新$\boldsymbol{B}$。
8：结束循环。
输出：哈希函数矩阵$\boldsymbol{W}_1$、$\boldsymbol{W}_2$，语义嵌入矩阵$\boldsymbol{P}$和哈希码矩阵$\boldsymbol{B}$。

对于查询$\boldsymbol{x}^{(r)}$，可以通过以下方程生成其二进制码：

$$\boldsymbol{b}^{(r)}=\operatorname{sgn}(\boldsymbol{R}\boldsymbol{W}_r\phi(\boldsymbol{x}^{(r)})) \tag{10-19}$$

10.2.4 复杂度分析

本节给出 ESGEH 的计算复杂度分析，迭代优化过程包括五个步骤，更新$\boldsymbol{W}_1$、$\boldsymbol{W}_2$、$\boldsymbol{P}$、$\boldsymbol{R}$和$\boldsymbol{B}$。更新它们的计算复杂度分别为$O(kmn+kcn+2q^2n+c^2m+2cmn+k^3+kc^2)$、$O(kmn+kcn+2c^2n+c^2m+2cmn+k^3+kc^2)$、$O(2kcn+3kmn+2m^2n+m^3+k^3+k^2c+mk^2+m^2k)$、$O(k^2n+k^mn+k^3)$和$O(kcn+k^2c)$。在大规模应用中，$n$远大于其他变量，即$k$、$c$和$m$，因此一个迭代的计算复杂度是线性的。给定迭代次数，通常小于 20，因此，整个训练的计算复杂度为$O(n)$，证明了所提出的 ESGEH 的高效性。

10.3 实验结果及分析

10.3.1 实验数据集

在本实验中，使用了四个公共数据集来评估所提出的 ESGEH 方法的有效性和效率。

(1) UCI 手写数字数据集：该数据集包含从荷兰实用地图集合中提取

的 2000 个手写数字 0～9。每张图像分配给 10 个类别之一，每个类别有 200 个模式。按照设置，选择 64 维的 Karhunen-Love 系数作为一种模态的特征，并选择 76 维的字符形状的傅里叶系数作为另一种模态的特征。随机选择 25%的样本组成查询集，其余样本组成训练集。

(2) Mirflickr25K 数据集：该数据集包含来自 24 个类别的 25 000 张图像，附带文本标签。它们是从 Flickr 下载的。按照设置，选择出现至少 20 次的文本标签。在删除没有手动注释标签或文本标签的图像-标签对之后，得到了最终的 20 015 个图像-标签对。文本标签由 500 维特征向量表示，这些特征向量是通过对它们的 BOW 向量进行 PCA 算法获得的，而图像则由 150 维的边缘直方图特征向量描述。随机选择 25%的图像-标签对组成查询集，其余的组成训练集。

(3) NUS-WIDE 数据集：这个真实世界的数据集包含 81 个类别的 269 648 个图像-标签对。按照设置，只保留属于前 10 个最常见标签的样本。因此，在本实验中有 186 577 个样本。每张图像由基于 SIFT 特征的 500 维 BOW 向量表示，其附带的文本标签由 1000 维 BOW 向量描述。随机选择 2000 个样本组成查询集，其余样本组成训练集。

(4) MSCOCO 数据集：该数据集包含超过 300 000 张图像，可用于分割、目标检测和字幕任务。图像的相应字幕在本实验中被视为文本，每个图像-字幕对都手动注释了 80 个语义类别中的若干。在删除没有字幕或类别标签的对之后，得到了 122 218 个对。在本实验中，每张图像由 512 维的 Gist 特征表示，每个相应的字幕由 2000 维的词袋特征向量表示。随机选择 2000 个对组成查询集，其余的对则作为训练集。

10.3.2 基准算法和实施细节

通过图像-查询文本和文本-查询图像任务来评估跨媒体检索的性能。首先将 ESGEH 与九种著名的浅层跨媒体哈希算法进行比较，包括 CMFH、LSSH 和 FSH 三种无监督算法，以及 SCM、DSAH、SMFH、SCRATCH、MTFH 和 DLFH 六种有监督算法。对于 DSAH，根据使用哪种模态生成二进制码来将两种提出的算法命名为 DSAHi 和 DSAHt。分析基准算法在其原始参数设置下的实验结果，并且所有源代码都由各自的作者提供。由于 SMFH 和 MTFH 的计算成本较高，很难在更大的训练数据集上训练哈希函数。与文献[74]一样，在 Mirflickr25k 和 NUS-WIDE 数据集上随机选择了 10 000 个样本作为 SMFH 和 MTFH 的训练集。所有基准算法和提出的

ESGEH 都使用 MATLAB2016 实现，并在具有两个 Intel Xeon CPU E5-2630 和 128GB 的个人工作站上进行。

为了定量评估不同方法的检索性能，使用平均精度均值 mAP 作为指标，其中使用前 q 个检索结果的平均精度（mAP@q），本章中 q 被设置为 100。此外，本章还采用了广泛使用的 Top-K 曲线来进一步评估检索性能。

10.3.3　实验结果及分析

表 10.1 显示了在四个数据集上哈希编码长度从 24 位到 64 位的 mAP@100 比较结果。

可以看出，ESGEH 在大多数情况下表现优于所有基准算法。具体来说，在 UCI 手写数字数据集上，ESGEH 在文本-图像任务的 24 位情况下比最佳基准算法提高了 3 个 mAP@100 分数。在 Mirflickr25K 数据集上，ESGEH 在 24 位情况下的图像-文本任务中比最佳基准算法提高了 6 个 mAP@100 分数。在 NUS-WIDE 数据集上，ESGEH 在 24 位情况下的图像-文本任务中比最佳基准算法提高了 11 个 mAP@100 分数。在 MSCOCO 数据集上，ESGEH 在 24 位情况下的文本-图像任务中比最佳基准算法提高了 19 个 mAP@100 分数。这是因为在所提出的 ESGEH 中，学习到的二进制代码可以更好地保留语义邻域。

与基于图形的哈希算法 SMFH 相比，本章所提出的 ESGEH 具有很大的优势，这验证了充分利用可用的类标签来学习二进制代码和离散优化的优点。

值得注意的是，在某些情况下，MTFH 和 SMFH 的 mAP 分数甚至低于 Mirflickr25K、NUS-WIDE 和 MSCOCO 数据集上的无监督算法 CMFH、LSSH 和 FSH。原因是这三个数据集的计算和内存成本较高，只有部分训练样本可以用于训练过程，这导致信息丢失和随之而来的检索性能较差。

SCM-S、DSAHi、SCRATCH 和 DLFH 监督算法通常比无监督算法表现更好，证明了类标签可以提高二进制代码的质量。

图 10.2 展示了在 Mirflickr25K 和 NUS-WIDE 数据集上进行 32 位和 64 位的两个任务的 Top-K 精度曲线。从这个图中可以看出，ESGEH 在大多数情况下明显优于基线方法，这些结果与 mAP@100 结果一致。是因为 ESGEH 将语义相似的样本聚集在一起，同时远离语义不相似的样本，这些结果也明显验证了 ESGEH 算法的有效性。

表 10.1 四个数据集上 mAP@100 分数的比较

任务	算法	UCI 手写数字数据集			Mirflickr25K 数据集			NUS-WIDE 数据集			MSCOCO 数据集		
		24	32	64	24	32	64	24	32	64	24	32	64
图像查询文本	SCM-S	0.7720	0.7246	0.7305	0.6993	0.6995	0.7092	0.5414	0.5578	0.5610	0.5225	0.5349	0.5357
	CMFH	0.4382	0.4427	0.4651	0.6495	0.6534	0.6581	0.4260	0.4378	0.4426	0.4134	0.4163	0.4191
	LSSH	0.7365	0.7388	0.7724	0.6349	0.6422	0.6497	0.4877	0.4895	0.4989	0.4625	0.4698	0.4819
	SMFH	0.7389	0.7491	0.7879	0.6490	0.6507	0.6535	0.3369	0.3417	0.3473	0.4512	0.4447	0.4326
	DSAHi	0.7426	0.7498	0.7640	0.6905	0.6966	0.7146	0.5104	0.5130	0.5188	0.4908	0.5015	0.5505
	DSAHt	0.6991	0.7019	0.7255	0.6971	0.7009	0.7052	0.5240	0.5329	0.5485	0.5046	0.5107	0.5511
	FSH	0.7017	0.7043	0.7239	0.6515	0.6528	0.6683	0.4681	0.4838	0.4988	0.4591	0.4652	0.4729
	SCRATCH	0.7721	0.7799	0.7830	0.7751	0.7835	0.8029	0.6061	0.5987	0.5996	0.4284	0.4960	0.5358
	MTFH	0.7928	0.8209	0.8154	0.6824	0.6967	0.6901	0.5603	0.5884	0.5968	0.5302	0.5418	0.5845
	DLFH	0.7479	0.7374	0.7380	0.7372	0.7409	0.7348	0.7243	0.7542	0.7768	0.4821	0.5132	0.5206
	ESGEH	**0.8220**	**0.8280**	**0.8360**	**0.8431**	**0.8543**	**0.8809**	**0.8380**	**0.8385**	**0.8536**	**0.5322**	**0.5434**	**0.5663**
文本查询图像	SCM-S	0.7282	0.7331	0.7470	0.7086	0.7105	0.7154	0.5598	0.5672	0.5760	0.5857	0.6005	0.6402
	CMFH	0.4501	0.4597	0.4730	0.7186	0.7220	0.7402	0.7291	0.7364	0.7387	0.4943	0.4938	0.4991
	LSSH	0.7426	0.7675	0.8070	0.7056	0.7059	0.7165	0.6135	0.6381	0.6681	0.5774	0.6603	0.6696
	SMFH	0.8155	0.8044	0.8608	0.6538	0.6670	0.6625	0.3689	0.3755	0.3885	0.4845	0.4938	0.5296
	DSAHi	0.7498	0.7541	0.7592	0.6963	0.7018	0.7095	0.4759	0.4830	0.4886	0.5997	0.6266	0.6733
	DSAHt	0.7844	0.7856	0.7897	0.7024	0.7091	0.7153	0.4525	0.4525	0.4674	0.5889	0.6427	0.6957
	FSH	0.7075	0.7478	0.7481	0.6639	0.6667	0.6685	0.4364	0.4473	0.4487	0.4833	0.4882	0.4980
	SCRATCH	0.8918	0.8962	0.8981	0.8926	0.8960	0.9154	0.8443	0.8532	0.8494	0.7506	0.8231	0.9262
	MTFH	0.9532	0.9639	0.9662	0.7018	0.7089	0.7126	0.5841	0.6176	0.6301	0.5483	0.5713	0.6299
	DLFH	0.8871	0.8885	0.8977	0.8701	0.8723	0.8828	0.8768	0.8780	0.8972	0.7127	0.7149	0.7243
	ESGEH	**0.9660**	**0.9760**	**0.9740**	**0.9001**	**0.9102**	**0.9231**	**0.8975**	**0.9009**	**0.9232**	**0.9446**	**0.9580**	**0.9721**

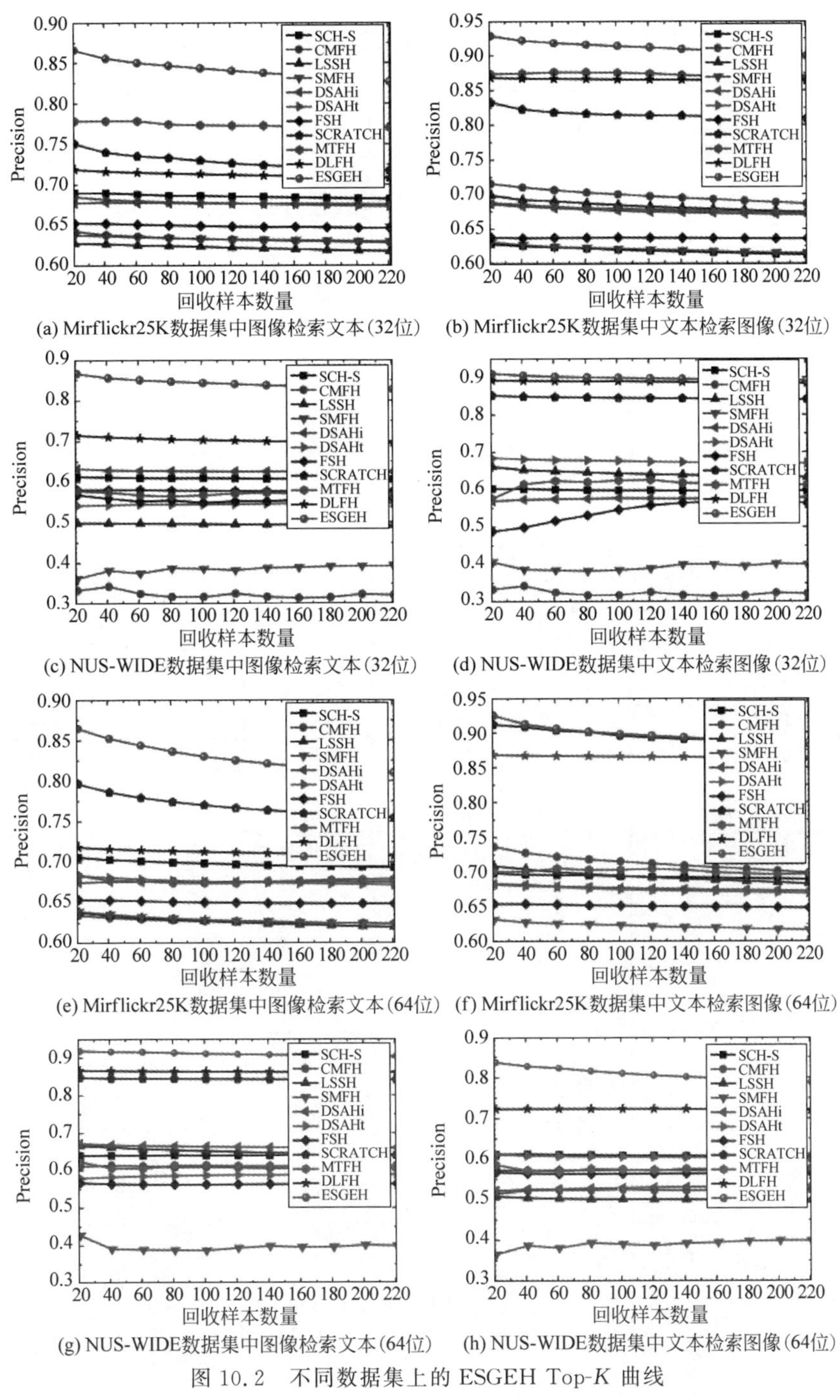

(a) Mirflickr25K数据集中图像检索文本(32位)

(b) Mirflickr25K数据集中文本检索图像(32位)

(c) NUS-WIDE数据集中图像检索文本(32位)

(d) NUS-WIDE数据集中文本检索图像(32位)

(e) Mirflickr25K数据集中图像检索文本(64位)

(f) Mirflickr25K数据集中文本检索图像(64位)

(g) NUS-WIDE数据集中图像检索文本(64位)

(h) NUS-WIDE数据集中文本检索图像(64位)

图 10.2 不同数据集上的 ESGEH Top-K 曲线

近年来，深度 CNN 在基于哈希的跨媒体检索任务中取得了许多成就，并且在许多最近的工作中已经验证了 CNN 特征比浅层特征更强大。为了进一步验证所提出方法的有效性，本章使用从 CaffeNet 模型的 FC7 层提取的 4096 维 CNN 特征在 Mirflickr25K 和 NUS-WIDE 数据集上进行比较实验。此外，还将 ESGEH 与三种深度哈希算法进行比较，即 DCMH、GCH 和 DJSRH。mAP 值的比较结果如表 10.2 所示。

表 10.2 使用 CNN 特征在不同数据集上的 mAP@100 分数比较

算法	任务	Mirflickr25K 数据集		NUS-WIDE 数据集	
		32	64	32	64
SCM-S	图像查询文本	0.7762	0.7840	0.6501	0.6866
CMFH		0.6402	0.6497	0.5289	0.5403
LSSH		0.6519	0.6690	0.5255	0.5284
SMFH		0.6522	0.6599	0.3977	0.4052
DSAHi		0.8654	0.8770	0.6597	0.7892
DSAHt		0.8367	0.8681	0.5572	0.5795
FSH		0.6614	0.6980	0.5195	0.5419
SCRATCH		0.8906	0.8857	0.8357	0.8367
MTFH		0.8235	0.8503	0.5378	0.5602
DLFH		0.8871	0.8904	0.9024	0.9301
DCMH		0.8435	0.8526	0.8132	0.8393
DJSRH		0.8132	0.8393	0.8437	0.8521
GCH		0.8839	0.8970	0.8562	0.8793
ESGEH		**0.9145**	**0.9410**	**0.9053**	**0.9383**
算法	任务	Mirflickr25 数据集		NUS-WIDE 数据集	
		32	64	32	64
SCM-S	文本查询图像	0.8752	0.8803	0.6141	0.6309
CMFH		0.6574	0.6700	0.5455	0.5518
LSSH		0.7460	0.7593	0.6482	0.6507
SMFH		0.6681	0.6752	0.4151	0.4168
DSAHi		0.8669	0.8703	0.6630	0.6634
DSAHt		0.8644	0.8726	0.6132	0.6207
FSH		0.6603	0.6687	0.5704	0.5816
SCRATCH		0.8643	0.8570	0.5099	0.5170
MTFH		0.8029	0.8116	0.4915	0.4968
DLFH		0.8590	0.8646	0.6112	0.6214
DCMH		0.8253	0.8559	0.7113	0.7289
DJSRH		0.8237	0.8403	0.7237	0.7632
GCH		0.8414	0.8681	0.7326	0.7665
ESGEH		**0.8981**	**0.9124**	**0.8177**	**0.8329**

（1）ESGEH 无论是在 Mirflickr25K 还是 NUS-WIDE 数据集上，相对于基线方法取得了最佳检索性能。表明 ESGEH 可以通过利用基于语义嵌入的内部模态和跨模态相似性保持以及监督迭代量化来生成更具有区分性的二进制代码。

（2）使用 CNN 特征的 mAP 分数在大多数情况下都比使用浅层特征更高，这证明了卷积神经网络的强大特征学习能力。

（3）深度哈希算法产生的 mAP 结果比大多数浅层哈希方法更好。特别是无监督的 DJSRH 的 mAP 值，甚至比大多数监督浅层方法更高，这也验证了卷积神经网络的强大学习能力。

1. 参数敏感性分析

在所提出的 ESGEH 中，有 γ_1、γ_2、λ_1、λ_2、α、μ 和 c 七个参数。λ_1 和 λ_2 是平衡参数，它们控制在保留交叉模态相似性时图像和文本模态之间的平衡。γ_1 和 γ_2 是支持单模态相似性保持的图像和文本模态的权重。α 是量化损失项的权重，μ 是正则项的权重，c 表示随机选择的锚点数。这里将代码长度固定为 32 位。在所提出的 ESGEH 中 $\lambda_1+\lambda_2=1$，因此只对 λ_2 进行实验。在实验中，采用交叉验证策略来调整参数，结果如图 10.3 所示。从图中可以看出，该算法在大范围内对参数不敏感。此外，所有数据集上，λ_2 设置为 0.7，α 设置为 50，c 设置为 500，γ_1 在 UCI 手写数字数据集上设置为 10^{-5}，γ_2 设置为 5×10^{-5}，μ 设置为 10^{-5}；在 Mirflickr25K 数据集上，γ_1 设置为 5×10^{-5}，γ_2 设置为 10^{-5}，μ 设置为 10^{-4}；在 NUS-WIDE 和 MSCOCO 数据集上，γ_1、γ_2 和 μ 均设置为 10^{-5}。

2. 消融实验

为了进一步验证所提出的 ESGEH 中每个组件的有效性，本节提出了几个变体来评估删除某个组件时的性能。具体而言，ESGEH-1 表示在删除单模态相似性保持项的情况下的方法，ESGEH-2 表示在删除量化损失项的情况下的方法，ESGEH-3 表示在删除正则项的情况下的方法。在代码长度固定为 32 位和 64 位的 Mirflickr25K 和 NUS-WIDE 数据集上，所有变体和 ESGEH 的 mAP@100 分数如表 10.3 所示。从表格可以看出，ESGEH 中的每个项都对最终实验结果起着一定的作用，并且当所有部分都保留在目标函数中时，可以获得最佳性能。

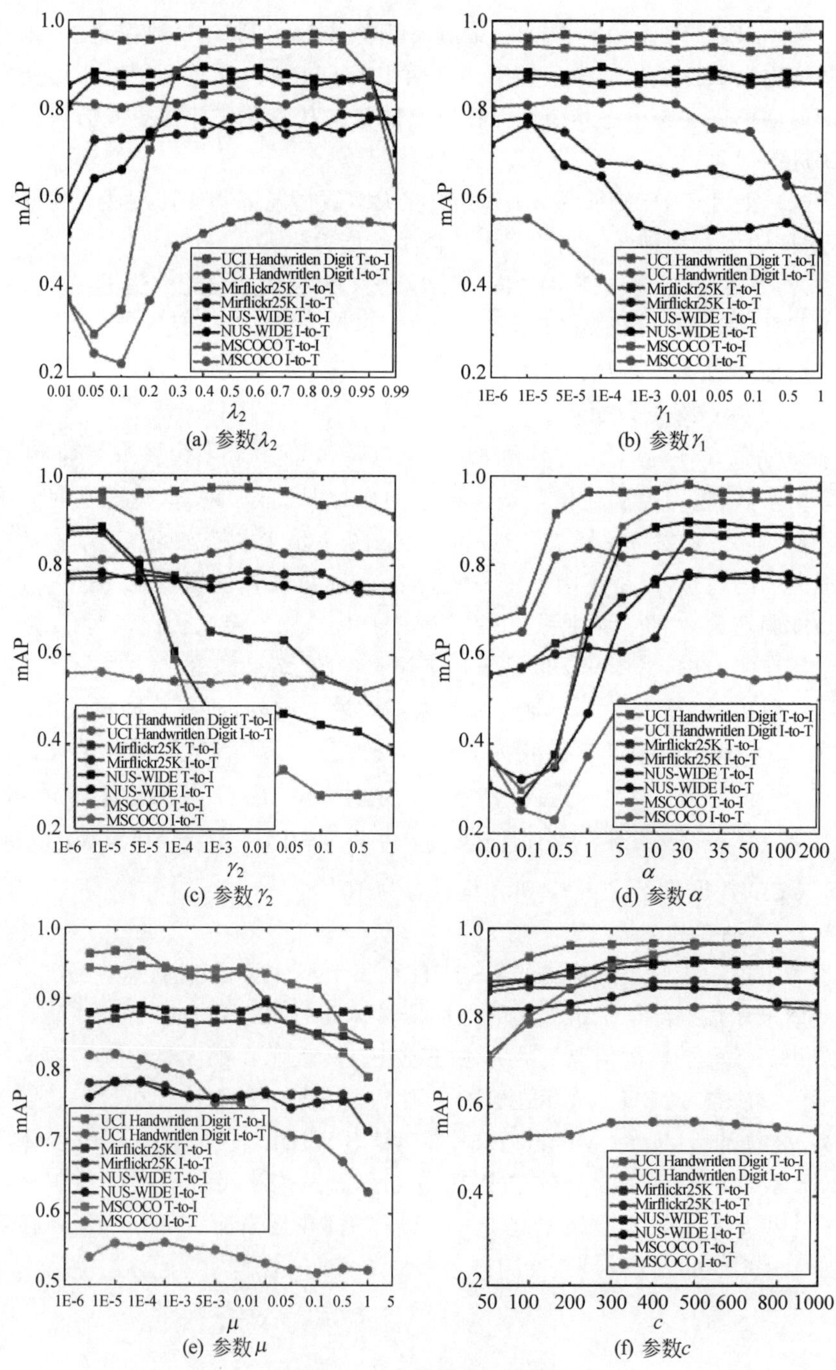

(a) 参数λ_2 (b) 参数γ_1

(c) 参数γ_2 (d) 参数α

(e) 参数μ (f) 参数c

图 10.3 参数敏感性分析

表 10.3　所有变体和 ESGEH 的 mAP@100 分数

任务	算法	Mirflickr25K 数据集		NUS-WIDE 数据集	
		32bit	64bit	32bit	64bit
图片查询文本	ESGEH-1	0.8413	0.8601	0.8246	0.8378
	ESGEH-2	0.6508	0.6527	0.5311	0.5318
	ESGEH-3	0.8501	0.8714	0.8279	0.8452
	ESGEH	**0.8543**	**0.8809**	**0.8385**	**0.8536**
文本查询图片	ESGEH-1	0.9012	0.9081	0.8915	0.9074
	ESGEH-2	0.6512	0.6534	0.5316	0.5319
	ESGEH-3	0.9043	0.9184	0.8952	0.9185
	ESGEH	**0.9102**	**0.9231**	**0.9009**	**0.9232**

3. 收敛性分析

本节实验性地分析了四个数据集在 32 位代码长度下收敛速度，并在图 10.4 中展示了收敛曲线。可以观察到，所提出的优化算法在所有数据集上都能在 5 次迭代内收敛，这证实了所提出的 ESGEH 方法的有效性和快速收敛能力。

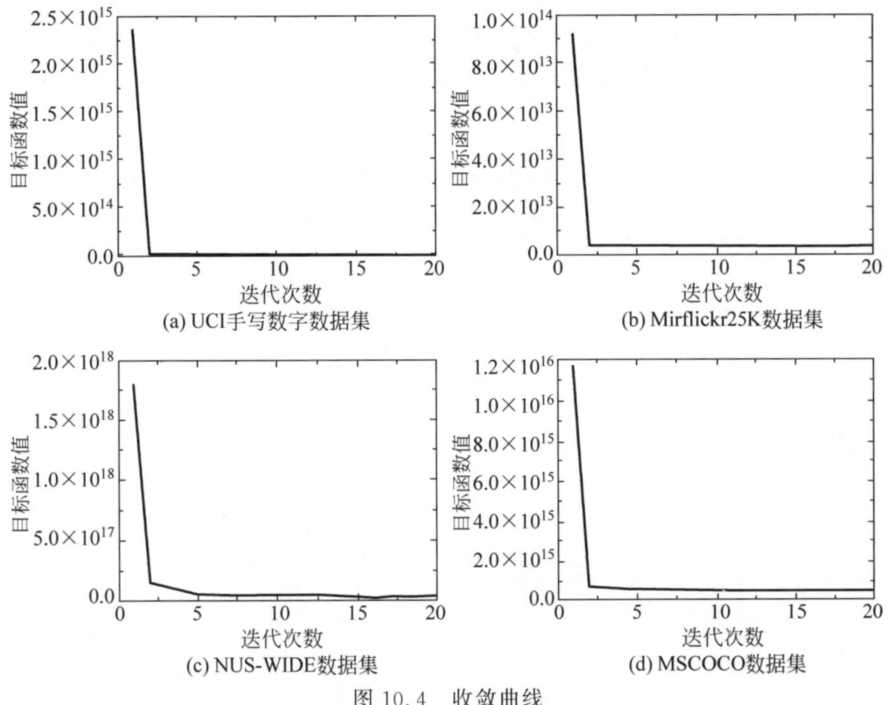

图 10.4　收敛曲线

4. 训练时间

表 10.4 展示了在 32 位代码长度下，所有方法在四个数据集上的训练时间。由于 SMFH 和 MTFH 的内存成本和计算复杂度较高，即 $O(n^2)$，在本实验中仅列出了它们的训练时间。从这个表格中，可以发现 ESGEH 在 MSCOCO 数据集上的训练时间最短，并在其他三个数据集上取得了可比较的表现。此外，与使用图嵌入的 SMFH 和 MTFH 方法相比，该方法在训练时间上取得了显著的改进。这证明了所提出的优化算法的高效性。尽管 SCM-S 在 UCI 手写数字、Mirflickr25K 和 NUS-WIDE 数据集上的训练速度更快，但它的检索性能并不令人满意，正如之前分析的那样。所提出的 ESGEH 的高效性主要归因于两个优点：

(1) 提出了一种精心设计的中间项分解方法，避免了显式计算图拉普拉斯矩阵，从而可以降低训练过程的时间复杂度和内存成本。

(2) 二进制码矩阵可以通过简单的操作高效地求解。此外，还在 Mirflickr25K 数据集上将 ESGEH 与 SGEH 进行比较，以验证所提出的优化方法的效率，其中 SGEH 是直接利用图拉普拉斯矩阵计算 $\boldsymbol{W}_1$ 和 $\boldsymbol{W}_2$ 的方法。表 10.5 显示了在训练集大小从 2000 到 15 000 变化时的训练时间。从这个表格中，可以观察到 ESGEH 的训练时间随着训练样本数量的增加而线性增加，而 SGEH 的训练时间则随训练样本数量的平方增加。由于哈希技术主要解决大规模多媒体检索问题，因此显然 SGEH 由于其高训练成本而不可扩展。

表 10.4 所有方法在四个数据集上的训练时间

(单位：s)

算法	UCI 手写数字数据集	Mirflickr25K 数据集	NUS-WIDE 数据集	MSCOCO 数据集
SCM-S	0.2	8	69	101
CMFH	40	110	492	746
LSSH	10	136	1759	702
DSAHi	0.1	80	114	69
DSAHt	0.1	77	103	65
FSH	10	2098	8071	8818
SMFH	488	31 346	—	—
SCRATCH	0.3	40	405	684
MTFH	274	935	—	—
DLFH	20	142	740	851
ESGEH	1	10	98	62

表 10.5 训练集大小从 2000 到 15 000 变化时的训练时间

（单位：s）

算法	2000	4000	6000	8000	10 000	15 000
SGEH	9.05	31.24	68.92	120.60	184.82	424.51
ESGEH	2.04	2.75	4.87	5.86	7.18	9.78

10.4 本章小结

本章提出了一种高效的监督图嵌入哈希(ESGEH)算法，用于解决跨媒体检索任务。具体来说，它首先利用类标签来监督共享空间学习和量化过程，以提高二进制码的区分度。类标签被嵌入目标函数的所有组件中，使学习到的二进制码更具区分性。然后，设计了一种高效的离散最优方案，将训练时间从 $O(n^2)$降低到 $O(n)$。具体而言，设计了一种精心设计的中间项分解方法，避免了显式计算图拉普拉斯矩阵，其计算复杂度为 $O(n^2)$。所提出的优化算法的计算复杂度与提供的数据集大小呈线性关系，保证了其在大规模多模态数据集上的效率。此外，与大多数离散跨媒体哈希算法逐位学习离散二进制码不同，二进制码矩阵具有闭式解，这也可以提高训练过程的效率。在四个广泛使用的真实世界数据集上进行的大量实验结果表明，所提出的 ESGEH 算法具有很高的竞争力。值得注意的是，由于码长通常远小于检索到的数据点数量，因此许多返回的语义相关样本与查询具有相同的汉明距离。因此，如何在结果列表中对它们进行排名已成为需要进一步考虑的难题。受此启发，笔者计划设计一种重新排名算法，以重新排列结果列表，为用户提供更具有相关性的检索结果。

参 考 文 献

[1] 李武军,周志华.大数据哈希学习：现状与趋势[J].科学通报,2015,60(5-6)：485-490.

[2] 李国杰,程学旗.大数据研究：未来科技及经济社会发展的重大战略领域[J].中国科学院院刊,2012：647-657.

[3] LYNCH C. Big data：How do your data grow? [J]. Nature,2008,455(7209)：28-29.

[4] MARX V. The big challenges of big data[J]. Nature,2013,498(7453)：255-260.

[5] RUI Y,HUANG T,CHANG S. Image retrieval：Current techniques,promising directions,and open issues [J]. Journal of Visual Communication and Image Representation,1999,10(1)：39-62.

[6] 吴俊,刘胜蓝,冯林,等.基于基元相关性描述子的图像检索[J].计算机研究与发展,2016,52(12)：2824-2835.

[7] ZHOU W,YANG M,WANG X,et al. Scalable feature matching by dual cascaded scalar quantization for image retrieval[J]. IEEE Transactions on Pattern Analysis and Machine Intelligence,2016,38(1)：159-171.

[8] MCGURK H,MACDONALD J. Hearing lips and seeing voices[J]. Nature,1976,264(5588)：746-768.

[9] 庄凌,庄越挺,吴江琴,等.一种基于稀疏典型性相关分析的图像检索方法[J].软件学报,2012,34(5)：1295-1304.

[10] 师文,朱学芳.基于轮廓重构和特征点弦长的图像检索[J].软件学报,2014(7)：1557-1569.

[11] 周燕,曾凡智.基于二维压缩感知和分层特征的图像检索算法[J].电子学报,2016,44(2)：453-460.

[12] 冯松鹤,郎丛妍,须德.一种融合图学习与区域显著性分析的图像检索算法[J].软件学报,2011,39(10)：2288-2294.

[13] PENG Y,HUANG X,ZHAO Y. An overview of cross-media retrieval：concepts,methodologies,benchmarks and challenges[J]. IEEE Transactions on Circuits and Systems for Video Technology,2017,28(9)：2372-2385.

[14] WEISS Y,ANTONIO T,ROB F. Spectral hashing [C]. Advances in Neural Information Processing Systems,British Columbia,Canada,2008：1753-1760.

[15] LIU W,WANG J,JI R,et al. Supervised hashing with kernels [C]. IEEE Conference on Computer Vision and Pattern Recognition,Providence,Rhode Island,2012：2074-2081.

[16] 庄越挺，吴飞，何晓飞．跨媒体检索与排序[J]．中国计算机学会通讯，2014，7(10)：14-19．

[17] EGAS R，HUIJSMANS N，LEW M，et al. Adapting K-D trees to visual retrieval[C]. Visual Information and Information Systems，Amsterdam，The Netherlands，2003：533-540.

[18] FRIEDMAN J，BENTLEY J，FINKEL R. An algorithm for finding best matches in logarithmic expected time[J]. ACM Transactions on Mathematical Software，1977，3(3)：209-226.

[19] TRAINA C. SEEGER B，FALOUTSOS C，et al. Fast indexing and visualization of metric datasets using slim-trees[J]. IEEE Transactions on Knowledge and Data Engineering，2002，14(2)：244-260.

[20] GUTTMAN R. R-tree：A dynamic index to structure for spatial searching[C]. ACM SIGMOD International Conference on Management of Data，Austin，Texas，USA，1984：47-57.

[21] CIACCIA P，PATELLA M，ZEZULA P. M-tree：An efficient access method for similarity search in metric spaces[C]. International Conference on Very Large Data Bases，Athenes，Greece，1997：426-435.

[22] LEE D，WONG C. Worst-case analysis for region and partial region searches in multi-dimensional binary search trees and balanced quad trees[J]. Acta Informatica，1977，9(1)：23-29.

[23] SALAKHUTDINOV R，HINTON G. Semantic hashing[J]. International Journal of Approximate Reasoning，2009，50(7)：969-978.

[24] ANDONI A，INDYK P. Near-optimal hashing algorithms for approximate nearest neighbor in high dimensions[C]. Foundations of Computer Science，Berkeley，USA，2006：459-468.

[25] KULIS，B，KRISTEN G. Kernelized locality-sensitive hashing [J]. IEEE Transactions on Pattern Analysis and Machine Intelligence，2012，34(6)：1092-1104.

[26] RAGINSKY M，LAZEBNIK S. Locality-sensitive binary codes from shift-invariant kernels[C]. Advances in Neural Information Processing Systems，Vancouver，British Columbia，Canada，2009：1509-1517.

[27] 陈飞，吕绍和，李军，等．目标提取与哈希机制的多标签图像检索[J]．中国图象图形学报，2017，22(2)：232-240．

[28] 毛晓蛟，杨育彬．一种基于子空间学习的图像语义哈希索引方法[J]．软件学报，2014(8)：1781-1793．

[29] JI J，YAN S，GUO G，et al. Batch-orthogonal locality-sensitive hashing for angular similarity[J]. IEEE Transactions on Pattern Analysis and Machine Intelligence，2014，36(10)：1963-1974.

[30] ZHANG X, LIU W, DUNDAR M, et al. Towards large-scale histopathological image analysis: Hashing-based image retrieval[J]. IEEE Transactions on Medical Imaging, 2015, 34(2): 496-506.

[31] 柯圣财, 赵永威, 李弼程, 等. 基于卷积神经网络和监督核哈希的图像检索方法[J]. 电子学报, 2017, 45(1): 157-163.

[32] YE R, LI X. Compact structure hashing via sparse and similarity preserving embedding[J]. IEEE Transactions on Cybernetics, 2015, 46(3): 718-729.

[33] LIU X, MU Y, ZHANG D, et al. Large-scale unsupervised hashing with shared structure learning[J]. IEEE Transactions on Cybernetics, 2015, 45(9): 1811-1822.

[34] LIU Z, LI H, ZHOU W, et al. Contextual hashing for large scale image search[J]. IEEE Transactions on Image Processing, 2014, 23(4): 1606-1614.

[35] LIU X, DU B, DENG C, et al. Structure sensitive hashing with adaptive product quantization[J]. IEEE Transactions on Cybernetics, 2016, 46(10): 2252-2264.

[36] FU H, KONG X, LU J. Large-scale image retrieval based on boosting iterative quantization hashing with query-adaptive reranking[J]. Neurocomputing, 2013, 122: 480-489.

[37] KULIS B, DARRELL T. Learning to hash with binary reconstructive embeddings[C]. International Conference on Machine Learning, Montreal, Canada, 2009: 1042-1050.

[38] 文庆福, 王建民, 朱晗, 等. 面向近似近邻查询的分布式哈希学习方法[J]. 计算机学报, 2017(1): 192-206.

[39] CHEN L, XU D, TSANG I W, et al. Spectral embedded hashing for scalable image retrieval[J]. IEEE Transactions on Cybernetics, 2014, 44(7): 1180-1190.

[40] MASCI J, BRONSTEIN M M, BRONSTEIN A M, et al. Multimodal similarity-preserving hashing[J]. IEEE Transactions on Pattern Analysis and Machine Intelligence, 2014, 36(4): 824-830.

[41] ZHANG L, ZHANG Y, HONG R, et al. Full-space local topology extraction for cross-modal retrieval[J]. IEEE Transactions on Image Processing, 2015, 24(7): 2212-2224.

[42] KUMAR S, UDUPA R. Learning hash functions for cross view similarity search[C]. International Joint Conference on Artificial Intelligence, Barcelona, Catalonia, Spanish, 2011: 1360-1365.

[43] WU L, WANG Y. Structured deep Hashing with convolutional neural networks for fast person re-identification[J]. arXiv preprint arXiv: 1702.04179, 2017.

[44] ZHU X, HUANG Z, CHENG H, et al. Sparse hashing for fast multimedia search[J]. Acm Transactions on Information Systems, 2013, 31(2): 9.

[45] 李子印, 朱明凌, 陈柱. 融合图像感知哈希技术的运动目标跟踪[J]. 中国图象图形学报, 2015, 20(6): 795-804.

[46] FEI M,LI J,LIU H. Visual tracking based on improved foreground detection and perceptual hashing[J]. Neurocomputing,2015,152: 413-428.

[47] SUN J,WANG J, ZHANG J, et al. Video hashing algorithm with weighted matching based on visual saliency[J]. IEEE Signal Processing Letters, 2012, 19(6): 328-331.

[48] LIU X,SUN J, LIU J. Visual attention based temporally weighting method for video hashing[J]. IEEE Signal Processing Letters,2013,20(12): 1253-1256.

[49] 彭天强,栗芳. 哈希编码结合空间金字塔的图像分类[J]. 中国图象图形学报,2016,21(9): 1138-1146.

[50] TANG J,LI Z,ZHU X. Supervised deep hashing for scalable face image retrieval[J]. Pattern Recognition,2018,75: 25-32.

[51] DIA Q,LI J,WANG J,et al. A bayesian hashing approach and its application to face recognition[J]. Neurocomputing,2016,213: 5-13.

[52] KEHL W, TOMBARI F, NAVAB N, et al. Hashmod: A hashing method for scalable 3D object detection[J]. arXiv preprint arXiv: 1607.06062,2016.

[53] WANG J,KUMAR S,CHANG S. Semi-supervised hashing for large scale search[J]. IEEE Transactions on Pattern Analysis and Machine Intelligence,2012,34(12): 2393-2406.

[54] SHEN F,SHEN C, LIU W, et al. Supervised discrete hashing[C]. IEEE Conference on Computer Vision and Pattern Recognition,Boston,MA,USA,2015: 37-45.

[55] GE T,HE K, SUN J. Graph cuts for supervised binary coding[C]. European Conference on Computer Vision,Zurich,2014: 250-264.

[56] PAN Y,YAO T,LI H,et al. Semi-supervised hashing with semantic confidence for large scale visual search[C]. ACM Special Interest Group on Information Retrieval,Santiago,Chile,2015: 53-62.

[57] LI P,WANG M,CHENG J,et al. Spectral hashing with semantically consistent graph for image indexing[J]. IEEE Transactions on Multimedia, 2013, 15: 141-152.

[58] HE K,WEN F, SUN J. K-means hashing: An affinity preserving quantization method for learning binary compact codes[C]. IEEE Conference on Computer Vision and Pattern Recognition,Portland,Oregon,USA,2013: 2938-2945.

[59] ZHANG P,ZHANG W,LI W,et al. Supervised hashing with latent factor models[C]. ACM SIGIR Conference on Research and Development in Information Retrieval, Gold Coast,Australia,2014: 173-182.

[60] WU B,YANG Q,ZHENG W. Quantized correlation hashing for fast cross-modal search[C]. International Joint Conference on Artificial Intelligence, Canberra, ACT,Australia,2015: 25-31.

[61] GONG Y, LAZEBNIK S, GORDO A, et al. Iterative quantization: A procrustean approach to Learning binary codes for large-scale image retrieval [J]. IEEE Transactions on Pattern Analysis and Machine Intelligence, 2013, 35(12): 2916-2929.

[62] LIU W, WANG J, JI R, et al. Supervised hashing with kernels [C]. IEEE Conference on Computer Vision and Pattern Recognition, Providence, Rhode Island, 2012: 2074-2081.

[63] SONG J, YANG, Y, HUANG Z, et al. Multiple feature hashing for real-time large scale near-duplicate video retrieval [C]. ACM International Conference on Multimedia, Scottsdale, Arizona, USA, 2011: 423-432.

[64] ZHANG D, WANG F, SI L. Composite hashing with multiple information sources[C]. ACM SIGIR conference on Research and development in Information Retrieval, Beijing, China, 2011: 225-234.

[65] CAICEDO J, GONZALEZ F. Multimodal fusion for image retrieval using matrix factorization[C]. ACM International Conference on Multimedia Retrieval, Nara Prefectural, Japan, 2012: 1-8.

[66] XU H, WANG J, LI Z, et al. Complementary hashing for approximate nearest neighbor search [C]. IEEE International Conference on Computer Vision, Barcelona, Spain, 2011: 1631-1638.

[67] BRONSTEIN M, BRONSTEIN A, MICHEL F, et al. Data fusion through cross-modality metric learning using similarity-sensitive hashing[C]. IEEE Conference on Computer Vision and Pattern Recognition, San Francisco, CA, USA, 2010: 3594-3601.

[68] WANG X, CHIA A. Unsupervised cross-media hashing with structure preservation[J]. arXiv preprint arXiv: 1603.05782, 2016.

[69] ZHANG T, WANG J. Collaborative quantization for cross-modal similarity search[C]. IEEE Conference on Computer Vision and Pattern Recognition, Las Vegas, NV, USA, 2016: 2036-2045.

[70] ZHEN Y, YEUNG D. Co-regularized hashing for multimodal data[C]. Advances in Neural Information Processing Systems, Lake Tahoe, Nevada, USA, 2012: 1385-1393.

[71] SHARMA A, KUMAR A, DAUME H, et al. Generalized multi-view analysis: A discriminative latent space[C]. IEEE Conference on Computer Vision and Pattern Recognition, Providence, RI, USA, 2012: 2160-2167.

[72] KUMAR S, UDUPA R. Learning hash functions for cross-view similarity search[C]. International Joint Conference on Artificial Intelligence, Barcelona, Catalonia, Spain, 2011: 1360-1366.

[73] DING G, GUO Y, ZHOU J. Collective matrix factorization hashing for multimodal data[C]. IEEE Conference on Computer Vision and Pattern Recognition, Columbus,

OH,USA,2014: 2075-2082.

[74] ZHOU J,DING G, GUO Y. Latent semantic sparse hashing for cross-modal similarity search[C]. ACM SIGIR Conference on Research and Development in Information Retrieval,Gold Coast,Australia,2014: 415-424.

[75] ZHANG D,LI W. Large-scale supervised multimodal hashing with semantic correlation maximization[C]. AAAI Conference on Artificial Intelligence, Québec City,Québec,Canada,2014: 2177-2183.

[76] WANG K,TANG J,WANG N,et al. Semantic boosting cross-modal hashing for efficient multimedia retrieval[J]. Information Sciences,2016,330(C): 199-210.

[77] TANG J,WANG K,SHAO L. Supervised matrix factorization hashing for cross-modal retrieval [J]. IEEE Transactions on Image Processing, 2016, 25 (7): 3157-3166.

[78] LIN Z,DING G, HU M, et al. Semantics-preserving hashing for cross-view retrieval[C]. IEEE Conference on Computer Vision and Pattern Recognition, Boston,MA,USA,2015: 3864-3872.

[79] WANG D,GAO X,WANG X,et al. Semantic topic multimodal hashing for cross-media retrieval [C]. International Conference on Artificial Intelligence, Buenos Aires,Argentina,2015: 3890-3896.

[80] LIN G,SHEN C, SHI Q, et al. Fast supervised hashing with decision trees for high-dimensional data [C]. IEEE Conference on Computer Vision and Pattern Recognition,Columbus,OH,USA,2014: 1971-1978.

[81] ZHUANG Y,WANG Y,WU F,et al. Supervised coupled dictionary learning with group structures for multi-modal retrieval [C]. AAAI Conference on Artificial Intelligence,Bellevue,Washington,USA,2013: 1070-1076.

[82] ZHU X,HUANG Z, SHEN T, et al. Linear cross-modal hashing for efficient multimedia search[C]. ACM International Conference on Multimedia,Barcelona, Catalunya,Spain,2013: 143-152.

[83] WU B, YANG Q,ZHENG W,et al. Quantized correlation hashing for fast cross-modal search[C]. International Joint Conference on Artificial Intelligence,Buenos Aires,Argentina,2015: 25-31.

[84] WANG D, GAO X, WANG X, L, et al. Multimodal discriminative binary embedding for large-scale cross-modal retrieval[J]. IEEE Transactions on Image Processing,2016,25(10): 4540-4554.

[85] SONG J,YANG Y,YANG Y,et al. Inter-media hashing for large-scale retrieval from heterogenous data sources [C]. ACM International Conference on Management of Data,New York,USA,2013: 785-796.

[86] MA D,LIANG J,KONG X,et al. Frustratingly easy cross-modal hashing[C]. ACM International Conference on Multimedia, Amsterdam, The Netherlands,

2016：237-241.

[87] LIU L,LIN Z, SHAO L, et al. Sequential discrete hashing for scalable cross-modality similarity retrieval[J]. IEEE Transactions on Image Processing, 2017, 26(1)：107-118.

[88] ZHEN Y,YEUNG D. A probabilistic model for multimodal hash function learning[C]. ACM Conference on Knowledge Discovery and Data Mining,Beijing,China,2012：940-948.

[89] WANG N,YEUNG D Y. Learning a deep compact image representation for visual tracking[C]. Advances in Neural Information Processing Systems, Lake Tahoe, Nevada,USA,2013：809-817.

[90] HE S,WANG S, LAN W, et al. Facial expression recognition using deep Boltzmann machine from thermal infrared images [C]. IEEE Conference on Humaine Association,Geneva,Switzerland,2013：239-244.

[91] LIANG M,HU X. Recurrent convolutional neural network for object recognition[C]. IEEE Conference on Computer Vision and Pattern Recognition,Boston,MA,USA, 2015：3367-3375.

[92] KAHOU S,BOUTHILLIER X,LAMBLIN P,et al. Emonets：Multimodal deep learning approaches for emotion recognition in video[J]. Journal on Multimodal User Interfaces,2016,10(2)：99-111.

[93] ZHU F,KONG X,ZHENG L,et al. Part-based deep hashing for large-scale person re-identification[J]. IEEE Transactions on Image Processing, 2017, 26(10)：4806-4817.

[94] FENG F,WANG X,LI R. Cross-modal retrieval with correspondence autoencoder[C]. ACM International Conference on Multimedia,Orlando,Florida,USA,2014：7-16.

[95] BHARATI A, SINGH R, VATSA M, et al. Detecting facial retouching using supervised deep learning[J]. IEEE Transactions on Information Forensics & Security,2016,11(9)：1903-1913.

[96] ZHANG R,LIN L,ZHANG R,et al. Bit-scalable deep hashing with regularized similarity learning for image retrieval and person re-identification[J]. IEEE Transactions on Image Processing,2015,24(12)：4766-4779.

[97] Huang T. What are the 7 millennium problems in multimedia information retrieval? [C]. ACM International Conference on Multimedia Information Retrieval,Vancouver,British Columbia,Canada,2008：1-1.

[98] RASIWASIA N,COSTA P,COVIELLO E,et al. A new approach to cross-modal multimedia retrieval[C]. ACM International Conference on Multimedia, Firenze, Italy,2010：251-260.

[99] CHUA T,TANG J,HONG R,et al. Nuswide：A real-world web image database from National University of Singapore[C]. ACM Conference on Image and Video

Retrieval,Santorini Island,Greece,2009：48-56.

[100] RAFAILIDIS D,CRESTANI F. Cluster-based joint matrix factorization hashing for cross-modal retrieval [C]. ACM SIGIR Conference on Research and Development in Information Retrieval,Pisa,Italy,2016：781-784.

[101] OLSHAUSEN B,FIELD D. Emergence of simple-cell receptive field properties by learning a sparse code for natural images[J]. Nature,1996,381(6583)：607.

[102] 陈思宝,赵令,罗斌. 基于局部保持的核稀疏表示字典学习[J]. 自动化学报,2014,40(10)：2295-2305.

[103] SUN X, NASRABADI N, TRAN T. Task-driven dictionary learning for hyperspectral image classification with structured sparsity constraints[J]. IEEE Transactions on Geoscience and Remote Sensing,2015,53(8)：4457-4471.

[104] YAN Y,YANG Y,SHEN H,et al. Complex event detection via event oriented dictionary learning [C]. AAAI Conference on Artificial Intelligence, Austin, Texas,USA,2015：3841-3847.

[105] GUO J,GUO Y,KONG X,et al. Discriminative analysis dictionary learning[C]. AAAI Conference on Artificial Intelligence, Phoenix, Arizona, USA, 2016：1617-1623.

[106] GU S,ZHANG L,ZUO W,et al. Projective dictionary pair learning for pattern classification[C]. Advances in Neural Information Processing Systems,Montreal, Quebec,Canada,2014：793-801.

[107] LEE D, SEUNG H. Learning the parts of objects by non-negative matrix factorization[J]. Nature,1999,401(6755)：788-791.

[108] XU W,LIU X, GONG Y, Document clustering based on non-negative matrix factorization[C]. ACM SIGIR Conference on Research and Development in Information Retrieval,Toronto,Canada,2003：267-273.

[109] SHANG F,JIAO L,WANG F. Graph dual regularization non-negative matrix factorization for co-clustering[J]. Pattern Recognition,2012,45(6)：2237-2250.

[110] YANG Y, SHEN H, NIE F, et al. Nonnegative spectral clustering with discriminative regularization[C]. AAAI Conference on Artificial Intelligence,San Francisco,California,USA,2011：555-560.

[111] POMPLILI F, GILLIS N, ABSIL P, et al. Two algorithms for orthogonal nonnegative matrix factorization with application to clustering[J]. Neurocomputing, 2014,141：15-25.

[112] MASCI J, BRONSTEIN M, BRONSTEIN A, et al. Multi-modal similarity-preserving hashing[J]. IEEE Transactions on Pattern Analysis and Machine Intelligence,2014,36(4)：824-830.

[113] LEE D,SEUNG H. Algorithms for non-negative matrix factorization [C]. Advances in Neural Information Processing Systems, Denver, CO, USA, 2000：

556-562.

[114] PATTERSON D,FOX D,KAUTZ H,et al. Fine-grained activity recognition by aggregating abstract object usage [C]. IEEE International Symposium on Wearable Computers,Galway,Ireland,2005: 44-51.

[115] 欧阳纯萍,阳小华,雷龙艳,等.多策略中文微博细粒度情绪分析研究[J].北京大学学报(自然科学版),2014,50(1): 67-72.

[116] RAHMAN A,NG V. Inducing fine-grained semantic classes via hierarchical and collective classification[C]. International Conference on Computational Linguistics, Association for Computational Linguistics,Beijing,China,2010: 931-939.

[117] XIE L,TIAN Q, HONG R, et al. Hierarchical part matching for fine-grained visual categorization[C]. IEEE International Conference on Computer Vision, Sydney,NSW,Australia,2013: 1641-1648.

[118] FERRARI V,ZISSERMAN A. Learning visual attributes[C]. Advances in Neural Information Processing Systems, Vancouver, British Columbia, Canada, 2007: 433-440.

[119] DOUZE M, RAMISA A,SCHMID C. Combining attributes and fisher vectors for efficient image retrieval[C]. IEEE Conference on Computer Vision and Pattern Recognition,Colorado Springs,CO,USA,2011: 745-752.

[120] CAO X,WEI X, GUO X, et al. Augmented image retrieval using multi-order object layout with attributes[C]. ACM International Conference on Multimedia, Orlando,Florida,USA,2014: 1093-1096.

[121] ZHENG S,CHENG M,WARRELL J,et al. Dense semantic image segmentation with objects and attributes[C]. IEEE Conference on Computer Vision and Pattern Recognition,Columbus,OH,USA,2014: 3214-3221.

[122] PATTERSON G,HAYS J. Sun attribute database: Discovering,annotating,and recognizing scene attributes[C]. IEEE Conference on Computer Vision Pattern Recognition,Providence,RI,USA,2012: 2751-2758.

[123] FARHADI A,ENDRES I,HOIEM D,et al. Describing objects by their attributes [C]. IEEE Conference on Computer Vision and Pattern Recognition, Miami, Florida,USA,2009: 1778-1785.

[124] ZHANG S,YANG M, WANG X, et al. Semantic-aware co-indexing for image retrieval[J]. IEEE Transactions on Pattern Analysis and Machine Intelligence, 2015,37(12): 1673-1680.

[125] DENG J,DONG W, SOCHER R, et al. Imagenet: A large-scale hierarchical image database [C]. IEEE Conference on Computer Vision and Pattern Recognition,Miami,Florida,USA,2009: 248-255.

[126] ZHANG H,SHEN F, LIU W, et al. Discrete collaborative filtering[C]. ACM SIGIR Conference on Research and Development in Information Retrieval,Pisa,

Italy,2016：325-334.

[127] KOREN Y,BELL R,VOLINSKY C. Matrix factorization techniques for recommender systems[J]. Computer,2009,42(8)：30-37.

[128] HUISKES M, LEW M. The MIR flickr retrieval evaluation [C]. ACM International Conference on Multimedia Information Retrieval, Vancouver, British Columbia, Canada, 2008：39-43.